连锁企业信息管理实务教程

马　华　编著

河北大学出版社

图书在版编目（C I P）数据

连锁企业信息管理实务教程 / 马华编著. -- 保定 : 河北大学出版社, 2014.12（2017.01重印）

ISBN 978-7-5666-0831-4

Ⅰ. ①连… Ⅱ. ①马… Ⅲ. ①连锁企业－企业管理－信息管理－高等学校－教材 Ⅳ. ①F717.6

中国版本图书馆CIP数据核字(2014)第262782号

LIANSUO QIYE XINXI GUANLI SHIWU JIAOCHENG

责任编辑：何　东
　　　　　赵彩霞
装帧设计：王占梅
责任印制：靳云飞

出版：河北大学出版社（保定市五四东路180号）
经销：全国新华书店
印制：保定市北方胶印有限公司
开本：787mm×1092mm　1/16
字数：260千字
印张：13.25
版次：2014年12月第1版
印次：2017年1月第2次印刷
书号：ISBN 978-7-5666-0831-4
定价：35.00元

前 言

本书从连锁企业信息管理入手，着重阐述商业分销物流教学软件的应用与操作，主要包括系统功能设置、前台收银系统操作、后台信息档案的建立、后台业务管理、连锁配送以及后台决策支持管理等。同时，还介绍了商品编码技术和连锁企业中的网络技术，最后以连锁企业信息管理系统软件简介归纳全书，对所学内容进行回顾和总结。在整个教学活动中，重在操作能力的培养，通过手脑并用的“做中学”(learning by doing)和行动导向的理论实践一体化的教学模式，达到真正提高学生的综合管理能力和实际操作能力的目的。

本书可作为连锁经营管理、物流管理等相关专业实践性教学的实施性教材，同时也可作为连锁企业管理人员、经营人员、操作人员、服务人员及其他相关人员系统学习连锁专业理论知识和掌握操作技能的一本完整的科普读物。

编者：马华

2014 年 7 月 26 日

目　录

项目一　连锁企业信息管理

知识目标

1.了解连锁企业及管理信息系统的含义。

2.掌握连锁企业信息管理的概念。

3.掌握物流系统的构成及功能。

4.理解连锁总部组织结构及其各部门的职能。

技能目标

1.具备连锁企业信息的收集、处理能力。

2.通晓配送中心和门店的各类功能及作业内容。

3.具备配送中心和门店的各类作业的操作能力。

问题导入

连锁企业信息管理是如何实现的?

第一节　连锁企业信息管理

一、连锁企业

连锁企业是指在核心企业的领导下,由分散的、经营同类商品和服务的零售企业,通过规范化经营实现规模效益的企业联合体组织形式。

二、管理信息系统

管理信息系统是指对一个组织进行全面管理的人和计算机相结合的系统,它是综合运用网络技术、信息技术、管理技术和决策技术,与现代化的管理思想、方法和手段结合起来,辅助管理人员进行管理和决策的系统。

三、连锁企业信息管理的概念

连锁企业信息管理主要是通过信息技术,赋以合理化、制度化、规范化的观念,提高商品流通的效率,使物流、资金流和信息流等畅通无阻,达到最佳的有效利用,从而改善经营环境,降低中间成本,提高商品的竞争力。同时,也能更好地掌握市场趋势和创造更多的商业机会，尤其是能够快速、便利地适应顾客，满足顾客需求。

四、连锁企业的信息源

（一）企业内部信息源

企业内部信息源是指来自于企业内部的直接、重要、及时且可靠的信息，包括企业内部各机构及各类经营现场的信息。

（二）企业外部信息源

企业外部信息源是指与企业管理、经营、决策等工作有关的信息，主要有各种文献资料、广告和新闻媒体、各类数据库系统、广泛的社会关系等信息。

五、连锁经营信息的收集

（一）连锁经营信息收集范围

收集范围主要包括企业内部信息、市场信息、竞争对手信息、环境信息、预测信息、反馈信息等方面。

（二）连锁经营信息收集途径

连锁经营信息主要是通过企业本身所建设的计算机系统、信息网络，公开的报纸杂志、电视广播、文献资料、图书等大众传播途径取得；也可通过行政和业务关系、各种有组织的信息网络以及广泛的人际关系取得。

六、连锁经营信息处理

连锁企业的信息处理就是利用网络、计算机等先进的信息技术对连锁企业进行运营管理，即进、销、存的管理。

连锁企业的销售一般通过前台 POS 系统来完成。连锁企业的信息处理，除了应用前台的 POS 销售系统和后台的信息管理系统外，还可能用到电子数据交换、电子订货系统、增值网等，如图 1-1 所示。

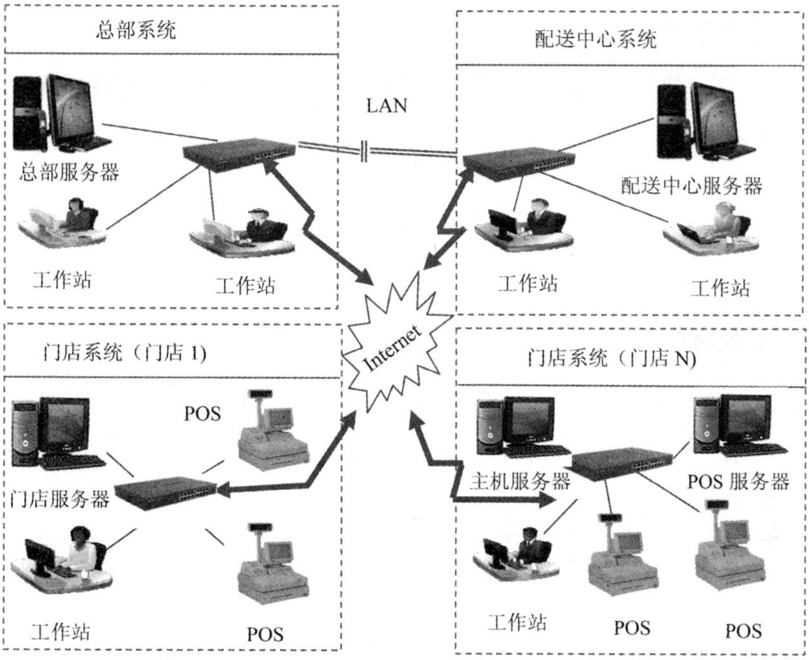

图 1-1　连锁企业信息管理系统

第二节　连锁企业物流系统

一、商业物流

在流通业中，商品从供应方向需求方的运动称商业物流，如图 1-2 所示。

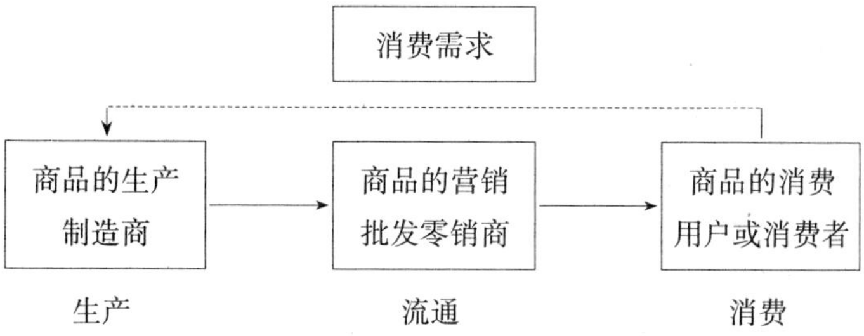

图 1-2　商品流动示意图

二、连锁物流系统构成

物流系统主要由五个部分构成，即物流作业系统、信息系统、物流设施系统、物流管理系统和人力资源管理系统。

第三节 总部信息管理

一、连锁企业总部

连锁企业总部是整个连锁企业的核心机构，它是为配送中心和连锁门店提供服务的单位，通过标准化、专业化、集中化管理，使门店和配送中心的作业单纯化、高效化，如图 1-3 所示。

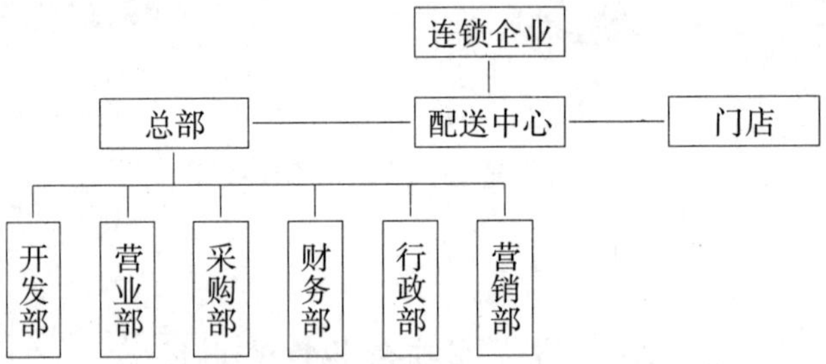

图 1-3 连锁企业总部结构示意图系统

二、连锁企业总部的基本职能

连锁企业总部的基本职能主要是政策制订、店铺开发、商品管理、促销管理、店铺督导等。

(一)开发部的职能

商圈调查(开设新店或发展加盟店时);制订选址标准、设备标准和投资标准;决定自行建店、买店或租店;开店流程安排及进度控制;开店工程招标、监督及验收;新开店的设备采购与各分店设备的维修保养;新开分店的投资效果评估。

(二)营业部的职能

各分店营业目标和总部营业目标的拟定及督促执行；对分店的经营进行监督和指导;编制营业手册并监督、检查其执行情况;营业人员调配及工作分派;门店经营情况及合理化建议的反馈与处理。

(三)采购部的职能

商品组合策略的拟定及执行;商品价格策略的拟定及执行;商品货源的把握、新产品开发与滞销商品淘汰；配送中心的经营与管理。

（四）财务部的职能

融资、用资、资金调度；编制各种财务会计报表；审核凭证、账务处理及分析；开店流程安排及进度控制；每日营业核算；发票管理；税金申报、缴纳，年度预决算；会计电算化及网络管理。

（五）行政（人力资源）部的职能

企业组织制度的制订；人事制度的制订及执行；员工福利制度的制订及执行；人力资源规划，人员招聘、培训；奖惩制度的制订及执行；企业合同管理及公司权益的维护；其他有关业务的组织与安排。

（六）营销部的职能

分店商品配置陈列设计及改进；促销策略的制订及执行；企业广告、竞争状况的调查与分析；企业形象策划及推出；公共关系的建立与维护；新市场开拓方案及计划的拟定。

第四节　配送中心信息管理

一、配送中心管理功能

配送中心的管理功能是制订具体进货计划，统一向供应商采购；验收供应商送来的货，填写进货单、损益单；若向供应商退货，填写进货退货单；与供应商统一进行结算；填写配送单，向各连锁店统一配送；各连锁门店也可填写叫货单，提出叫货申请。

二、配送中心的信息流

（一）计算机管理系统所具备的基本作业内容

计算机管理系统所具备的基本作业内容包括订单处理作业、采购作业、进货入库作业、库存管理作业、补货及拣货作业、流通加工作业、出货作业处理、配送作业、会计作业、经营管理及效果评估业务等。

（二）销售出入库管理系统结构及作业内容

销售出库系统管理作业内容包括订单处理系统、销售分析与预测系统、拣货规划系统（包括包装、流通、加工规划系统）、派车及出货配送系统、仓库管理系统、应收账款系统等。

采购入库管理系统与采购出库管理系统结构相同，但采购入库管理作业内容包括入库作业处理系统、库存控制系统、采购管理系统、应付账款系统。

第五节　连锁企业门店信息管理

从经营功能上看，总部具有执行全面的管理计划以及商品开发、采购、配送、经营指导等多方面功能，而门店在其支持和帮助下执行最终销售功能。虽然门店看起来只是一个小门店，但连锁总部花费大量人力、物力、财力，精心设计制订的各种经营决策和标准，最终只能在门店日常作业管理中体现出来。门店管理环节可以说是连锁超市经营管理的核心环节。

项目小结：本项目从连锁企业、信息管理系统、连锁企业信息管理等概念入手，介绍了连锁企业信息源、信息收集、信息处理等相关内容。同时在了解商业物流、连锁企业物流系统构成的基础上，进一步认识连锁企业总部的组织结构、基本职能，配送中心的管理功能、配送中心的信息流以及连锁企业门店信息管理等内容。

思考题

1.连锁企业及管理信息系统的含义。
2.连锁企业信息管理的概念。
3.物流系统的构成及功能。
4.连锁总部组织结构及其各部门的职能。
5.连锁企业信息的收集、处理。
6.配送中心和门店的各类功能及作业内容。

项目二　系统功能简介

知识目标

1.了解功能权限、数据权限的含义。

2.理解操作日志的作用。

3.了解各模块的业务内容。

技能目标

1.具备功能权限、数据权限的设置能力。

2.能够进行操作日志、员工考勤、参数设置等模块的新建、修改、删除等操作。

问题导入

连锁企业信息系统功能是如何实现的?

第一节　操作员设置

一、业务介绍

本模块主要用于把公司所有的操作员进行有规律的划分,方便以后对操作员的权限进行统一管理。

二、进入界面

在主菜单选【系统功能】单击【操作员设置】进入本模块或在主界面中的【系统功能】单击【操作员设置】进入本模块,如图 2-1 所示。

图 2-1　操作员设置界面图

(一)新建组

在界面的按钮区,单击【新建组】,出来如图 2-2 所示的界面,输入岗位名称,然后单击【确定】即可生成一个新的操作员岗位。

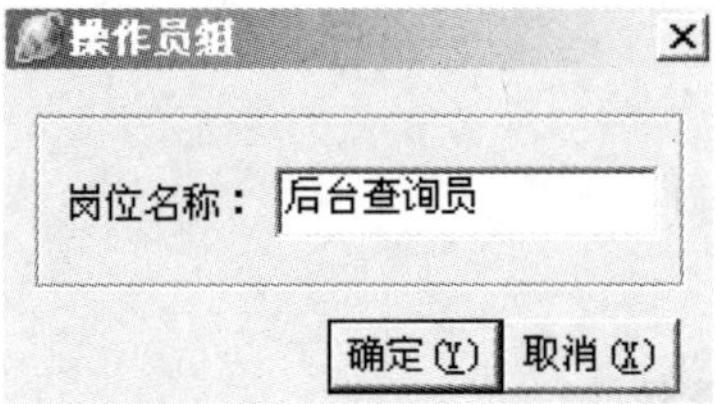

图 2-2 岗位设置窗口

(二)修改组

如需修改组名称,先点中左边的组名,单击按钮区的【修改组】,弹出上图的界面,修改名称,单击【确定】保存。

(三)删除组

如需删除组,先点中左边的组名,单击按钮区的【删除组】,弹出"确认要删除组'后台查询员'吗?",单击【是】删除。

(四)增加操作员

首先点中操作员组名,单击按钮区的【新建】,然后在新建的一行输入名称、密码与选择状态。

第二节 功能权限

一、业务介绍

在任何一个管理系统,都必须有一个管理员负责管理。本系统默认为系统管理员,因此,只有管理员本人或被管理员授权的操作人员,才能进入本系统进行工作。操作员定义及授权功能主要是用来记录公司中所有有权使用本系统的操作人员名单及操作权限,使有关人员能够按其职责进行操作,共同完成系统的各项功能。

二、进入界面

在主菜单选【系统功能】单击【功能权限】进入本模块或在主界面中的【系统功能】单击【功能权限】进入本模块,如图 2-3 所示。

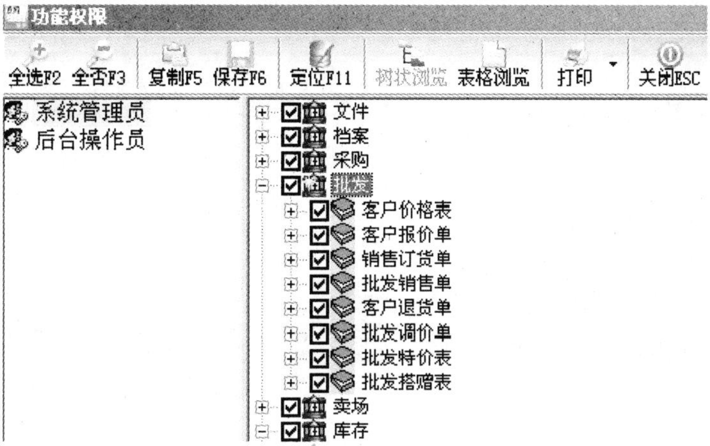

图 2-3　功能权限设置界面图

要对某个岗位设置权限，首先要选中该岗位组。右边会出现该岗位的所有权限，用户如果需要全部选择可单击工具栏上的全选或一个个选择。

权限的显示形式有两种：一种是权状式的，如图 2-3 所示；一种是表格浏览式的，如图 2-4 所示。

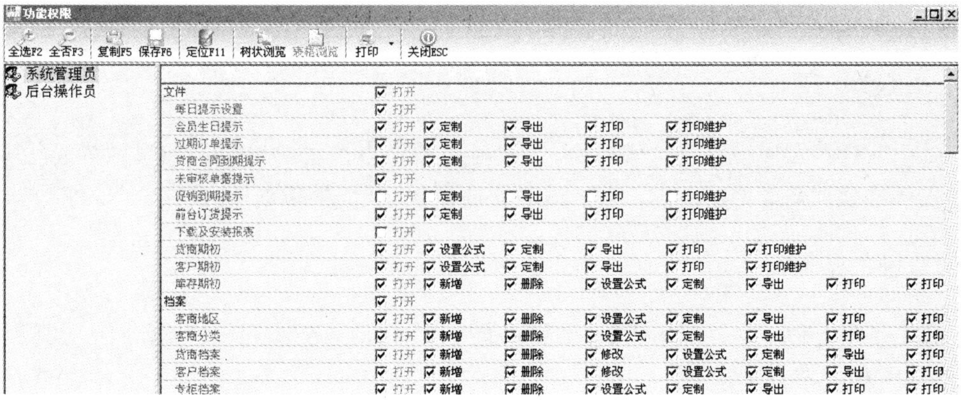

图 2-4　功能权限选择界面图

第三节　数据权限

一、业务介绍

数据权限可设置每个操作员后台系统的查询和管辖范围。

二、进入界面

在主菜单选【系统功能】单击【数据权限】进入本模块或在主界面中的【系统功能】单击【数据权限】进入本模块，如图 2-5 所示。

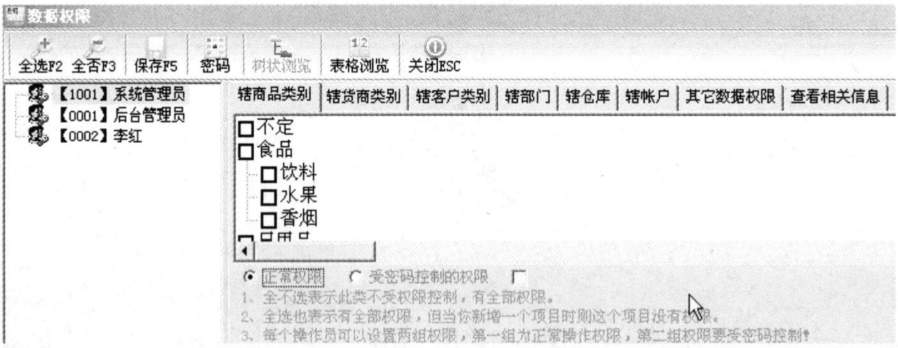

图 2-5　数据权限设置界面图

第四节　修改密码

一、业务介绍

处于安全性考虑，操作员可以经常更换自己操作本系统的密码。如果因为忘记密码而要求系统管理员取消密码后，可以使用“修改密码”功能来重新输入密码。

二、进入界面

在主菜单选【系统功能】单击【修改密码】进入本模块或在主界面中的【系统功能】单击【修改密码】进入本模块，如图 2-6 所示。

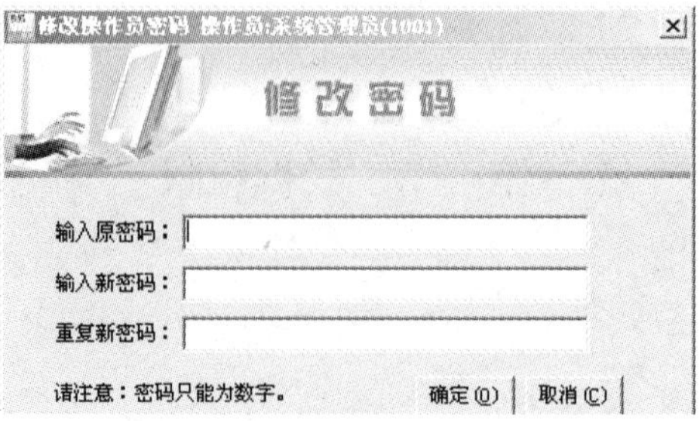

图 2-6　修改密码界面图

三、操作方法

输入原密码:就是输入以前的密码,如果没有则不需要输入。

输入新密码:就是输入需要设定成的新的密码。

重复新密码:为了保险起见,需重复输入一下新密码,以便操作员记得更牢。

输入完成后按【确定】就可以了,下次登录就需要用新密码验证登录。

第五节　操作日志

一、业务介绍

操作日志用于跟踪各操作员的操作过程,防止一些非法及错误的增加、删除、修改操作或越权操作,对保证公司财、物的安全具有重要意义。

二、进入界面

在主菜单选【系统功能】单击【操作日志】进入本模块或在主界面中的【系统功能】单击【操作日志】进入本模块,如图 2-7 所示。

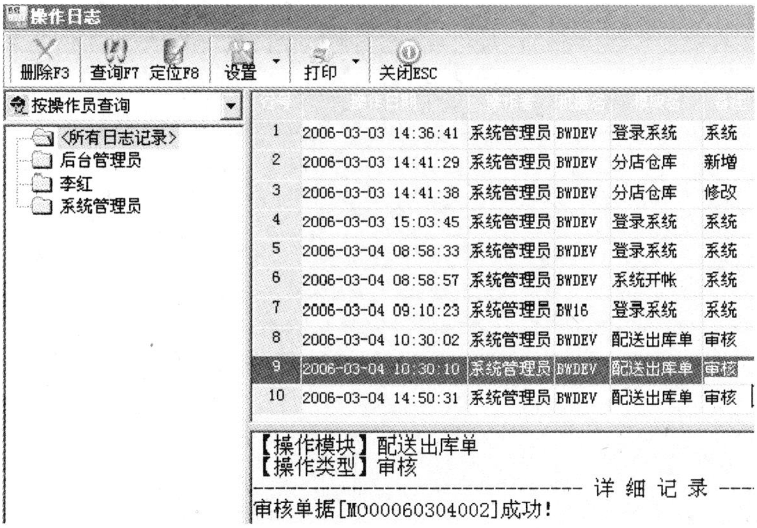

图 2-7　操作日志设置界面图

三、操作说明

查询方式可选按操作员、机器名、日期、模块、操作类型进行查询;表格中显示操作时间、操作员、机器名、模块名称、备注；主框下面一个辅助框中会显示要查询操作日志的详细操作内容；如需打印，可直接点击【打印】便可将操作日志打印出来。

第六节　员工考勤

一、业务介绍

连接打卡机，对公司员工进行上下班考勤。

二、进入界面

在主菜单选【系统功能】单击【员工考勤】进入本模块或在主界面中的【系统功能】单击【员工考勤】进入本模块。

(一)刷卡信息

选择班次，输入员工编码，再点击【确定】，如图 2-8 所示。

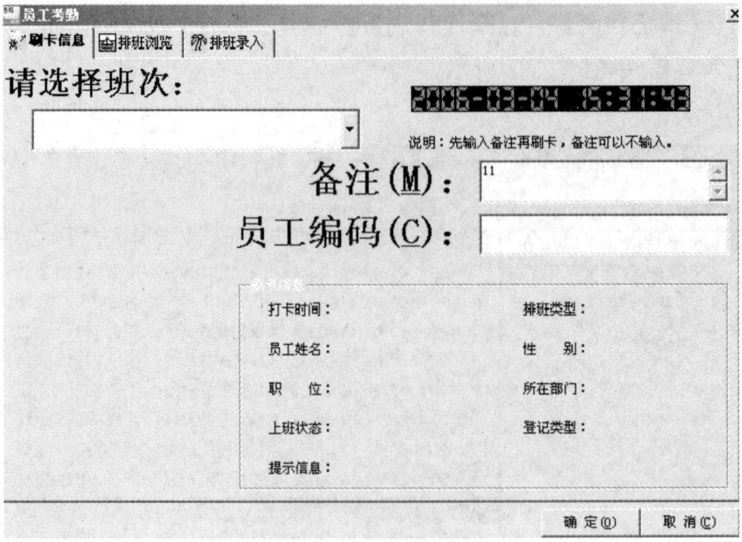

图 2-8　员工刷卡窗口

(二)排班浏览

浏览排班类型与打卡登记的时间。

(三)排班录入

录入排班的信息，如图 2-9 所示。

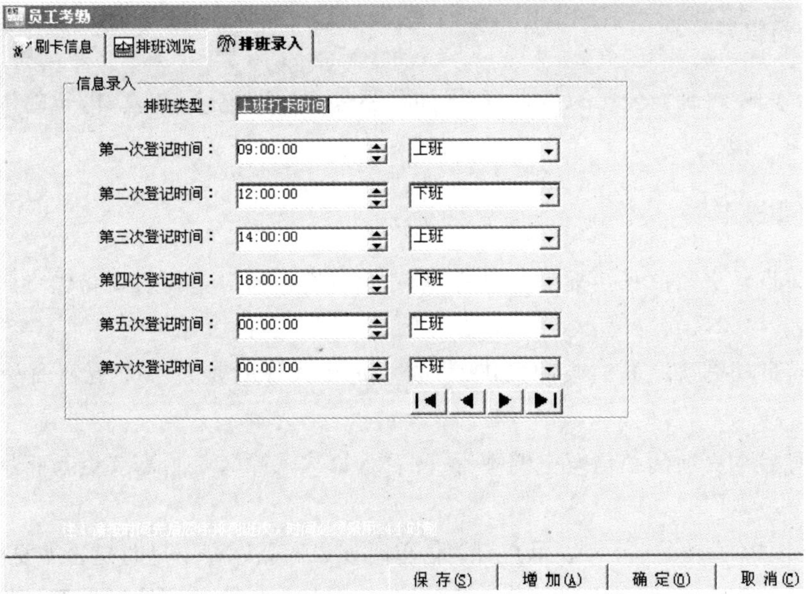

图 2-9　员工排班窗口

第七节　参数设置

一、常规设置

数据格式：设置整个系统的数据显示与计算的格式。

系统默认设置：在系统登录窗口选择账套，表示在系统登录的时候可以显示账套的选择窗口。

系统启动开启报警功能：表示每次系统启动时，在进入主界面的时候会自动显示报警窗口。

采购订单的有效天数：表示采购订单的有效期天数为多少天，可自行设定。

查询时日期的跨度：表示在查询报表的时候日期的跨度。

商品默认有效期：表示商品在进货的时候默认的有效期的天数。

可调整单据报表表头高度：表示是否可以调整单据的高度。

数据输入提示：在输入某些信息的时候，光标点击到某处时是否需要提示信息。

后台默认仓库：表示后台操作或录单的时候默认的仓库是哪一个。

数据浏览显示网格：表示在显示数据的时候是否需要显示网格。

显示行号：表示在报表中是否需要显示行号。

特殊显示：表示是否需要特殊显示数量或者金额等项目。

二、公司信息

在此界面中可录入公司的基本信息，如联系人、地址、电话、传真、电子邮件、开户行、税务登记证号、账号等。

三、业务操作

入库时自动更新商品档案中的供货商：表示每次入库时是否需要将供货商更新到商品档案中去。

入库时自动更新商品档案中的进价：表示每次入库时是否需要更新商品档案中的进价。

入库时自动更新商品档案中的零售价：表示每次入库时是否需要更新商品档案中的零售价。

商品出库库存不足提示：表示在打销售单时如果商品库存不足时是否需要提示。

销售单生效后，提示是否立即收款的信息：表示批发销售单审核后是否需要提示收款信息。

不同仓库之间调拨商品时调出单价采用：采用何种价格可自己选择。

不同仓库之间调拨商品时调入单价采用：采用何种价格可自己选择。

第八节　数据整理

数据整理模块可以重新整理业务数据、前台数据、流水账数据、单据金额等，如图 2-10 所示。

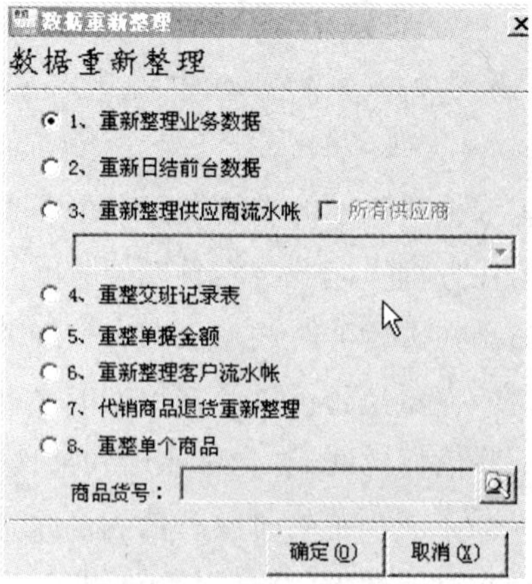

图 2-10　数据整理窗口

第九节　站点设置

站点设置显示运行本系统的所有机器的 IP 地址、计算机名以及哪些计算机是前台计算机，哪些计算机是后台计算机，如图2-11所示。

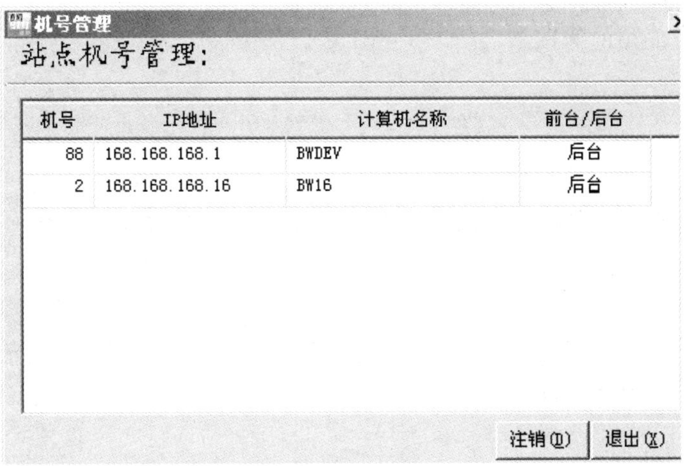

图 2-11　站点设置窗口

如果某个计算机重新安装或者已坏，可通过此处将原机器注销，然后再安装新的系统。

第十节　开业清库

开业清库表示在开业前将以前所做的一些数据全部或部分清除，如图 2-12 所示。

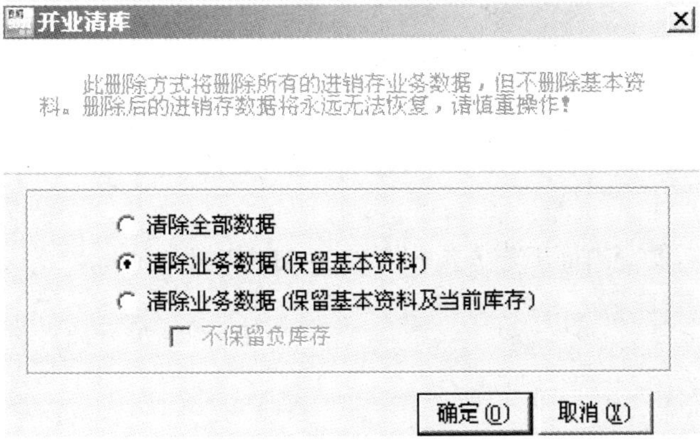

图 2-12　开业清库窗口

数据清除有以下三种：

(1)清除全部数据：表示将系统所有的数据全部清除；

(2)清除业务数据(保留基本资料)：表示清除所有的业务数据，但保留所有的基本资料；

(3)清除业务数据(保留基本资料及当前库存)：表示清除所有的业务数据，但保留所有的基本资料和库存数量。

要特别注意的是清除数据之前一定要做数据备份，以防误清除。

第十一节　月结处理

月结是企业在每月月底所做的一件事，目的是将本月的期末结转成下月的期初，如图 2-13 所示。

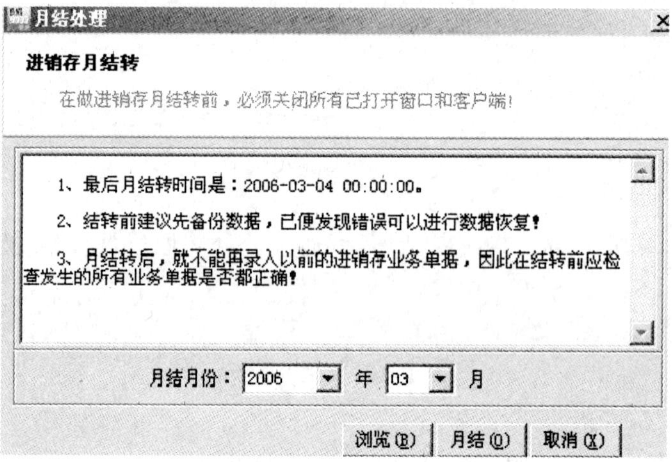

图 2-13　月结处理窗口

选择要月结的月份，然后按【月结】即可。

第十二节　邮件管理

内部邮件发送，便于内部工作人员相互沟通，如图 2-14 所示。

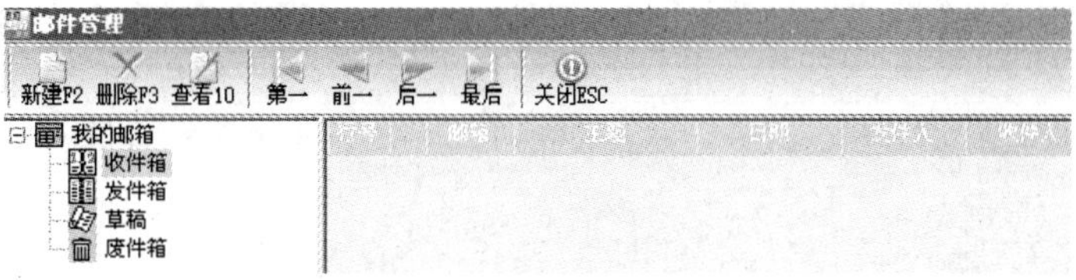

图 2-14　邮件管理界面图

新建邮件：

选择发送的方向，输入收件人、主题与邮件内容，点击【发送】。如暂不发送，可以保存，邮件会保存到草稿里，要发送时，再发送出去，如图 2-15 所示。

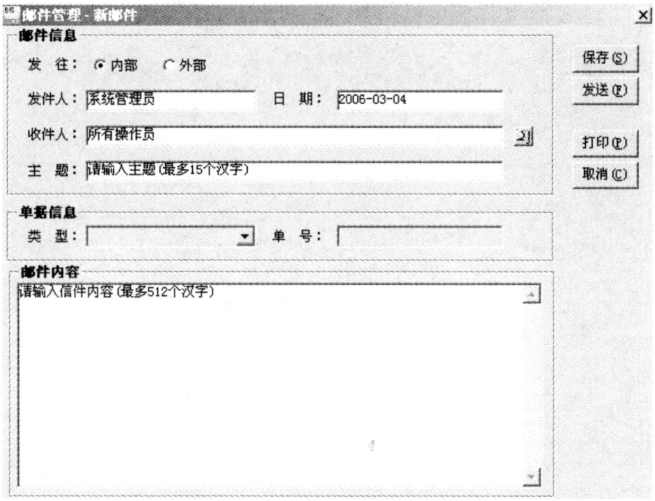

图 2-15　新建邮件窗口

第十三节　短信收发

方便内部操作人员交流使用。

第十四节　软件注册

首先插入加密狗，再输入密码进行注册。

项目小结：本项目主要为实训操作项目，即学生在学习了项目一的基础上，接着对商业分销物流教学软件的操作进行熟悉和掌握。通过练习，熟练掌握操作员设置、功能权限设置、数据权限设置、操作日志、员工考勤、数据整理、开业清库、月结处理等模块的操作技能。

思考题

系统功能设置

实训地点：学院仓储实训室。

实训准备：检查电源及各接口，启动计算机，运行商业分销系统教学软件。

实训安排：学生每4人一组，轮流上机操作，每组操作时间控制在10分钟左右。

实训内容：主要训练操作员设置、功能权限设置、数据权限设置、操作日志、员工考勤、数据整理、开业清库、月结处理等模块的操作技能。

项目三　前台收银系统

知识目标

1.前台收银系统的含义及其内容。

2.理解前台当班、前台收银、前台交班、前台盘点及销售明细的作用。

3.了解各模块的业务内容。

技能目标

1.具备参数的设置能力。

2.能够进行前台当班、前台收银、前台交班、前台盘点及销售明细等模块的新建、修改、删除等操作。

问题导入

销售人员是如何进入收银系统的？

第一节　系统登录

在安装有商业分销物流教学软件 POS 产品的 Windows 桌面上双击“商业分销物流教学软件前台收银系统”图符，出现图 3-1 所示的登录窗口。

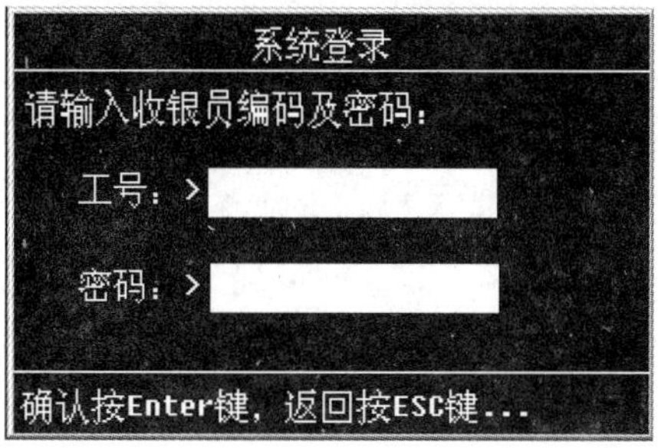

图 3-1　前台收银系统登录窗口

输入收银员编号和密码，按 Enter 键进入系统，如果不知道工号和密码，则按 Esc 键退出登录界面。

如果是第一次登录的话，将会出现输入机号的窗口，此时为本台收银机输入一个机号，机号不能与别的收款机机号相同。

第二节 参数设置

参数设置用来设置本收款机的一些外部设备，如图 3-2 所示。

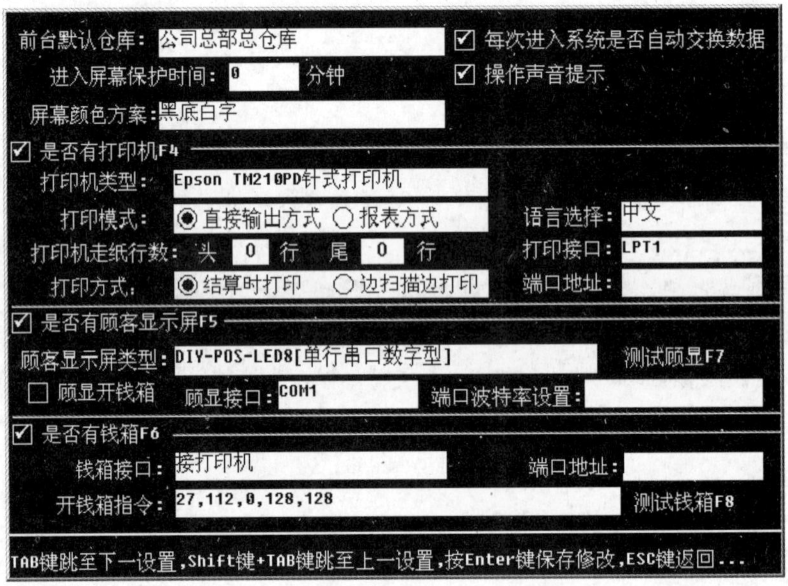

图 3-2 前台收银系统参数设置窗口

前台默认仓库：表示前台销售的数据，是扣哪一个仓库的库存数量，一般不要随便乱改。

进入屏幕保护的时间：表示前台在多久不用的情况下，自动进入屏幕保护。如果设置时间为 0，则不进入屏幕保护。

每次进入系统时是否交换数据：表示每次登录系统时是否自动交换数据，一般应选中。交换数据是为了将服务器的数据下载到本地一份，以便断网的时候用到。

操作声音提示：表示在操作错误或其他的情况下是否需要提示音。

屏幕颜色方案：表示前台屏幕颜色的设置，可根据个人习惯进行设置。

是否有打印机：表示前台是否接有打印机。

打印机类型：表示打印机的型号（比如 EPSON 的）。

打印模式：可选择直接打印和报表方式。

打印走纸行数：表示打印走几行和打印后走几行。

打印方式：结算时打印表示输入条码的时候不打印，输入完后，结账的时候一起打印出来；边扫描边打印表示每输入一个条码就开始打印出来。

语言选择：表示前台小票打印的语种（有中文和英文供选择）。

打印机的接口：一般选择 LPT1，但有的打印机是选择 COM1 口的。

是否有顾显：表示前台收款机是否接有顾客显示屏。

顾显类型：表示顾客显示屏的型号。

顾显开钱箱：表示是否需要顾显开钱箱。

顾显接口：表顾客显示屏是什么接口的。

端口波特率：表示顾显的波特率。

是否有钱箱：表示前台收款机是否接有钱箱。

钱箱接口：表示钱箱是接什么口的。

开钱箱指令：表示前台开钱箱的指令。一般如果是接打印机的话，指令为：27，112，0，128，128。

设置好参数后，按 Enter 键就可以保存参数设置，如果不需要保存，则按 Esc 键取消。

第三节　前台当班

当班是一天收银工作的开始，当班时显示用户当前是哪一班，显示本班的开始时间，如图 3-3 所示。系统最多可分为 4 个班。

图 3-3　前台当班窗口

钱箱金额：表示输入当班时的钱箱零钱。

输入完成后，按 Enter 键保存，再进入前台收银界面。

第四节　前台收银

前台收银界面(如图 3-4 所示)显示为三个区：销售商品区、操作提示区、单据状态区。其中，操作提示区可按 F1 键进行隐藏和打开，单据状态区可按 Ctrl＋F1 键进行隐藏和打开。

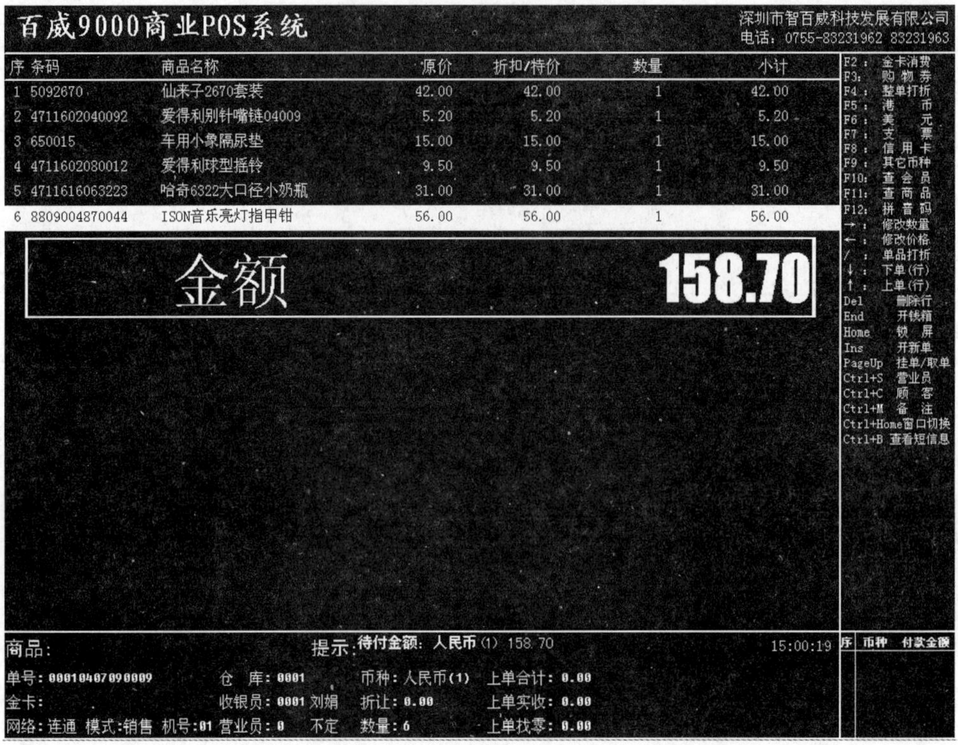

图 3-4 前台收银系统窗口

【F2:金卡消费】

金卡消费是指会员卡消费,其中包括储值卡的消费,前提是后台必须设置有会员卡,在前台才可以进行消费。操作方法:在输入商品前或者输入完商品后,按 F2 键,系统会提示刷金卡的界面,如图 3-5 所示。

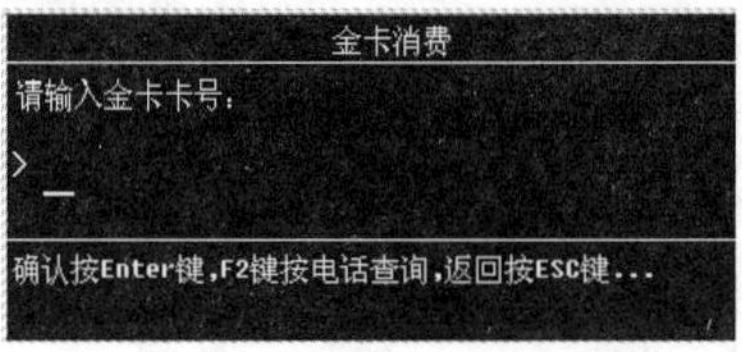

图 3-5 前台金卡消费操作窗口

输入金卡号或者通过 IC 卡阅读器和磁卡阅读器读入卡号,如果卡有效的话,在界面的金卡处会显示金卡卡号和名称;如果卡无效,则会提示此卡无效或者过期。

【F3:购物券】

如果客户在结算的时候使用超市发行的购物券,则按 F3 进入购物券付款界面,如图 3-6 所示。

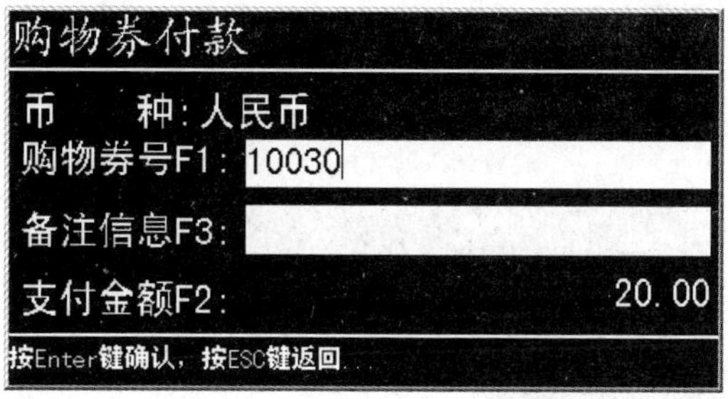

图 3-6　前台购物券操作窗口

在上图界面中输入购物券号后按 Enter 键，如果购物券有效，则页面提示该购物券面值、是否需要使用购物券付款等信息；如果购物券的编号在后台没有发行的话，那前台是不能结账的。

【F4：整单打折】

整单打折表示前台销售的商品全部输入在屏幕上，然后直接给客户全单打折，此时可按 F4 键，输入折扣率，比如 8 折，可输入 80 后按 Enter 键即可。

【F5：港币】

前台客户如果用港币支付，则可按 F5 键，系统会自动根据汇率转换金额，输入港币金额即可。

【F6：美元】

前台客户如果用美元支付，则可按 F6 键，系统会自动根据汇率转换金额，输入美元金额即可。

【F7：支票】

前台客户如果用支票支付，则可按 F7 键，系统弹出支票付款窗口，如图 3-7 所示。

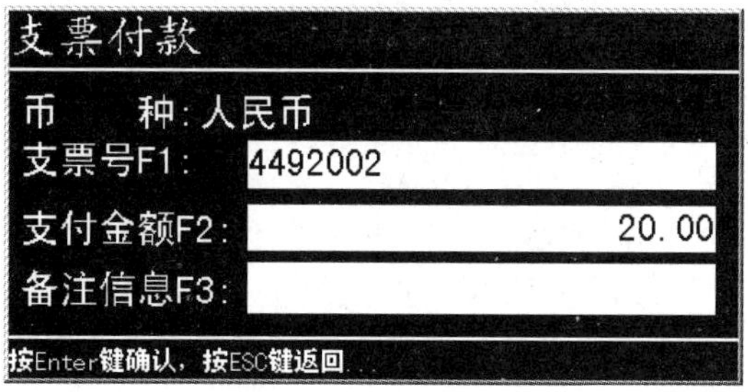

图 3-7　前台支票操作窗口

在支票号中输入支票号码，金额默认为本单的金额，确认无误后，按 Enter 键即可。

【F8：信用卡】

前台收银过程中，如果客户是采用信用卡刷卡付款，则按 F8 键进入信用卡付款界面，如图 3-8 所示。在信用卡号中输入客户的信用卡号码,金额默认为本单的金额,确认无误后按 Enter 键即可。

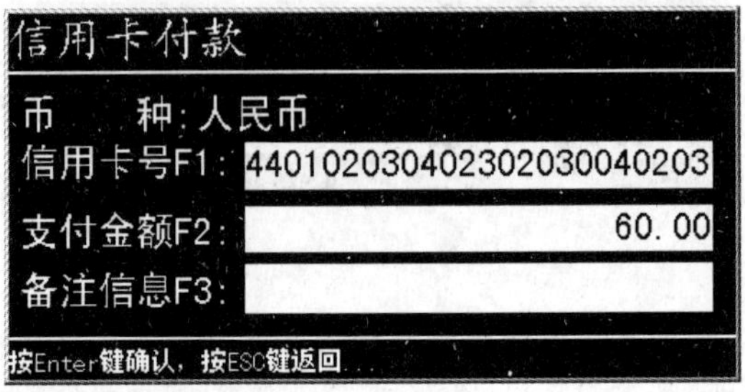

图 3-8 前台信用卡刷卡窗口

【F9:其他币种】

在前台收银过程中往往会碰到多币种的付款情况,如果是在人民币、港币、美元币种以外的情况下,需按 F9 键进入其他币种选择界面(如图 3-9 所示)。选择付款的币种,按 Enter 键,系统会自动根据汇率换算金额。

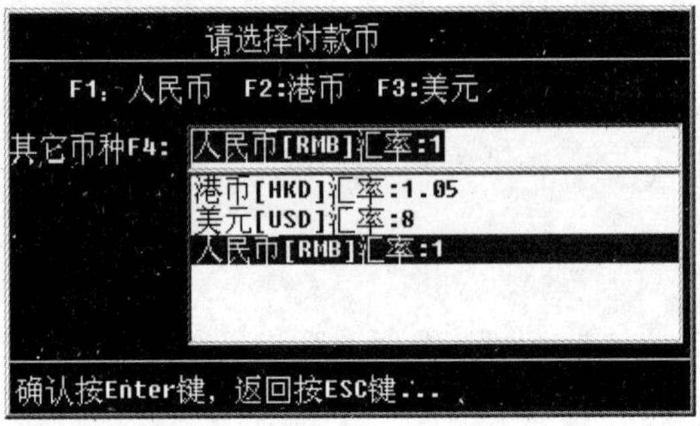

图 3-9 前台其他币种操作窗口

【F10:查会员】

前台如需查询会员的资料,则可以按 F10 键进入会员查询界面。查询会员可按卡号、名称和电话进行查询,输入完后按 Enter 键,系统会进行模糊查询,将含有用户输入编号的会员列出来,用户可通过按↓键翻页查询。

【F11:查商品】

前台如需查询商品的资料,可以按 F11 键进入商品查询界面。查询商品可按商品条码、名称、拼音码进行查询。

【F12:拼音码】

前台销售的过程中,如果某些商品没有条码,可通过拼音码进行销售,其方法是输入拼音码后按 F12,系统就会将商品档案中含有该拼音码的商品全部列出。比如查询潘婷洗发水,用户可输入 PT,然后再按 F12 键就可找到潘婷洗发水了。

【→:修改数量】

前台销售的过程中,如果客户一次性购买几件一样的商品,则可先输入商品编号,然后再输入数量,按方向键中的→键即可。

【←:修改单价】

前台销售的过程中,如果商品的价格是议价的话,则可先输入商品编号,然后再输入商品价格,按方向键中的←键即可。

【↑:上单(行)】

在销售过程中按↑键是上一行,如果是在已结算完了的时候按↑键则表示上一单。

【↓:下单(行)】

在销售过程中按↓键是下一行,如果是在已结算完了的时候按↓键则表示下一单。

【Del:删除行】

在销售过程中如果商品已经扫描到屏幕中去了,客户又不想要的情况下,则按↑↓键将商品找到,然后再按 Del 键删除商品即可。

【End:开钱箱】

如果是在不结账的情况下需要开钱箱的话,则可按 End 键,输入收银员的密码,就可以将钱箱弹出。

【Home:锁屏】

如果收银过程中需要离开一段时间,可按 Home 键进入屏幕保护状态,稍后回来时,输入本人的密码即可继续收银。

【Insert:开新单】

如果屏幕上已输入了商品,但客户放弃购买该商品时,可按 Insert 键进行开新单操作。

【PageUp:挂单/取单】

在收银过程中,如果商品已扫描到屏幕上,但客户又觉得还有其他的商品需要购买,则可按 PageUp 键,先将本单挂起,等客户回来后,再按 PageUp 键,进入取单界面,选择刚才挂起的单,按 Enter 键即可继续操作。

【Ctrl+S:营业员】

前台收银过程中如果需要输入营业员的话,则可按 Ctrl+S 键选择营业员。这里要注意的是,如果营业员要管辖到单品的话,要先输入营业员,再输入商品;如果不需要管辖到单品的话,那在任何时间输入都可以。

【Ctrl+C:客户】

前台收银过程中如果需要临时记录购买商品的客户信息,则可按 Ctrl+C 输入客户的信息,以便日后查询,一般机场免税店等场所需要这方面信息,比如护照号、国籍、航班等。

【Ctrl＋M：备注】

前台收银过程中，如果本单要加以注明的话，可按 Ctrl＋M 输入说明性的文字，比如“本单是老板签单”等。

【Ctrl＋Home：窗口切换】

窗口切换表示在收银界面和 Windows 界面之间进行切换。

【Ctrl＋B：查看短信息】

如果后台管理人员发送短信息到前台的话，前台可按 Ctrl＋B 键查看短信息。

退货处理：如果在前台收银需要给客户退货的话，可按 Esc 键，选择开始退货，进入退货模式，操作和销售一样。

赠送处理：如果在前台收银需要给客户赠送货品的话，可按 Esc 键，选择开始赠送，进入赠送模式，操作和销售一样。

修改密码：如果前台收银员需要更改自己的密码，可按 Esc 键，选择修改密码，进入修改密码界面，输入原密码，再输入两次新密码即可。

收支现金：

前台收银过程中往往会出现一些非销售类的收支，此时可按 Esc 键，选择收支现金，出现现金收支对话框，如图 3-10 所示。

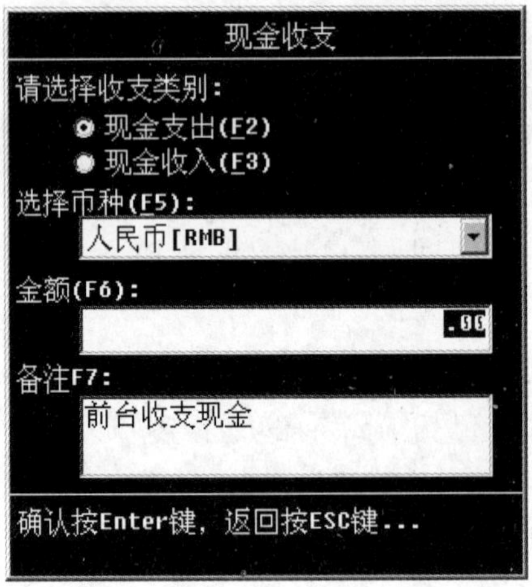

图 3-10　前台现金收支操作窗口

首先选择是收入还是支出现金，然后选择币种，输入金额，再输入备注信息，按 Enter 键即可。

重打小票：前台如需重打销售小票的话，可按 Esc 键，选择重打小票，输入小票号码，系统会自动重新打印一份小票。

作废小票：如果收款过程出错，可按 Esc 键，选择作废小票，输入小票号码，系统会将刚输入的小票号码的商品销售作废。

第五节　销售明细

前台如需查询自己的销售情况，可在主界面（如图 3-11 所示）上选择销售明细按键，但此界面中只能查询到本人的销售。

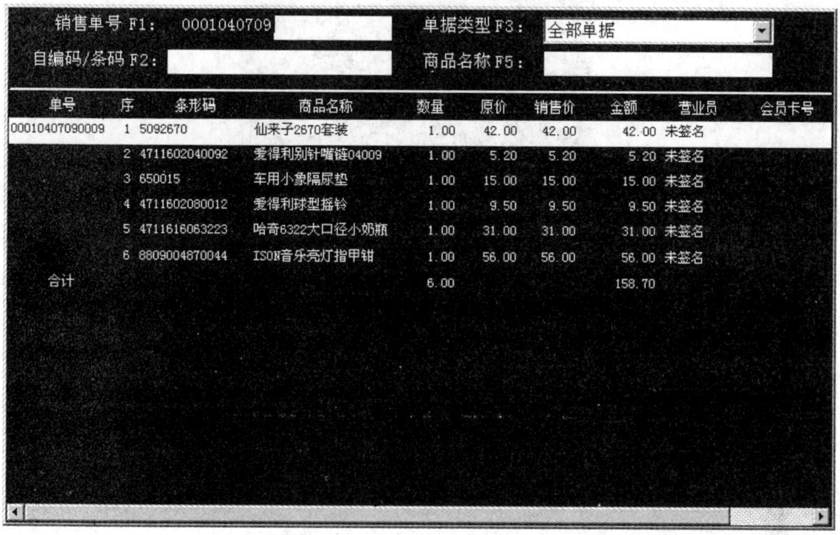

图 3-11　前台销售明细查询窗口

第六节　前台交班

前台如果收银结束的话，需到主界面上选择前台交班，如图 3-12 所示。界面上会显示当天的当班时间、交班时间、班次、收银情况，如需交班，则按 Enter 键就可以了。

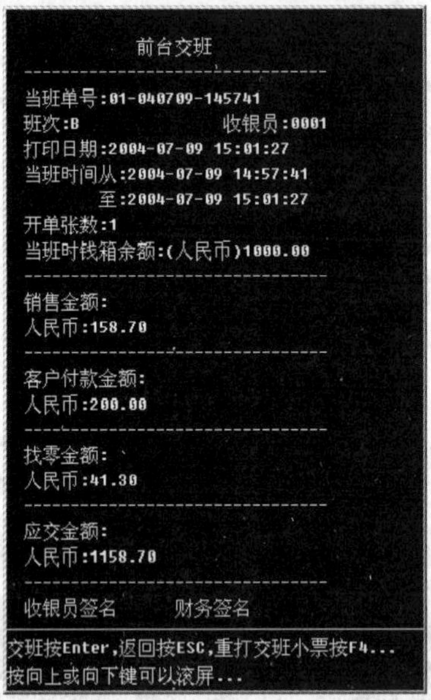

图 3-12 前台交接班操作窗口

第七节 修改密码

收银员如需更改自己的密码，可在前台收银界面中更改，也可在主界面上选择修改密码进入修改密码界面，如图 3-13 所示。

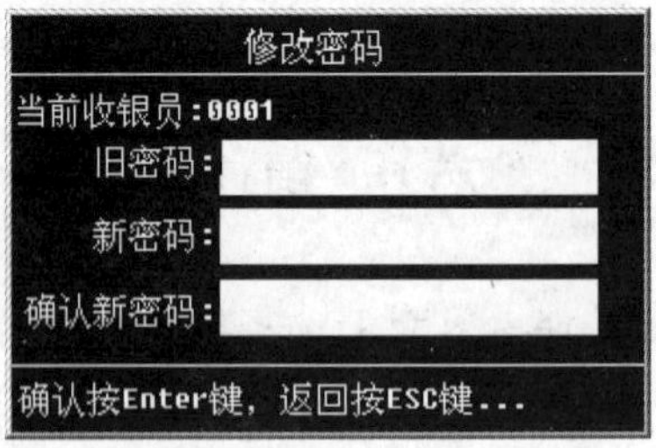

图 3-13 前台修改密码窗口

第八节 数据交换

数据交换是为了将服务器的数据下载到本地收款机，如果本地有断网的数据的话，也可以同时上传到服务器上。

第九节　练习收银

练习收银的操作和前台收银的操作是一样的，只不过练习收银的数据不会上传到服务器上，本功能是为了开业前用于收银员培训的。

第十节　前台盘点

前台盘点是本系统的一个特别功能，首先需到后台设置盘点的批次号，然后才能进行盘点操作，如图 3-14 所示。

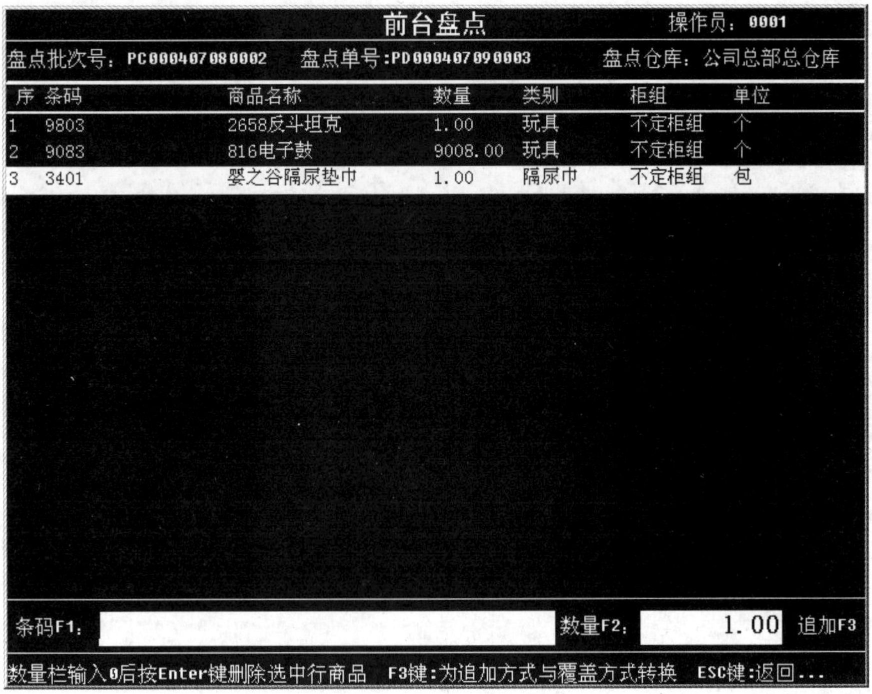

图 3-14　前台盘点操作窗口

其操作方法是：输入商品条码和数量后按 Enter 键。如果是追加方式的话，则会在上面已有的商品中加上本次输入的数量；如果是覆盖方式的话，则覆盖上面已有的商品数量。

项目小结：本项目为实训操作项目。通过练习，主要训练登录系统、参数设置、前台当班、前台收银、销售明细、前台交班、前台盘点以及练习收银等模块的操作技能。

思考题

前台收银系统操作

实训地点:学院仓储实训室。

实训准备:检查电源及各接口,启动计算机,运行商业分销系统教学软件,同时启动前台收银系统。

实训安排:学生每4人一组,轮流上机操作,每组操作时间控制在10分钟左右。

实训内容:主要训练登录系统、参数设置、前台当班、前台收银、销售明细、前台交班、前台盘点以及练习收银等模块的操作技能。

项目四　信息档案管理

知识目标

1.熟悉供应商、货商档案、商品档案、客户档案、专柜档案及租户档案等业务内容。

2.理解供应商、货商档案、商品档案、客户档案、专柜档案及租户档案等的功能与作用。

3.了解各模块的操作程序。

技能目标

1.具备各模块的文字录入能力。

2.能够进行供应商、货商档案、商品档案、客户档案、专柜档案及租户档案等模块的新建、修改、删除、打印等操作。

问题导入

信息档案作为商业管理系统中最基础的数据，信息档案在管理系统中是否科学、规范、合理的管理，将直接影响到以后的业务及数据的统计。在商业分销物流教学软件的商业管理系统中，专门设立了信息档案模块，使系统的各类档案能清晰、有效、统一地分类及录入。

第一节　客商地区

一、业务介绍

本模块主要用于把公司所有的客户和供应商所在的地区进行有规律的划分，从而记录日常业务所扩展到的范围，方便公司以后对业务往来的管理。

二、进入界面

在【档案】中选【客商地区】项进入本模块或在主界面中的【信息档案】中单击【客商地区】进入本模块，如图 4-1 所示。

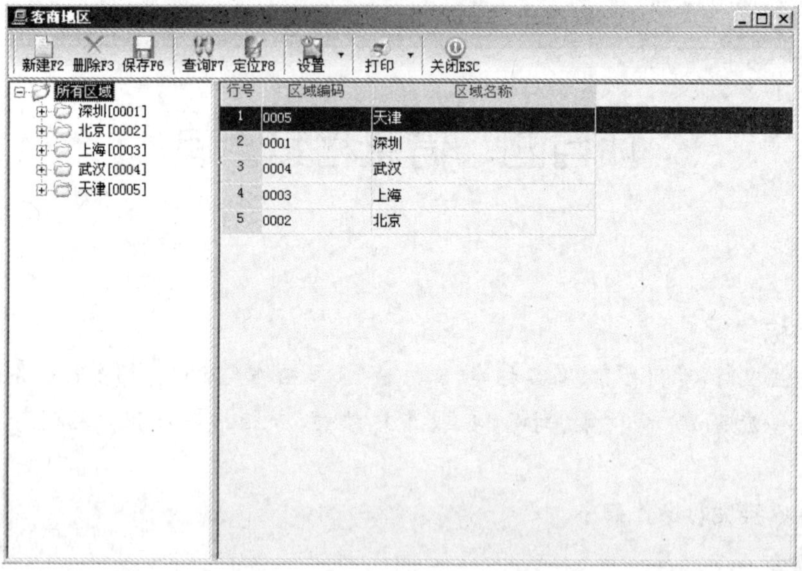

图 4-1 客商地区新建操作界面图

三、新建地区资料

单击【新建】，自动建立一行空白数据；区域编码自动产生，在“区域名称”中输入相应的地区名称；单击【新建】保存当前的地区资料并继续新建其他地区资料，单击【保存】则保存当前新建的地区资料。

四、修改地区资料

首先从地区列表窗口中选择一个要修改的地区；然后修改地区名字；单击【保存】保存对该地区资料所做的修改。

五、删除地区资料

1.从地区列表窗口中选择一个要删除的地区。

2.单击【删除】。如果该地区资料未在任何业务中使用过，则系统弹出一对话框，询问是否确实要删除该地区资料。单击【确定】则相应的地区资料被删除；单击【取消】则放弃删除地区资料的操作。

3.如果该地区资料已在业务中使用过，则系统给出提示：您不能删除该地区资料。

4.如果用户需要删除的地区资料中包含下级从属地区资料，则必须先删除下级从属资料，然后才能删除上级地区资料。

六、打印地区资料

如需打印地区资料列表，直接点击工具栏上的【打印】即可。

第二节 客商分类

一、业务介绍

本模块主要用于把公司所有的客户和供应商按类型有规律地进行划分，用于记录日常业务中所扩展到的行业范围，方便公司以后对业务往来的管理。

二、进入界面

在【档案】中选【客商分类】项进入本模块，或在主界面中的【信息档案】中单击【客商分类】进入本模块，如图 4-2 所示。

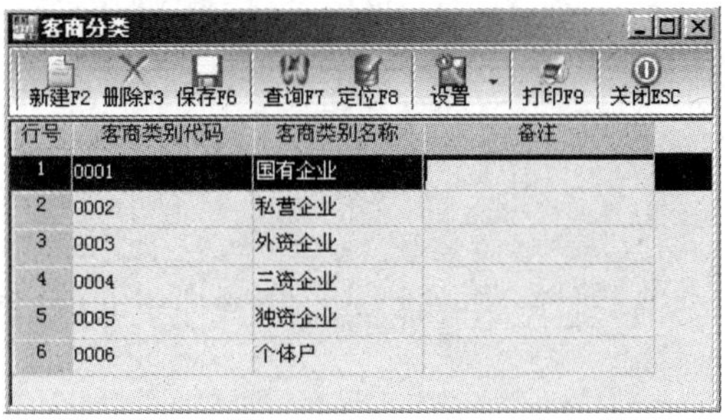

图 4-2　客商地区分类操作界面图

三、新建客商分类资料

1.单击【新建】，自动建立一行空白数据。

2.类型编码自动产生，在“商品类别名称”中输入相应的客户名称，在“备注”中输入有关说明文字。

3.单击【新建】保存当前的客商分类资料并继续新建其他客商分类资料；单击【保存】则保存当前新建的客商分类资料。

四、修改客商分类资料

首先从分类列表窗口中选择一个要修改的客商类别；然后修改类别名字；单击【保存】保存对该客商分类资料所做的修改。

五、删除客商分类资料

1.从地区列表窗口中选择一个要删除的类别。

2.单击【删除】。如果该客商分类资料未在任何业务中使用过，则系统弹出一对话框，询问是否确实要删除该客商分类资料。单击【确定】则相应的客商分类资料被删除;单击【取消】则放弃删除客商分类资料的操作。

3.如果该客商分类资料已在业务中使用过,则系统给出提示:您不能删除该客商分类资料。

六、打印客商分类资料

如需打印客商分类资料列表,直接点击工具栏上的【打印】即可。

第三节 货商档案

一、业务介绍

一个公司只要有采购业务发生,就需要对供应商的情况进行全面的了解、统计。为此,系统为用户提供了一个供应商档案的存储模块。

二、进入界面

在【档案】中选【货商档案】项进入本模块或在主界面中的【信息档案】中单击【货商档案】进入本模块,如图 4-3 所示。

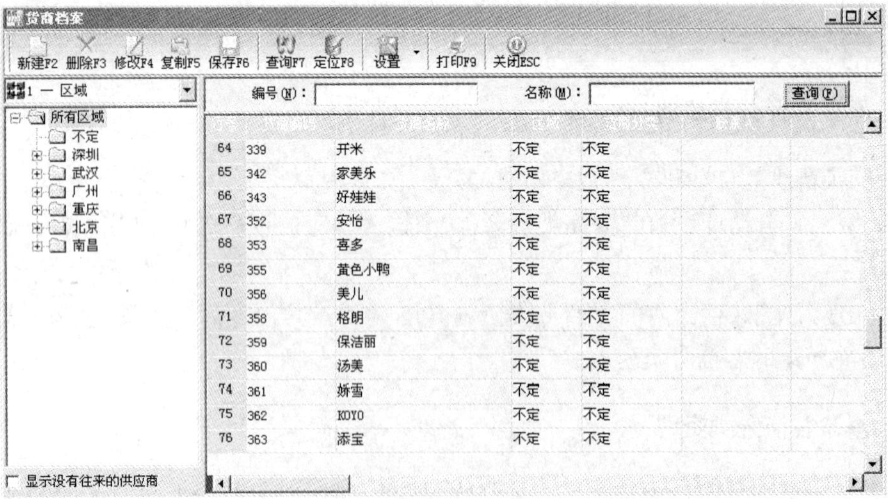

图 4-3 货商档案操作界面图

三、新建货商资料

1.单击【新建】,系统弹出如下窗口(见图 4-4)。

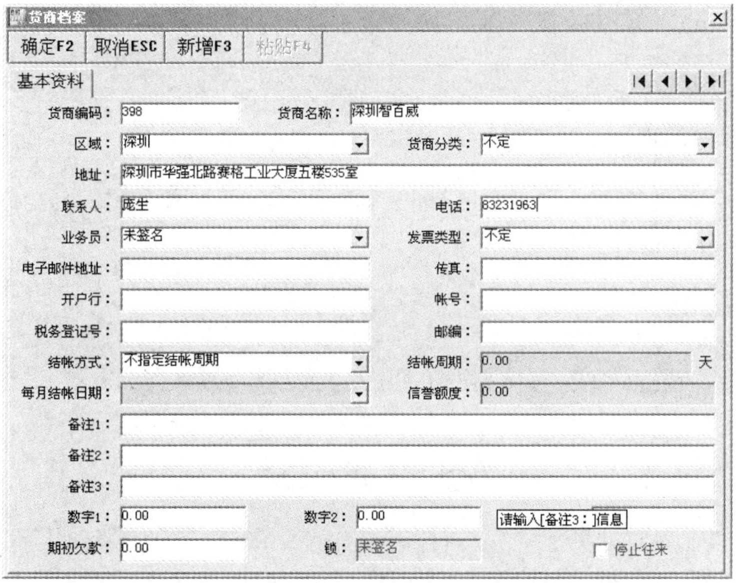

图 4-4 货商资料新建操作窗口

2.供应商代号一般由系统自动按顺序产生。在供应商名称编辑框输入该供应商的名称。

3.在下面的选项中可以输入任何其他想输入的该供应商的信息,这些信息包括该供应商的地区、企业类型、地址、联系人、电子邮件、传真、开户行、账号、税务登记证号、邮编、结账方式、结账周期、每月结账日期、信誉额度以及其他信息。

4.单击【新建】保存当前的供应商资料并继续新建其他供应商资料。单击【确定】则保存当前新建的供应商资料并关闭该窗口;单击【取消】则放弃对当前供应商资料的编辑操作。

四、修改供应商资料

1.从供应商列表窗口中选择一个要修改的供应商。

2.单击【修改】,弹出"供应商—编辑"窗口。

3.在"供应商—编辑"窗口中,修改任何想要修改的信息。

4.单击【确定】保存对该供应商资料所做的修改并关闭该窗口。

五、删除供应商资料

1.从供应商列表窗口中选择一个要删除的供应商。

2.单击【删除】。如果该供应商资料未在任何业务中使用过,则系统弹出对话框,询问是否确实要删除该供应商资料。单击【确定】则相应的供应商资料被删除;单击【取消】则放弃删除供应商资料的操作。

3.如果该供应商资料已在业务中使用过,则系统给出提示:您不能删除该供应商资料。

六、复制货商资料

如果需要新建的货商和列表中已有的货商资料相近时,可采用复制功能将货商资料复制一份,修改相关信息后保存即可。

七、打印货商资料

如需打印货商资料列表,直接点击工具栏上的【打印】即可。

第四节　客户档案

一、业务介绍

一个公司只要有销售业务发生,就需要对客户的情况进行全面的了解、统计。为此,系统为用户提供了一个客户档案的存储模块。

二、进入界面

在【档案】中选【客户档案】项进入本模块或在主界面中的【信息档案】中单击【客户档案】进入本模块,如图 4-5 所示。

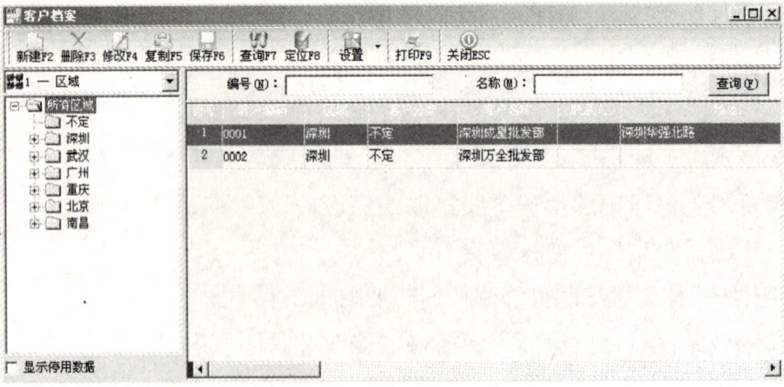

图 4-5　客户档案界面图

三、新建客户资料

1.单击【新建】,系统弹出如下窗口,如图 4-6 所示。

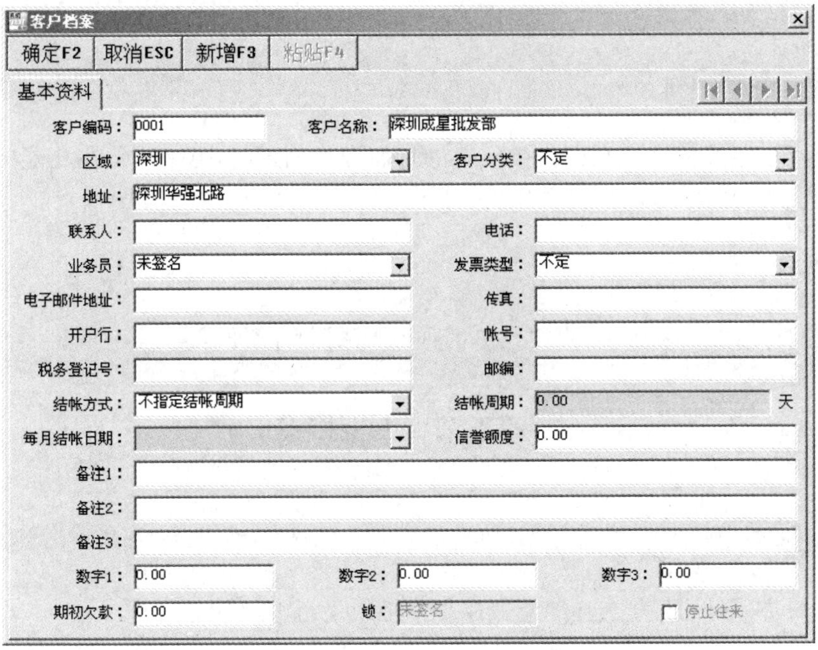

图 4-6　客户档案新建操作窗口

2.客户代号一般由系统自动按顺序产生。在客户名称编辑框输入该客户的名称。

3.在界面的选项中，用户可以输入任何其他想输入的该客户的信息，这些信息包括该客户所在的地区、企业类型、地址、联系人、电子邮件、传真、开户行、账号、税务登记证号、邮编、结账方式、结账周期、每月结账日期、信誉额度以及其他信息。

4.单击【新建】保存当前的客户资料并继续新建其他客户资料。单击【确定】则保存当前新建的客户资料并关闭该窗口；单击【取消】则放弃对当前客户资料的编辑操作。

四、修改客户资料

1.从客户列表窗口中选择一个要修改的客户。

2.单击【修改】，弹出"客户档案—编辑"窗口。

3.在"客户档案—编辑"窗口中，修改任何想要修改的信息。

4.单击【确定】保存对该客户资料所做的修改并关闭该窗口。

五、删除客户资料

1.从客户列表窗口中选择一个要删除的客户。

2.单击【删除】。如果该客户资料未在任何业务中使用过，则系统弹出对话框，询问是否确实要删除该客户资料。单击【确定】则相应的客户资料被删除；单击【取消】则放弃删除客户资料的操作。

3.如果该客户资料已在业务中使用过,则系统给出提示:您不能删除该客户资料。

六、复制客户资料

如果需要新建的客户和列表中已有的货商资料相近时,可采用复制功能将客户资料复制一份,修改相关信息后保存即可。

七、打印客户资料

如需打印客户资料列表,直接点击工具栏上的【打印】即可。

第五节　专柜档案

一、业务介绍

本模块主要是用于把公司所有的出租专柜或柜组进行登记统计。

二、进入界面

在【档案】中选【专柜档案】项进入本模块或在主界面中的【信息档案】中单击【专柜档案】进入本模块,如图 4-7 所示。

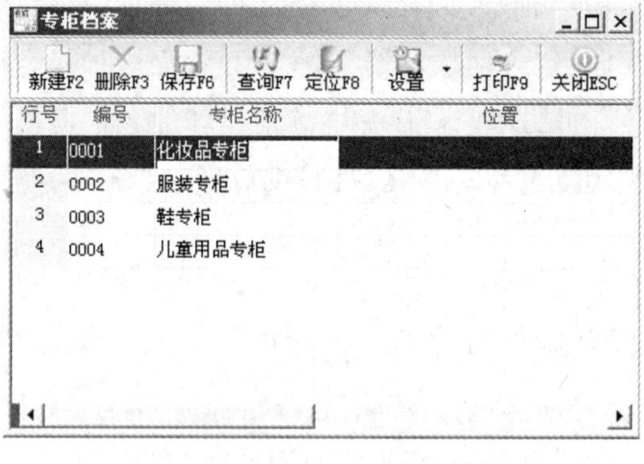

图 4-7　专柜档案操作界面图

三、新建专柜档案

1.单击【新建】按钮,自动建立一行空白数据。

2.专柜编码自动产生,在"专柜名称"中输入相应的专柜名称。

3.输入相应的其他信息,如位置、承租人、电话、专柜面积等。

4.单击【新建】按钮保存当前的专柜资料并继续新建其他专柜资料;单击【保存】则保

存当前新建的专柜资料。

四、修改专柜资料

首先从专柜列表窗口中选择一个要修改的专柜；然后修改专柜名字或其他信息；单击【保存】保存对该专柜资料所做的修改。

五、删除专柜资料

1.从专柜列表窗口中选择一个要删除的专柜。

2.单击【删除】。如果该专柜资料未在任何业务中使用过，则系统弹出对话框，询问是否确实要删除该专柜资料。单击【确定】则相应的专柜资料被删除；单击【取消】则放弃删除专柜资料的操作。

3.如果该专柜资料已在业务中使用过，则系统给出提示：您不能删除该专柜资料。

六、打印专柜资料

如需打印专柜资料列表，直接点击工具栏上的【打印】即可。

第六节　租户档案

一、业务介绍

本模块主要用于把专柜承租人的资料全部登记到本系统中，以便用户对承租人进行统一管理。

二、进入界面

在【档案】中选【租户档案】项进入本模块或在主界面中的【信息档案】中单击【租户档案】进入本模块，如图 4-8 所示。

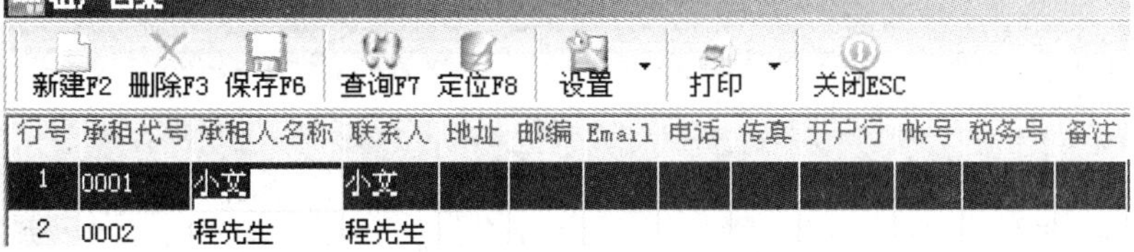

图 4-8　租户档案操作界面图

三、新建租户资料

1.单击【新建】,自动建立一行空白数据。

2.承租代号自动产生,输入相应的承租人名称、联系人、地址等。

3.单击【新建】保存当前的租户资料并继续新建其他租户资料;单击【保存】按钮则保存当前新建的租户资料。

四、修改租户资料

首先从分类列表窗口中选择一个要修改的租户;然后修改承租人名称、联系人、地址、电话等;单击【保存】保存对该租户资料所做的修改。

五、删除租户资料

1.从地区列表窗口中选择一个要删除的租户。

2.单击【删除】。如果该租户资料未在任何业务中使用过,则系统弹出对话框,询问是否确实要删除该租户资料。单击【确定】则相应的租户资料被删除;单击【取消】则放弃删除租户资料的操作。

3.如果该租户资料已在业务中使用过,则系统给出提示:您不能删除该租户资料。

六、打印租户资料

如需打印租户资料列表,直接点击工具栏上的【打印】即可。

第七节　商品分类

一、业务介绍

本模块是用来记录公司商品类别的基本资料。用户可以根据公司商品的具体情况,明确地把所有的商品进行分类,方便以后对商品进行管理。商品类别资料包含该商品类别的名称及对该类商品与其他商品的从属关系的定义。

二、进入界面

在【档案】中选【商品分类】项进入本模块或在主界面中的【信息档案】中单击【商品分类】进入本模块,如图 4-9 所示。

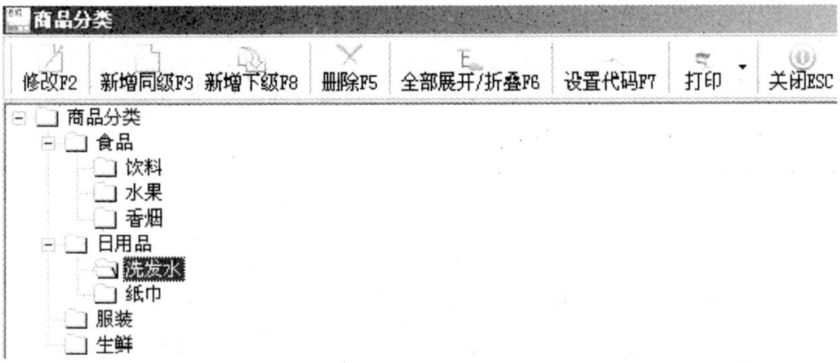

图 4-9 商品分类操作界面图

三、新建商品类别资料

1.单击【新建同级】，弹出一个商品类别名称框，此时输入商品类别名称。

2.如需新建下一级类别，则单击【新建下级】，然后输入商品类别名称。

四、修改商品类别资料

1.从商品类别列表窗口中选择一个要修改的商品类别。

2.单击【修改】，输入需要修改的商品类别名称，系统自动保存。

五、删除商品类别资料

1.从商品类别列表窗口中选择一个要删除的商品类别资料。

2.单击【删除】。如果该商品类别资料未在任何业务中使用过，则系统弹出对话框，询问是否确实要删除该商品类别资料。单击【确定】则相应的商品类别资料被删除；单击【取消】则放弃删除该商品类别资料的操作。

3.如果该商品类别资料已在业务中使用过，则系统给出提示：您不能删除该商品类别资料。

六、打印商品类别资料

如需打印商品类别资料列表，直接点击工具栏上的【打印】即可。

第八节 商品品牌

一、业务介绍

本模块主要用于把公司所有经营的商品按品牌有规律地进行划分，方便公司以后对业务往来的管理。

二、进入界面

在【档案】中选【商品品牌】项进入本模块或在主界面中的【信息档案】中单击【商品品牌】进入本模块，如图 4-10 所示。

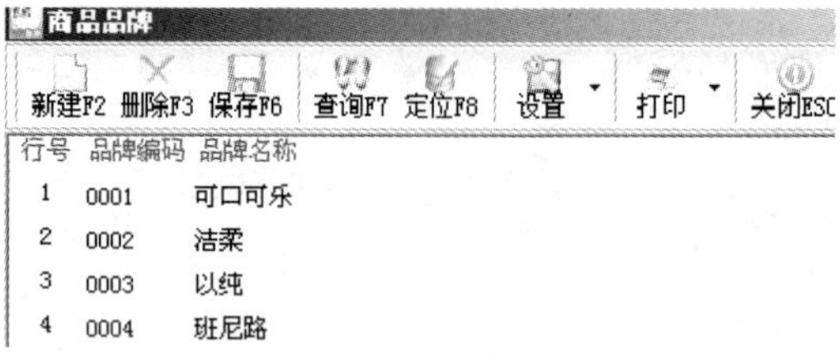

图 4-10 商品品牌操作界面图

三、新建商品品牌

1.单击【新建】，自动建立一行空白数据。

2.品牌编码自动产生，在“品牌名称”中输入相应的品牌名称。

3.单击【新建】保存当前的品牌资料并继续新建其他品牌资料。单击【保存】则保存当前新建的商品品牌。

四、修改商品品牌

首先从分类列表窗口中选择要修改的商品品牌；然后修改品牌名字；单击【保存】保存对该品牌资料所做的修改。

五、删除品牌资料

1.从地区列表窗口中选择要删除的品牌。

2.单击【删除】。如果该商品品牌未在任何业务中使用过，则系统弹出对话框，询问是否确实要删除该品牌资料。单击【确定】则相应的品牌资料被删除；单击【取消】则放弃删除商品品牌的操作。

3.如果该品牌已在业务中使用过，则系统给出提示：您不能删除该品牌资料。

六、打印品牌资料

如需打印品牌资料列表，直接点击工具栏上的【打印】即可。

第九节 商品属性

一、业务介绍

本模块主要用于把公司所有经营的商品按第二种分类进行划分，方便公司以后对商品属性的管理。比如日用品有很多种，可以细分为牙膏、洗发水等；再比如商品是属于吃的还是穿的，等等。

二、进入界面

在【档案】中选【商品属性】项进入本模块或在主界面中的【信息档案】中单击【商品属性】进入本模块，如图 4-11 所示。

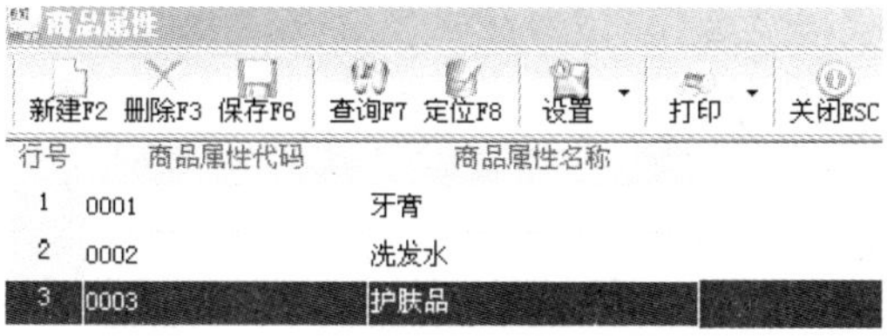

图 4-11 商品属性操作界面图

三、新建商品属性资料

1.单击【新建】，自动建立一行空白数据。

2.商品属性代码自动产生，在“商品属性名称”中输入相应的商品属性名称。

3.单击【新建】保存当前的商品属性资料并继续新建其他属性资料。单击【保存】则保存当前新建的属性资料。

四、修改商品属性资料

首先从分类列表窗口中选择需要修改的属性；然后修改属性名称；单击【保存】保存对该属性资料所做的修改。

五、删除商品属性资料

1.从地区列表窗口中选择想要删除的属性。

2.单击【删除】。如果该属性资料未在任何业务中使用过，则系统弹出对话框，询问是否确实要删除该属性资料。单击【确定】则相应的属性资料被删除；单击【取消】则放弃删除属性资料的操作。

3.如果该属性资料已在业务中使用过，则系统给出提示：您不能删除该属性资料。

六、打印商品属性资料

如需打印商品属性资料列表，直接点击工具栏上的【打印】即可。

第十节　商品档案

一、业务介绍

本模块用来记录公司商品的品名、规格、种类、价格、货商等有关资料，方便公司对以后所发生的销售、采购业务的查询。

二、进入界面

在【档案】中选【商品档案】项进入本模块或在主界面中的【信息档案】中单击【商品档案】进入本模块，如图 4-12 所示。

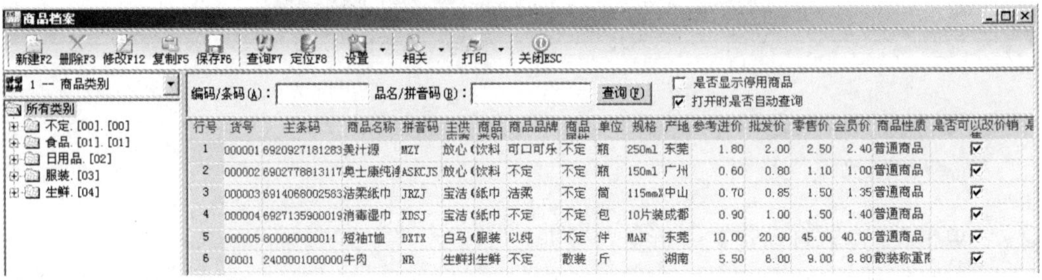

图 4-12　商品档案操作界面图

三、新建商品资料

单击【新建】，弹出对话框，如图 4-13 所示。

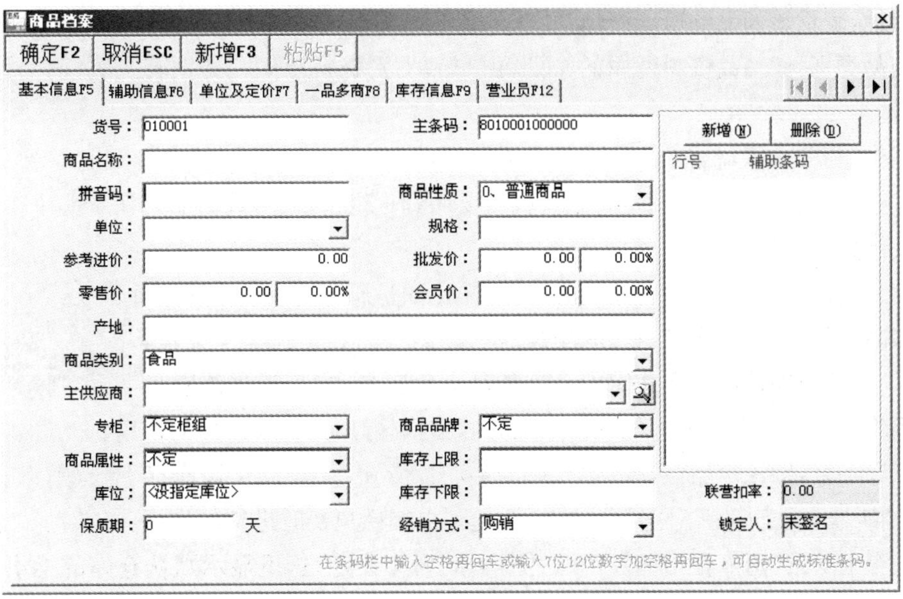

图 4-13　商品档案新建操作窗口

(一)基本信息

在条码以及商品名称编辑框内输入该商品资料的条码、品名、规格以及其他任何想输入的信息。

货号:是按商品类别或者供应商的代码加上顺序号后由系统自动生成的(散装称重商品与记份商品的货号为五位,其他的为六位)。

主条码:指商品包装上面的条码。如果系统参数设置里的条码产生规则是对“自动产生”项打钩,那么新建时条码就会自动生成;如果商品没有条码的话可以按空格键,然后按Enter 键,系统会自动产生条码(散装称重商品条码为:24＋货号＋6 位条码;计份商品条码为:25＋货号＋6 位条码)。

商品名称:指商品的名称。

拼音码:指商品的拼音助记码,是自动生成的,按商品名称拼音的第一个字母生成。

商品性质:有 7 种可以选择,普通商品、散装称重商品、计份商品、不定量商品、不定价商品、拆分材料与组装成品。

单位:商品的基本单位,即库存核算单位,当商品发生业务以后,请不要随便修改基本单位。

参考进价:该商品在进货时的参考进价,此价格并不一定是实际的成本价。

零售价:该商品在前台销售时的参考售价。

批发价:该商品在后台批发销售时的参考售价。

会员价:该商品在前台销售时的持会员卡的售价。

产地:表示该商品的所属产地。

商品类别:该商品资料所属的类别,由商品类别资料提供。类别有三级,商品一般建在末级。

主供应商:入库商品以该货商为主要供货点。

专柜:如果是有专柜的商场,此时就需要用到柜组了,表示该商品是属于哪个柜组的,到月底结算时就比较方便。

商品属性:表示该商品所属的品名范畴,比如是属于吃的还是穿的等。

商品品牌:表示该商品所属的品牌。

库存上限:即该商品在仓库中允许的最大库存量,一旦超过该库存上限,则每次在进货时都将给出超库存上限进货的提示,起到及时提醒用户暂停进货的作用。

库存下限:即该商品在仓库中允许的最小库存量,一旦低于该库存下限,则每次在销售时都将给出低于库存下限销货的提示,起到提醒用户及时进货的作用。

库存上下限:即库存指标。可以针对不同仓库设定,这里显示默认仓库的上下限,如需修改其他仓库的上下限,可以在库存信息中录入。

保质期:从商品生产日期开始算到可能变质前的日期,中间的天数为保质天数。

经销方式:经销方式有购销、代销与联营三种。主要针对货商结算的方式,用户要认真指定好商品的经销方式,经销方式一般不允许修改。

购销:指和供应商按采购单据结算,可以现结,也可以延期结算或押批结。

代销:指和供应商按销售的进价额结算,即实销实结。

联营:指和供应商按销售金额的扣点结算,联营商品一般不管理库存,不需要进货。

辅助条码:可以输入的商品的其他条码,可以输入多个,在前台销售时输入任意一个条码都可以将商品查询出来。

(二)辅助信息

可输入一些该商品的其他有关说明,如在备注与数字里的说明。

先点击【设置】弹出对话框,再单击对话框中的【定制显示项】,弹出"数据显示设置"窗口,在"显示标题"栏里,备注 1、备注 2、备注 3、数字 1、数字 2、数字 3 可以直接更改,更改后按【确定】即可。

积分率:表示该商品在前台进行会员销售时的积分方法,一般分两种情况:积分率为负数时按参数设置的积分率积分,积分率为 0 时表示不积分。

商品品态:商品的品态有停用、进销、新品、直销、停销五种。

是否管理库存:表示该商品需不需要进行库存管理,比如某些劳务费用等就不需要进行库存管理。

是否允许前台打折:表示该商品在前台销售时,收银员是否可以进行打折处理。

是否可以改价:表示该商品在销售时,操作员是否可以进行价格调整。

图片:可添加和删除商品的图片,同一商品可以支持多张图片。

(三)单位及定价

单位及定价:设定商品的单位、包装数量、参考进价、批发价(总共可设五级批发价)与会员价(可设三级会员价)。

一品多包装:表示一个商品有多种包装单位,输入包装单位,然后再输入内装数就可以了。库存核算是按基本单位,当商品发生业务以后,请不要随便调换基本单位和多包装单位。一品多包装是将同种商品以不同数量进行打包,比如一包烟和一条烟,基本单位是"包",在商品打包中可增加"条",输入一条烟的条码,然后输入一条烟内含有多少包、价格,这样的话,前台如果是输入包的条码时就是销售一包出去,如果是输入条的条码时就是销售一条出去了,同样库存就扣除了一条内含的数量。

一品多价:只有连锁版才有一品多价,即一个商品在不同分店可以以不同的价格出售,并且不同包装的商品也可以价格不同。此处只保存修改过的价格。

(四)一品多商

一件商品可以从几个供应商那儿进货,且进价会有差异,这就需要有一品多商的管理。

(五)库存信息

库存信息指商品的库位信息,各仓库的上下限的设置。

(六)营业员

根据营业员来统计某个时段内某商品的销量,是对营业员的业绩提成进行统计计算的有效查询方法,也是对商品销量的一种管理方式。

四、修改商品资料

1.从商品列表窗口中选择一件需要修改的商品。

2.将光标点击到该商品,然后双击鼠标左键,系统弹出"商品—编辑"窗口。

3.在"商品档案"窗口中,修改其中可修改的部分。

4.单击【确定】保存对该商品资料所做的修改并关闭该窗口。

五、删除商品资料

1.从商品列表窗口中选择一条需要删除的商品资料。

2.单击【删除】。如果该商品资料未在任何业务中使用过,则系统弹出对话框,询问是否确实要删除该商品资料。单击【确定】则相应的商品资料被删除;单击【取消】则放弃删除该商品资料的操作。

3.如果该商品资料已在业务中使用过,则系统给出提示:您不能删除该商品资料。

六、隐藏商品资料

一些暂不使用的商品资料可以在商品资料列表窗口中隐藏,而无须删除它们。商品资料一旦被隐藏，在单据中选择商品时将不再出现被隐藏的商品。其操作步骤如下：

1.从商品列表窗口中选择一件需要隐藏的商品。

2.将光标点击到该商品，然后双击鼠标左键，系统弹出“商品档案”窗口。

3.在“商品档案”窗口中，单击“此商品停用”复选框，使其处于选中状态。

4.单击【确定】保存对该商品资料所做的修改并关闭该窗口。

这样，该商品资料在商品列表窗口中将处于不可见的状态。

注：如果想看到所有的商品资料，包括被隐藏了的商品资料，可以单击“全部显示”复选框，使其处于选中状态。

七、如何使被隐藏的商品资料重新显示出来

1.单击“全部显示”复选框，使全部商品都显示出来。

2.选择要处理的已被隐藏的商品资料，对其进行修改。在“商品档案”窗口中，单击“此商品停用”复选框，使其处于清除状态(即非选中状态)。

3.单击【确定】保存对该商品资料所做的修改并关闭该窗口。

隐藏的商品又被重新显示出来，在所有的单据中又可以见到该商品资料。

八、打印商品资料

如需打印商品资料列表，直接点击工具栏上的【打印】即可。

第十一节　商品校验

一、业务介绍

校验商品资料是否标准，基本特性是否输入等。

二、进入界面

在【档案】中选【商品校验】项进入本模块或在主界面中的【信息档案】中单击【商品校验】进入本模块，如图 4-14 所示。

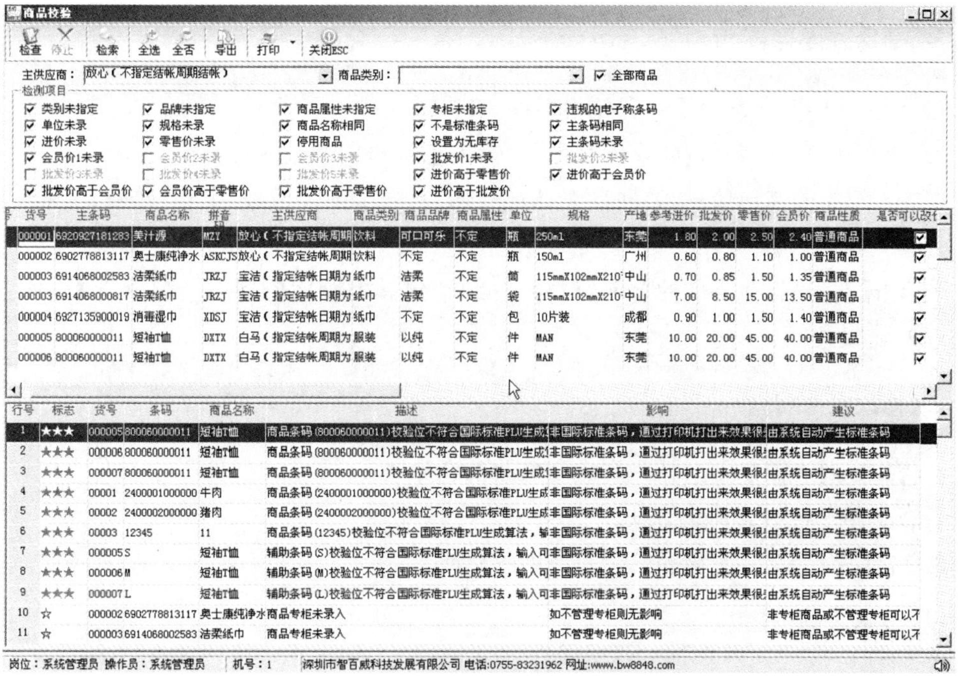

图 4-14　商品校验操作界面图

第十二节　分店仓库

一、业务介绍

本模块用来记录公司的仓库名称和位置，运用本模块的功能，可以设一个多元化的仓库组，对商品进行科学的管理。单机版不能新建机构仓库，只有总部、分部网络版才可以正常使用。

二、进入界面

在【档案】中选【分店仓库】项进入本模块或在主界面中的【信息档案】中单击【分店仓库】进入本模块，如图 4-15 所示。

图 4-15　分店仓库操作界面图

三、新建仓库资料

1.单击【新建】，自动建立一行空白数据。

2.仓库编码自动产生，在“仓库名称”中输入相应的仓库名称。

3.输入相应的其他信息，如联系人、地址、邮编、电子邮件地址、电话、传真、显示标志、前台销售价格、类型等。

4.单击【新建】保存当前的仓库资料并继续新建其他仓库资料；单击【保存】则保存当前新建的仓库资料。

四、修改仓库资料

1.从分类列表窗口中选择一个需要修改的仓库。

2.修改仓库名字或其他信息。

3.单击【保存】保存对该仓库资料所做的修改。

五、删除仓库资料

1.从地区列表窗口中选择一个需要删除的仓库。

2.单击【删除】。如果该仓库资料未在任何业务中使用过，则系统弹出对话框，询问是否确实要删除该仓库资料。单击【确定】则相应的仓库资料被删除；单击【取消】则放弃删除仓库资料的操作。

3.如果该仓库资料已在业务中使用过，则系统给出提示：您不能删除该仓库资料。

六、打印仓库资料

如需打印仓库资料列表，直接点击工具栏上的【打印】即可。

第十三节　仓库货位

一、业务介绍

本模块是用来记录公司仓库中的库位信息的，运用本模块的功能，可以设一个多元化的仓库结构，对商品进行科学的管理。

二、进入界面

在【档案】中选【仓库货位】项进入本模块或在主界面中的【信息档案】中单击【仓库货位】进入本模块，如图 4-16 所示。

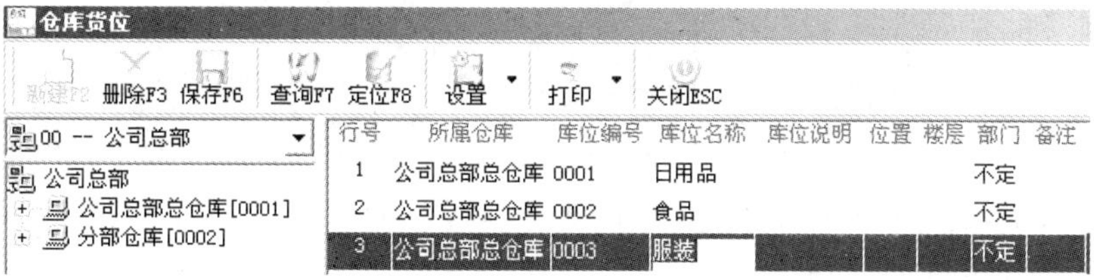

图 4-16　仓库货位操作界面图

三、新建库位信息

1.单击【新建】,自动建立一行空白数据。

2.仓库编码自动产生,在“库位名称”中输入相应的库位名称。

3.输入相应的其他信息,如说明、楼层、负责人等。

4.单击【新建】保存当前的库位资料并继续新建其他库位资料;单击【保存】则保存当前新建的库位资料。

四、修改库位资料

1.从分类列表窗口中选择一个需要修改的库位。

2.修改库位名字或其他信息。

3.单击【保存】保存对该库位资料所做的修改。

五、删除库位资料

1.从地区列表窗口中选择一个需要删除的库位。

2.单击【删除】。如果该库位资料未在任何业务中使用过,则系统弹出对话框,询问是否确实要删除该库位资料。单击【确定】则相应的库位资料被删除;单击【取消】则放弃删除库位资料的操作。

3.如果该库位资料已在业务中使用过,则系统给出提示:您不能删除该库位资料。

六、打印库位资料

如需打印库位资料列表,直接点击工具栏上的【打印】即可。

第十四节　库位商品

一、业务介绍

本模块用来记录公司仓库库位的商品,运用本模块的功能,可以设置库存上下限,对商品进行科学的管理。

二、进入界面

在【档案】中选【库位商品】项进入本模块或在主界面中的【信息档案】中单击【库位商品】进入本模块，如图 4-17 所示。

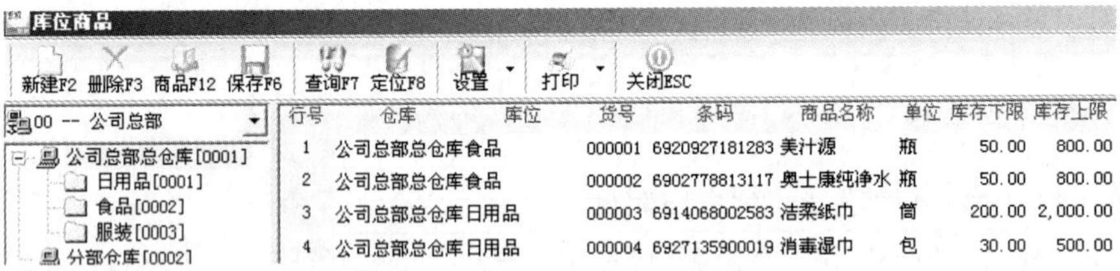

图 4-17　库位商品操作界面图

三、新建库位商品信息

1.在左边选择好仓库，单击【新建】，自动建立一行空白数据。

2.直接输入货号、条码或双击，弹出“商品档案”界面选择商品，也可以单击【商品 F4】，弹出“商品档案”界面选择商品。

3.如商品档案一设库存上下限，可以在这里更改。

4.单击【新建】保存当前的库位商品资料并继续新建其他库位商品资料；单击【保存】则保存当前新建的库位商品资料。

四、修改库位商品资料

1.从分类列表窗口中选择一件需要修改的库位商品。

2.修改库存的上下限。

3.单击【保存】保存对该库位资料所做的修改。

五、删除库位资料

1.从地区列表窗口中选择一件需要删除的库位商品。

2.单击【删除】按钮，选择【确定】则相应的库位商品被删除；选择【取消】则放弃删除库位商品的操作。

六、打印库位商品

如需打印库位商品列表，直接点击工具栏上的【打印】即可。

第十五节　部门档案

一、业务介绍

本模块主要是用于将公司的所有部门归集起来，录进档案，以便于统计分析。

二、进入界面

在【档案】中选【部门档案】项进入本模块或在主界面中的【信息档案】中单击【部门档案】进入本模块，如图 4-18 所示。

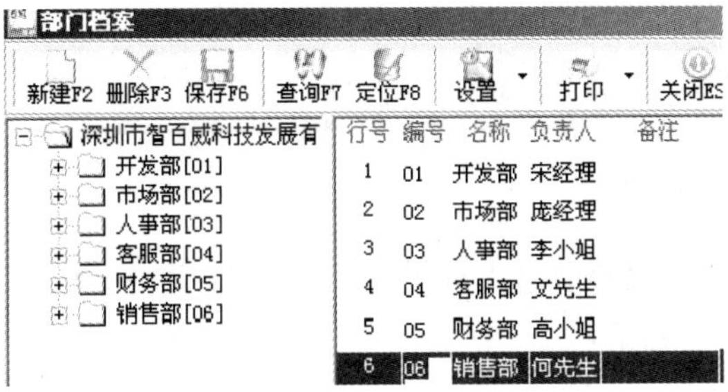

图 4-18　部门档案操作界面图

三、新建部门档案

1.单击【新建】，自动建立一行空白数据。

2.部门编码自动产生，在“部门名称”中输入相应的部门名称。

3.输入相应的其他信息、备注等。

4.单击【新建】保存当前的部门资料并继续新建其他部门资料；单击【保存】则保存当前新建的部门资料。

四、修改部门资料

1.从部门列表窗口中选择一个需要修改的部门。

2.修改部门名字或其他信息。

3.单击【保存】保存对该部门资料所做的修改。

五、删除部门资料

1.从部门列表窗口中选择一个需要删除的部门。

2.单击【删除】。如果该部门资料未在任何业务中使用过,则系统弹出对话框,询问是否确实要删除该部门资料。单击【确定】则相应的部门资料被删除;单击【取消】则放弃删除部门资料的操作。

3.如果该部门资料已在业务中使用过,则系统给出提示:您不能删除该部门资料。

六、打印部门资料

如需打印部门资料列表,直接点击工具栏上的【打印】即可。

第十六节　员工档案

一、业务介绍

本模块主要用于对公司所有的员工进行登记及基本资料的管理。

二、进入界面

在【档案】中选【员工档案】项进入本模块或在主界面中的【信息档案】中单击【员工档案】进入本模块,如图 4-19 所示。

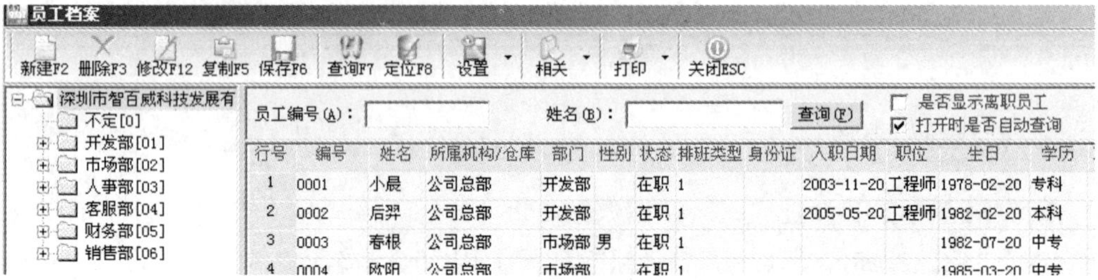

图 4-19　员工档案操作界面图

三、新建员工档案

1.首先在左栏菜单选择组,单击【新建】,弹出“员工档案”界面,如图 4-20 所示。

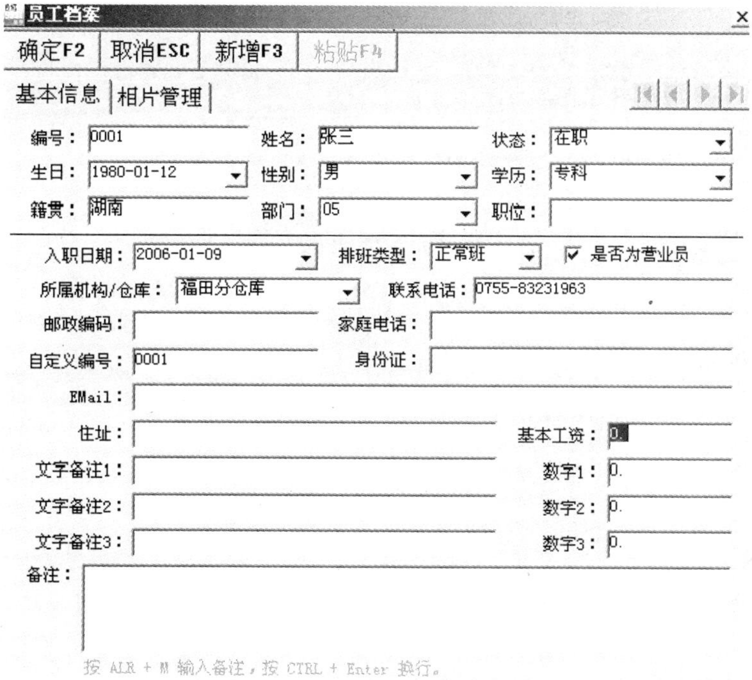

图 4-20 员工档案新建操作窗口

2.输入基本信息：编号可自动生成，输入姓名（不能为空）、状态、生日、性别、学历、籍贯、部门、职位、入职日期、排版类型、所属机构/仓库、联系电话、邮政编码、家庭电话、自定义编号、身份证、E-mail、住址、基本工资与备注。如果是营业员，要在“是否为营业员”前方框内打钩。

3.相片管理：首先把图片拷贝到 9000 商业版安装目录下的 Picture 文件夹里，再单击加入相片，然后选择图片，单击【确定】，相片就加载进来了；要去掉相片，单击【清除相片】即可。

四、修改员工档案

1.从员工档案列表窗口中选择需要修改的员工资料。

2.双击或单击修改按钮，弹出“员工档案”界面，修改员工资料。也可以在此列直接修改。

3.单击【保存】保存对该员工资料所做的修改。

五、删除员工资料

1.从员工档案列表窗口中选择一条需要删除的资料。

2.单击【删除】。单击【确定】则相应的员工资料被删除；单击【取消】则放弃删除此员工资料的操作。

六、打印员工档案资料

如需打印员工资料列表，直接点击工具栏上的【打印】即可。

第十七节　往来收支类型

一、业务介绍

企业除了正常的经营业务收入和支出以外，可能还存在着其他收入和费用开支，因此需要事先在此模块定义收入或支出类别的基础资料。

二、进入界面

在【档案】中选【收支类型】项进入本模块或在主界面中的【信息档案】中单击【收支类型】进入本模块，如图 4-21 所示。

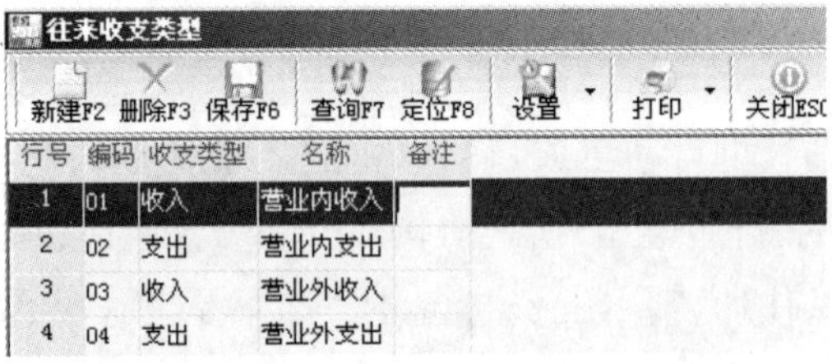

图 4-21　往来收支账号操作界面图

三、新建收支类型档案

1.单击【新建】，自动建立一行空白数据。

2.编码自动产生，也可自行更改，在“收支类型”中选择是收入还是支出，名称中输入相应的收支类型名称。

3.单击【新建】按钮保存当前的收支类型资料并继续新建其他收支类型资料；单击【保存】则保存当前新建的收支类型资料。

四、修改收支类型资料

1.从收支类型列表窗口中选择一个需要修改的收支类型档案。

2.修改收支类型名字或其他信息。

3.单击【保存】保存对该收支类型资料所做的修改。

五、删除收支类型资料

1.从收支类型列表窗口中选择一个需要删除的收支类型档案。

2.单击【删除】。如果该收支类型资料未在任何业务中使用过，则系统弹出对话框，询问是否确实要删除该收支类型资料。单击【确定】则相应的收支类型资料被删除；单击【取消】则放弃删除收支类型资料的操作。

3.如果该收支类型资料已在业务中使用过，则系统给出提示：您不能删除该收支类型资料。

六、打印收支类型资料

如需打印收支类型资料列表，直接点击工具栏上的【打印】即可。

第十八节　现金银行账户

一、业务介绍

用户在使用本系统时，所有现金账户和银行存款账户的资料，都必须在收支账户资料中事先定义，这样，发生相关业务时就可以直接引用了。

二、进入界面

在【档案】中选【现金银行账户】项进入本模块或在主界面中的【信息档案】中单击【现金银行账户】进入本模块，如图 4-22 所示。

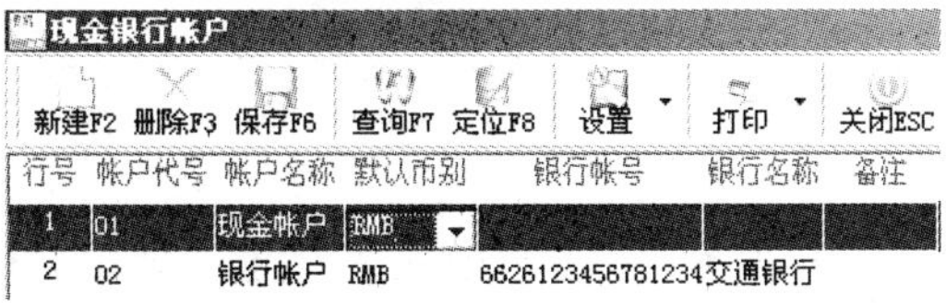

图 4-22　现金银行账号操作界面图

三、新建现金银行账户档案

1.单击【新建】，自动建立一行空白数据。

2.编码自动产生，也可自行更改，输入账户名称，选择币别，如果是银行类的话，需输入银行账号以及开户银行等信息。

3.单击【新建】保存当前的现金银行账户资料并继续新建其他收支账户资料；单击【保存】则保存当前新建的现金银行账户资料。

四、修改现金银行账户资料

1.从现金银行账户表窗口中选择一个需要修改的现金银行账户档案。

2.修改现金银行账户名字或其他信息。

3.单击【保存】保存对该现金银行账户资料所做的修改。

五、删除现金银行账户资料

1.从现金银行账户列表窗口中选择一个需要删除的现金银行账户档案。

2.单击【删除】。如果该现金银行账户资料未在任何业务中使用过,则系统弹出对话框,询问是否确实要删除该现金银行账户资料。单击【确定】则相应的账户资料被删除;单击【取消】则放弃删除账户资料的操作。

3.如果该收支账户资料已在业务中使用过,则系统给出提示:您不能删除该收支账户资料。

六、打印收支账户资料

如需打印收支账户资料列表,直接点击工具栏上的【打印】即可。

第十九节　其他辅助档案

一、业务介绍

本模块是其他辅助档案的管理,有币种汇率、扣款类型、收付票据、出入库方式、付款方式、包装单位、竞争对手。

二、进入界面

在【档案】中选【其他辅助档案】项进入本模块或在主界面中的【信息档案】中单击【其他辅助档案】进入本模块,如图 4-23 所示。

图 4-23　其他辅助档案操作界面图

币种汇率:设置不同币种兑换人民币的汇率,方便交易发生时金额的换算。

扣款类型:设置扣款类型与扣款金额,在【财务】菜单里选【货商扣款费用单】项做扣款单据。

收付票据:在商品进销、收付票据时,不同的票据含税价不同,即税率不同,可在此设置票据与税率。

出入库方式:设置其他出入库的方式。

付款方式:设置前台收银的客户付款方式。

包装单位:商品的单位设置。

竞争对手:与本公司竞争的对手。

三、操作方式(以币种汇率为例)

(一)新建币种汇率档案

1.单击【新建】,自动建立一行空白数据。

2.币种符号自动产生,也可自行更改,在“币种名称”中输入相应的币种名称,在“汇率”中输入对应的汇率。

3.单击【新建】保存当前的币种汇率资料并继续新建其他币种汇率资料;单击【保存】则保存当前新建的币种汇率资料。

(二)修改币种汇率资料

1.从币种汇率列表窗口中选择一个需要修改的币种汇率档案。

2.修改币种名字、汇率或其他信息。

3.单击【保存】保存对该币种汇率资料所做的修改。

(三)删除币种汇率资料

1.从币种汇率列表窗口中选择一个需要删除的币种汇率档案。

2.单击【删除】。如果该币种汇率资料未在任何业务中使用过,则系统弹出对话框,询问是否确实要删除该币种汇率资料。单击【确定】则相应的币种汇率资料被删除;单击【取消】则放弃删除币种汇率资料的操作。

3.如果该币种汇率资料已在业务中使用过,则系统给出提示:您不能删除该币种汇率资料。

(四)打印币种汇率资料

如需打印币种汇率资料列表,直接点击工具栏上的【打印】即可。

第二十节　档案导入导出

一、业务介绍

本模块主要将备份的数据导入进来或将系统里的数据导出去,导出文件可以是 TXT

文本文件和 DBF 文件。

二、进入界面

在【档案】中选【档案导入导出】项进入本模块或在主界面中的【信息档案】中单击【档案导入导出】进入本模块，如图 4-24 所示。

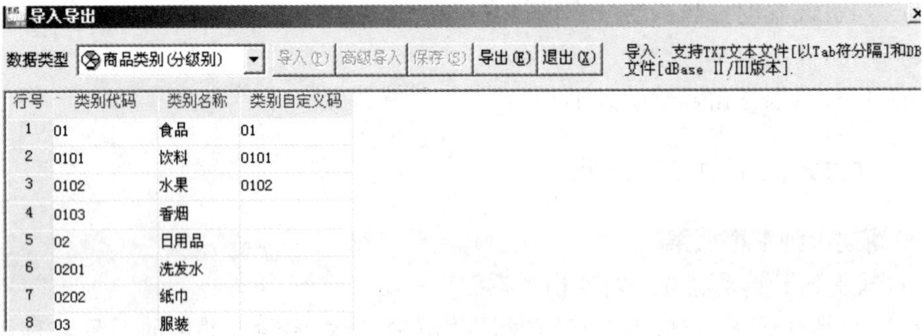

图 4-24　档案导入导出操作界面图

导入：选择数据类型，单击【导入】按钮，弹出选择文件窗口，选择导入的文件，导入文件的数据字段要与数据类型的数据字段能套上。

高级导入：单击【高级导入】按钮，进入数据导入界面，如图 4-25 所示。

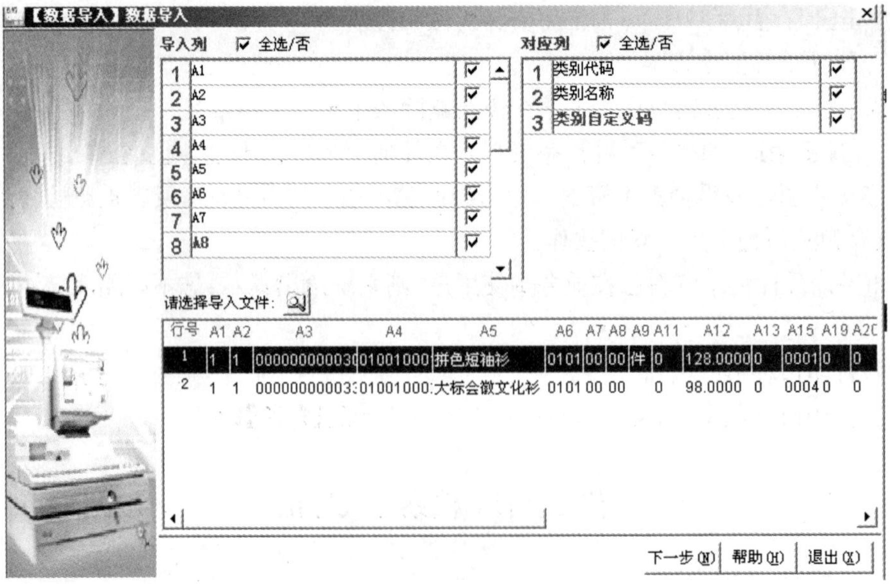

图 4-25　档案导入操作界面图

选择导入文件后单击【下一步】，把导入列中的字段与对应列对应好，然后将导入列的字段一个一个拖到对应列里(注：拖动时，鼠标会显示为手的指针，在手上面显示有一小方条，才能成功地把字段从导入列拖到对应列里)，单击【导入】按钮即可。

导出：主要将基本数据备份，可以是 TXT 文本文件、XLS、PSR、HTM 和 DBF 文件。

选择数据类型，单击导出按钮，弹出选择导出路径，选择导出的文件格式，输入导出的文件名，保存即可。

项目小结：本项目主要为实训操作项目，主要训练货商档案、客户档案、商品档案仓库及库位、库位商品、员工档案、部门档案等模块的新建、修改和删除等基本操作技能及档案的导入导出操作技能。

思考题

1.后台信息档案的建立

实训地点：学院仓储实训室。

实训准备：检查电源及各接口，启动计算机，运行商业分销系统教学软件，进入该软件系统界面。

实训安排：学生每 4 人一组，轮流上机操作，每组操作时间控制在 10 分钟左右。

实训内容：主要训练货商档案、客户档案、商品档案等模块的新建、修改和删除等基本操作技能。

2.后台信息档案建立

实训地点：学院仓储实训室。

实训准备：检查电源及各接口，启动计算机，运行商业分销系统教学软件，进入该软件系统界面。

实训安排：学生每 4 人一组，轮流上机操作，每组操作时间控制在 10 分钟左右。

实训内容：主要训练仓库及库位、库位商品、员工档案、部门档案等模块的新建、修改和删除等基本操作技能，学会档案的导入导出操作。

项目五　后台业务管理

知识目标

1.熟悉采购管理、批发管理、卖场管理、生鲜管理、库存管理及财务结算等业务内容。

2.理解各项业务管理的业务流程、操作技能及各种单证的填制方法。

技能目标

1.具备后台业务的管理能力、计算机操作能力、单证填制能力和各种问题的处理能力。

2.能够进行采购管理、批发管理、卖场管理、生鲜管理、库存管理以及财务结算等模块的新建、修改、删除、打印等操作。

问题导入

一家超市投资几十万,总是不盈利,食之无味、弃之可惜,怎么办?店员难招、难留,销售业绩上不去,怎么办?

第一节　采购管理

一、采购询价单

(一)业务介绍

本模块用来记录向供货商询价的相关数据,以便随时查询到每个货商的价格。

(二)进入界面

在导航图的【采购管理】中选【采购询价单】图标或在【采购】菜单里选【采购询价单】项进入采购询价单模块,如图 5-1 所示。

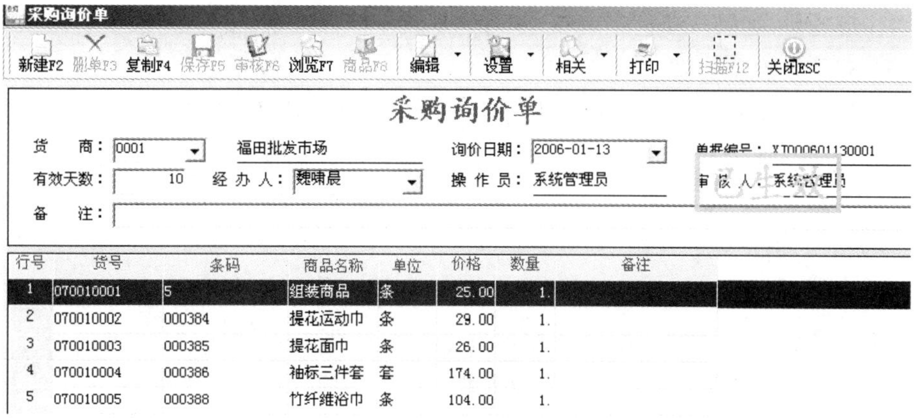

图 5-1　采购询价单操作界面图

（三）新建采购询价单

1.当打开采购询价单窗口时，该窗口即处于新建状态。如果该窗口处于修改状态，可以通过点击【新建】，此时即可输入一张新的采购询价单。

日期：系统默认当前的系统日期为询价日期，可以修改。

单号：系统自动连续编号。

选择供应商：在“供应商”栏的下拉列表框中选择相应的供应商。

有效天数：该报价的有效天数。

经办人：该询价单的经办人。

2.在窗口下部明细列表框中录入采购的商品名称、价格等信息。

输入采购的品名、规格：在品名、规格栏直接输入相应商品编码；通过双击该栏目弹出“选择商品”对话框，进行商品的选择。

计量单位：计量单位是在定义商品资料时定义的，此处不可以修改。

单价：输入从供应商处询问到的价格。

3.每张采购订单可以订购多种商品，录完一种商品后可以增加另一种商品明细：用鼠标按右键增加一行；按 Enter 键到下一行后继续添加信息。

录入备注：录入询价的有关事项。

4.点击【保存】保存单据，保存完后即会提示是否审核，如需审核则点【是】，不需要审核就点击【否】，要注意的是单据一经审核就不能进行修改操作了。

（四）修改采购询价单

1.浏览要修改的询价单：通过点击【浏览】，在切换到的业务查找窗口中选出要修改的询价单。

2.在找出的询价单中，修改任何想要修改的内容。

3.单击【保存】保存对该订单的修改；单击【关闭】放弃对该询价单的修改并关闭该窗

口。要注意的是,如果该单已经审核了的话,那就不能修改了。

(五)删除采购询价单

1.采用修改采购询价单中介绍的办法,查找到要删除的采购询价单。

2.单击【删除】,系统弹出对话框,询问是否确实要删除该单据。单击【是】则相应的采购询价单被删除;单击【否】则放弃删除该采购询价单。要注意的是,如果该单已经审核了的话,那就不能删除了。

(六)打印采购询价单

如需将采购询价单打印出来,直接点击工具栏上的【打印】即可。

数据影响:此单据生效后不影响任何库存数量以及库存金额。

二、采购订货单

(一)业务介绍

本模块用来记录采购订货的相关数据,以便在收货时引用,加强采购计划的执行。

(二)进入界面

在导航图的【采购管理】模块里选【采购订货单】或在【采购】菜单里选【采购订货单】进入采购订货单模块,如图 5-2 所示。

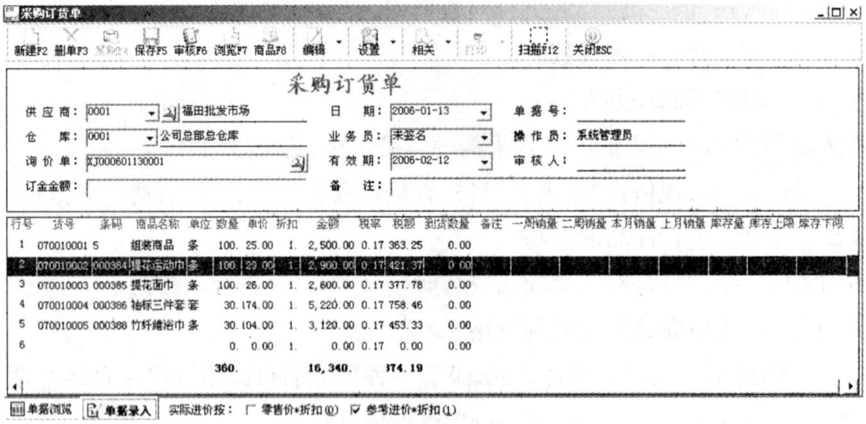

图 5-2 采购订货单操作界面图

(三)新建采购订货单

1.当打开采购订货单窗口时,该窗口即处于新建状态。如果该窗口处于修改状态,可以通过点击【新建】使其处在新建状态,此时即可输入一张新的采购订货单。

选择供应商:在"供应商"栏的下拉列表框中选择相应的供应商。

有效期:系统默认有效期为一个月,可以修改。

单号:系统自动连续编号,不可以修改。

仓库:选择该订单的仓库。

业务员:选择负责该订单的业务员。

订金金额:该栏是根据供应商要求先预交一部分款订购此货物,输入该客户本次付的订金金额,到销售结账时可冲减货款。

录入备注:在编辑框中录入采购商品的有关事项。

2.在窗口下部明细列表框中录入采购的商品名称、数量、单价等信息。

输入采购订货的品名规格:在商品编码栏直接输入相应商品编码;通过双击该栏目弹出"商品档案"对话框,选择商品。

单位:计量单位是在定义商品资料时定义的,此处不可以修改。

数量:在数量栏录入订货数量。

单价:如果用户在商品资料中输入了该商品的参考进价,系统将会自动给出这一参考进价,供您参考。此处可以根据实际情况进行修改。

折扣:进货时供货商给的折扣率。1 是不打折,如果打八折输入 0.8。

金额:该栏的金额是根据数量、单价计算而来的,用户无须操作。

税率:在货商档案里选择不同的发票类型,税率就不同。

税额:金额/(1+税率)×税率就得出税额。

到货数量:到货数量是不可录入的,它的作用是在以后根据该订货单发生"入库验收"时,收到的实际数量在这里的自动反映。

销量:根据一周销量、二周销量、本月销量与上月销量,很方便地了解销售情况,根据销量情况来开订货单的数量。

库存量:能在此看到现有库存,不用再单独去查询库存数量,方便快速地知道要货数量。

库存上下限:方便订货时,所订货的数量在库存的上下限内。

3.每张采购订单可以订购多种商品,录完一种商品后可以用鼠标按右键,增加一行;按 Enter 键到下一行增加另一种商品明细。

4.点击【保存】保存单据,保存完后即会提示是否审核,如需审核则点【是】,不需要审核就点击【否】。要注意的是,单据一经审核就不能进行修改操作了。

(四)修改采购订货单

1.浏览要修改的采购订货单:通过点击【浏览】,在切换到的业务查找窗口中选出要修改的采购订货单。

2.在找出的采购订货单中,修改任何想要修改的内容。

3.单击【保存】保存对该订单的修改;单击【关闭】放弃对该订单的修改并关闭该窗口。要注意的是,如果该单已经审核了的话,那就不能修改了。

(五)删除采购订货单

1.采用修改采购订货单中介绍的办法,查找到要删除的采购订货单。

2.点击【删除】,系统弹出对话框,询问是否确实要删除该单据。单击【是】则相应的采购订货单被删除;单击【否】则放弃删除该采购订货单。要注意的是,如果该单已经审核了的话,那就不能删除了。

(六)打印采购订货单

如需将采购订货单打印出来,直接点击工具栏上的【打印】按钮即可完成打印工作。

数据影响:此单据生效后不影响任何库存数量以及库存金额。

三、入库验收单

(一)业务介绍

用于记录详细的采购收货业务,可以引用订单进行收货,也可以人工录入单据。

(二)进入界面

在导航图的【采购管理】模块里选【入库验收单】或在【采购】菜单里选择【入库验收单】项进入本模块,如图5-3所示。

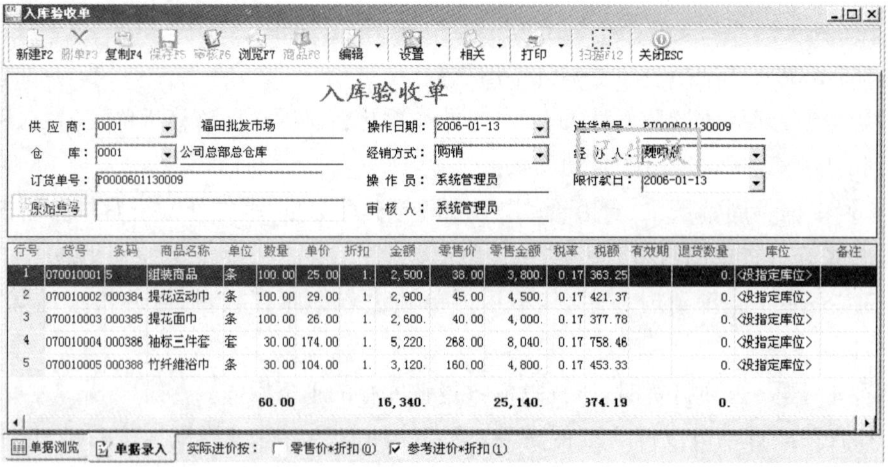

图5-3 入库验收单操作界面图

(三)新建入库验收单

当打开入库验收单窗口时,该窗口即处于新建状态。如果该窗口处于修改状态,可以通过点击【新建】使其处在新建状态,此时即可输入一张新的入库验收单。

1.引用采购订单收货。

输入单据日期:系统默认单据的日期为当前系统日期,可以修改。

选择供应商:在"供应商"栏的下拉列表框中选择相应的供应商。

选择订单:单击订单号后面的按钮,弹出对话窗口,如图5-4所示。

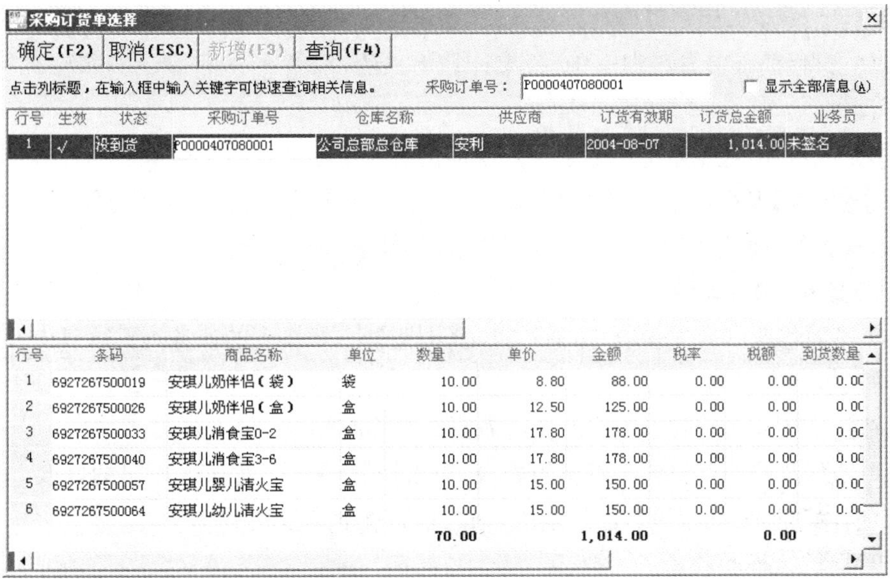

图 5-4　入库验收单引用窗口

此窗口中列出了该供应商的未执行完毕的全部订单，选择一订单，双击它或点【确定】，订单的数据自动复制到入库验收单中。系统是完全复制订单，订单数据与实际执行有差异时，可以修改。未执行完毕的订单可以留待以后执行。

进货单号：由系统自动连续编号，不可以修改。

选择进货仓：单击“仓库”后边的下拉框，在弹出的下拉列表中选择。

付款日期：系统默认为当天，可更改，表示该入库单的付款日期。

录入备注：需要时可以在“备注”编辑框中录入备注事项。

录入业务员：从业务员下拉列表框中，选择执行采购任务的业务员。

2.手工录入单据。

(1)录入单据日期、供应商、进货仓库、业务员等资料。

(2)在窗口下部明细列表框中录入采购的商品名称、数量、单价等信息：在商品编码栏直接输入相应商品编码；通过双击该栏目弹出“选择商品”对话框，选择商品。

计量单位：计量单位是在定义商品资料时定义的，此处不可以修改。

数量：在数量栏录入进货数量。

单价：如果在商品资料中输入了该商品的参考进价，系统将会自动给出这一参考进价，供用户参考。此处可以根据实际情况进行修改。

金额：该栏的金额是根据数量、单价计算而来的，用户无须操作。

零售价：如果在商品资料中输入了该商品的零售价，系统将会自动给出这一零售价，供用户参考。此处可以根据实际情况进行修改。

零售金额：该栏的金额是数量乘以零售价计算而来的，用户无须操作。

税率：默认为0，用户可以自己输入，比如税率17%输入0.17即可。

税额：该栏的金额是根据金额、税率计算而来的，税额＝金额÷(1＋税率)×税率，用户无须操作。

(3)录入备注：在编辑框中录入采购商品的有关事项。

点击【保存】保存单据，保存完后马上会提示是否审核，如需审核则点【是】，不需要审核就点击【否】。要注意的是，单据一经审核就不能进行修改操作了。

(四)修改入库验收单

1.浏览要修改的入库验收单：通过点击【浏览】，在切换到的业务查找窗口中选出要修改的入库验收单。

2.在找出的入库验收单中修改任何需要修改的内容。

3.单击【保存】保存对该入库单的修改；单击【关闭】放弃对该入库单的修改并关闭该窗口。要注意的是，如果该单已经审核了的话，那就不能修改了。

(五)删除入库验收单

1.采用修改入库验收单中介绍的办法，查找到要删除的入库验收单。

2.点击【删除】，系统弹出对话框，询问是否确实要删除该单据。单击【是】则相应的入库验收单被删除；单击【否】则放弃删除该入库验收单。要注意的是，如果该单已经审核了的话，那就不能删除了。

(六)打印入库验收单

如需将入库验收单打印出来，直接点击工具栏上的【打印】即可完成打印工作。

数据影响：此单据生效后为存数量增加，库存金额增加，货商应付款增加。

四、赠送入库单

(一)业务介绍

本模块用来记录公司将货商赠送的商品进行入库时录入的相关资料数据。

(二)进入界面

在导航图的【采购管理】模块里单击【赠送入库单】或在【采购】菜单里选【赠送入库单】项进入赠送入库单模块，如图5-5所示。

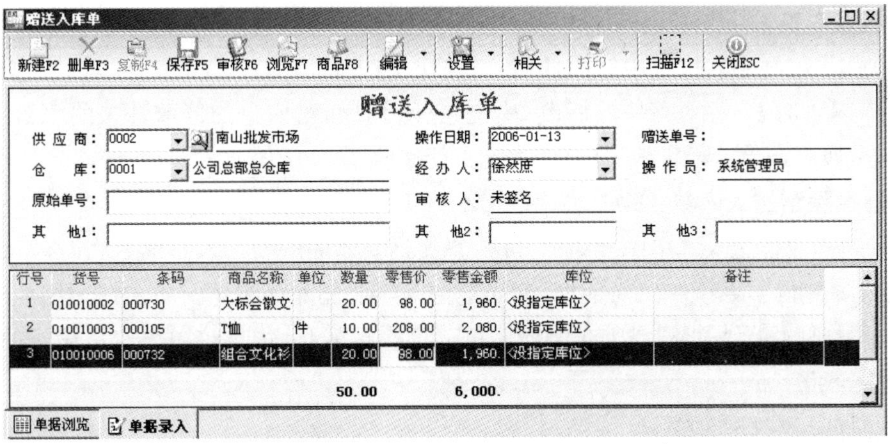

图 5-5　赠送入库单操作界面图

(三)新建赠送入库单

1.当打开赠送入库单窗口时,该窗口即处于新建状态。如果该窗口处于修改状态,可以通过点击【新建】使其处在新建状态,此时即可输入一张新的赠送入库单。

选择供应商:在"供应商"栏的下拉列表框中选择相应的供应商。

操作日期:系统默认有效期为当天,可以修改。

赠送单号:系统自动连续编号,不可以修改。

仓库:选择该赠送入库单的仓库。

经办人:选择负责该订单的业务员。

原始单号:供应商随货物一起的单据号码。

2.在窗口下部明细列表框中录入赠送的商品名称、数量、单价等信息。

输入赠送的品名规格:在商品编码栏直接输入相应商品编码;通过双击该栏目弹出"商品档案"对话框,选择商品。

单位:计量单位是在定义商品资料时定义的,此处不可以修改。

数量:在数量栏录入赠送的数量。

零售价:如果已在商品资料中输入了该商品的零售价,系统将会自动给出这一零售价,供用户参考。此处可以根据实际情况进行修改。

零售金额:该栏的金额是根据数量、零售价计算而来的,用户无须操作。

3.每张赠送入库单可以输入多种商品,在录完一种商品后用鼠标按右键增加一行;按Enter键到下一行即可增加另一种商品明细。

4.点击【保存】保存单据,保存完后马上会提示是否审核,如需审核则点【是】,不需要审核就点击【否】。要注意的,是单据一经审核就不能进行修改操作了。

(四)修改赠送入库单

1.浏览要修改的赠送入库单:通过点击【浏览】,在切换到的业务查找窗口中选出要修改的赠送入库单。

2.在找出的赠送入库单中修改任何需要修改的内容。

3.单击【保存】保存对该单的修改;单击【关闭】放弃对该单的修改并关闭该窗口。要注意的是,如果该单已经审核了的话,那就不能修改了。

(五)删除赠送入库单

1.采用修改赠送入库单中介绍的办法,查找到要删除的赠送入库单。

2.点击【删除】,系统弹出对话框,询问是否确实要删除该单据。单击【是】则相应的赠送入库单被删除;单击【否】则放弃删除该单。要注意的是,如果该单已经审核了的话,那就不能删除了。

(六)打印赠送入库单

如需将赠送入库单打印出来,直接点击工具栏上的【打印】即可完成打印工作。

数据影响:此单据生效后库存数量增加,货商应付款不影响。

五、采购退货单

(一)业务介绍

在采购退货业务中,可以按单进行退货,也可以不按单退货;在货款结算上,可以退现金,也可以将退货款冲应付款。用户可以根据实际情况自由选择。

(二)进入界面

在导航图的【采购管理】模块里选【采购退货单】图标或在【采购】菜单里选【采购退货单】项进入采购退货单模块,如图 5-6 所示。

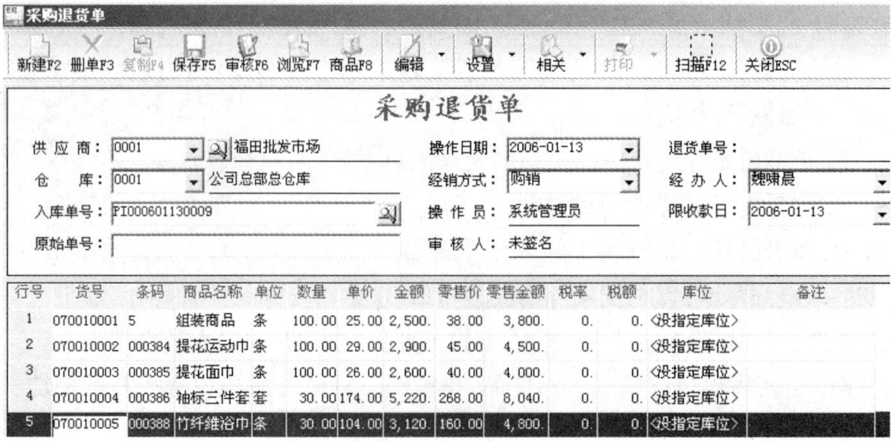

图 5-6 退货返厂单操作界面图

(三)新建退货返厂单

当打开退货返厂单窗口时,该窗口即处于新建状态。如果该窗口处于修改状态,可以通过点击【新建】使其处在新建状态，此时即可输入一张新的退货返厂单。

1.引用进货单退货。

(1)在供应商栏选择供应商后，单击【引用进货单】，即弹出“入库验收单选择”对话框，如图 5-7 所示。

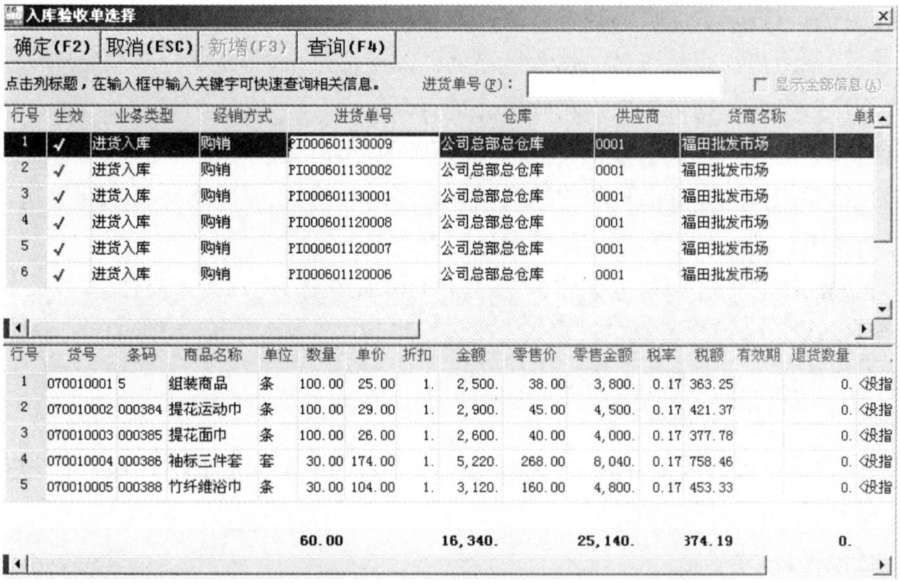

图 5-7 进货单退货操作窗口

(2)图中列出了全部进货单，选择某一进货单记录点击可以查看原始单据。选择本次退货对应的进货单，单击【确定】或者双击鼠标左键，原进货单的数据被复制到退货单上。

(3)系统默认对原进货单全部退货。如退货数量、单价等信息与原进货单不一致，均可以修改。未退完的进货单以后还可以进行退货。

选择退出仓：单击“仓库”后面的下拉按钮，在弹出的下拉列表中选择。

录入经办人：从业务员下拉列表框中选择业务员。

2.手工录入单据。

选择供应商：在“供应商”栏的下拉列表框中选择相应的供应商。

操作日期：系统默认有效期为当天，可以修改。

退货单号：系统自动连续编号，不可以修改。

仓库：选择该退货单的仓库。

经销方式：选择经销方式，有购销、代销与联合三种。

经办人：选择负责该退货单的业务员。

原始单号：以前的进货单号或别的单号。

限收款日：货到后没有马上付款，或只付了一部分，所欠的款最迟要什么时候付给供应商。

在窗口下部明细列表框中录入退货的商品名称、数量、单价等信息：

输入退货的品名规格：在商品编码栏直接输入相应商品编码；通过双击该栏目弹出“选择商品”对话框，选择商品。

单位：计量单位是在定义商品资料时定义的，此处不可以修改。

数量：在数量栏录入退货的数量。

单价：如果用户在商品资料中输入了该商品的参考进价，系统将会自动给出这一参考进价，供用户参考。此处可以根据实际情况进行修改。

金额：该栏的金额是根据数量、单价计算而来的，用户无须操作。

零售价：如用户果在商品资料中输入了该商品的零售价，系统将会自动给出这一零售价，供用户参考。此处可以根据实际情况进行修改。

售价金额：该栏的金额是根据数量、零售价计算而来的，用户无须操作。

税率：默认为0，用户可以自己输入，比如税率为17% 输入0.17 即可。

税额：该栏的金额是根据金额、税率计算而来，税额＝金额÷(1＋税率)×税率，用户无须操作。

每张退货单可以输入多种商品，在录完一种商品后用鼠标按右键增加一行；按 Enter 键到下一行增加另一种商品明细。

点击【保存】保存单据，保存完后马上会提示是否审核，如需审核则点【是】，不需要审核就点击【否】。要注意的是，单据一经审核就不能进行修改操作了。

（四）修改返厂退货单

1.浏览要修改的返厂退货单：通过点击【浏览】，在切换到的业务查找窗口中选出要修改的返厂退货单。

2.在找出的返厂退货单中修改任何需要修改的内容。

3.单击【保存】保存对该单的修改；单击【关闭】放弃对该单的修改并关闭该窗口。要注意的是，如果该单已经审核了的话，那就不能修改了。

（五）删除返厂退货单

1.采用修改返厂退货单中介绍的办法，查找到要删除的返厂退货单。

2.点击【删除】，系统弹出对话框，询问是否确实要删除该单据。单击【是】则相应的返厂退货单被删除；单击【否】则放弃删除该单。要注意的是，如果该单已经审核了的话，那就不能删除了。

（六）打印返厂退货单

如需将返厂退货单打印出来，直接点击工具栏上的【打印】即可完成打印工作。

数据影响：此单据生效后库存数量减少，货商应付款减少。

六、进价调整单

(一)业务介绍

现实生活中,有多种原因会使商品的价格变动(如由于国家政策的改变发生价格变动、因为企业产品结构的调整使存货陈旧过时引起价格变动),进价调整单模块就是为了处理这类工作。

(二)进入界面

在导航图的【采购管理】模块里选【进价调整单】或在【采购】菜单里选【进价调整单】,进入进价调整单模块,如图 5-8 所示。

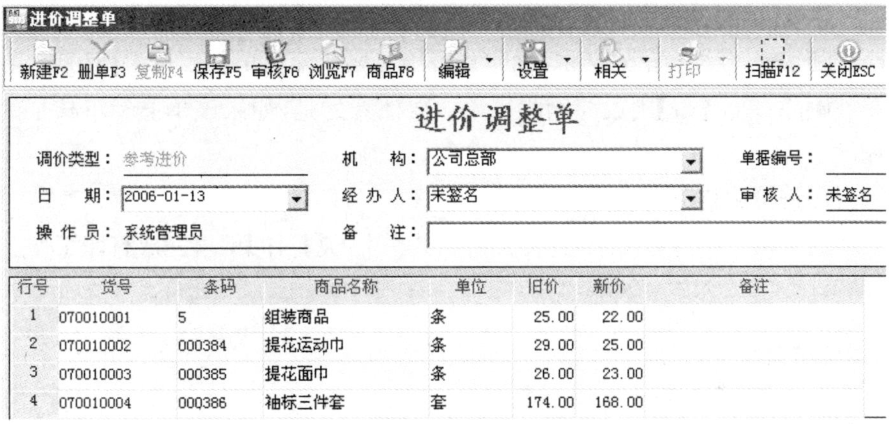

图 5-8　进价调整单操作界面图

(三)新建进价调整单

1.当打开进价调整单窗口时,该窗口即处于新建状态。如果该窗口处于修改状态,可以通过点击【新建】使其处在新建状态,此时即可输入一张新的进价调整单。

单据编号:系统自动连续编号,不可以修改。

经办人:选择负责该订单的经办人。

2.在窗口下部明细列表框中录入进价调整的商品名称、新价格等信息:

输入调价的品名、规格:在商品编码栏直接输入相应商品编码;通过双击该栏目弹出“商品档案”对话框,选择商品。

单位:计量单位是在定义商品资料时定义的,此处不可以修改。

旧价:如果用户在商品资料中输入了该商品的进价,系统将会自动给出这一进价,供用户参考。此处不可以修改。

新价:此处可输入调整后的进价。

3.每张进价调整单可以输入多种商品,录完一种商品后用鼠标按右键增加一行;按

Enter 键到下一行增加另一种商品明细。

4.点击【保存】保存单据，保存完后马上会提示是否审核，如需审核则点【是】，不需要审核就点击【否】。要注意的是，单据一经审核就不能进行修改操作了。

（四）修改进价调整单

1.浏览要修改的进价调整单：通过点击【浏览】，在切换到的业务查找窗口中选出要修改的进价调整单。

2.在找出的进价调整单中修改任何需要修改的内容。

3.单击【保存】保存对该单的修改；单击【关闭】放弃对该单的修改并关闭该窗口。要注意的是，如果该单已经审核了的话，那就不能修改了。

（五）删除进价调整单

1.采用修改进价调整单中介绍的办法，查找到要删除的进价调整单。

2.点击【删除】，系统弹出对话框，询问是否确实要删除该单据。单击【是】则相应的进价调整单被删除；单击【否】则放弃删除该单。要注意的是，如果该单已经审核了的话，那就不能删除了。

（六）打印进价调整单

如需将进价调整单打印出来，直接点击工具栏上的【打印】即可完成打印工作。

数据影响：此单据生效后库存数量不受影响，只影响商品档案中的参考进价。

七、货商供货合同

（一）业务介绍

在采购业务中往往会同供应商进行价格的约定，或一个商品有多个供应商供货且价格有所不同时，此模块用来专门记录供应商商品的价格。

（二）进入界面

在导航图的【采购管理】模块里选【货商供货合同】或在【采购】菜单里选【货商供货合同】进入货商供货合同模块，如图 5-9 所示。

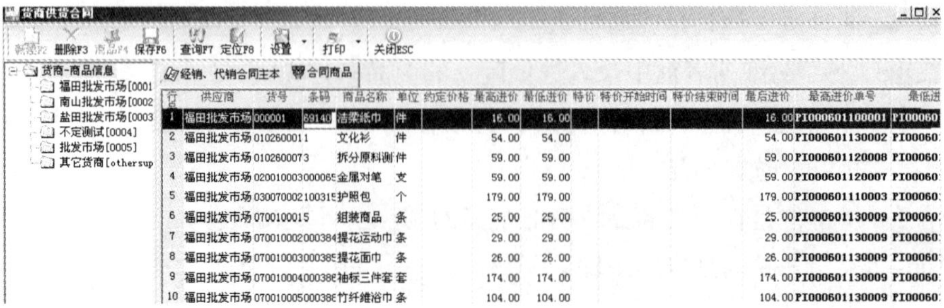

图 5-9　货商供货合同操作界面图

（三）新建货商供货合同商品

1.当打开货商供货合同窗口时，出现左右两个区域，左边是所有的货商，右边是已经建立好的货商商品。

2.需要在某个货商下面建立合同商品的话，首先点击该货商，然后再点击新建，此时右边表格中会出现一行空白数据。

3.在商品编码栏中输入商品的编码可将该商品调出到表格中，如果不记得商品编码，则可双击该栏目，在查找界面中将商品调出来。

4.商品调出来后，输入约定价格，然后点击【保存】，那么以后找该货商进货的时候，系统会自动将该价格调入到进货单中。

最高进价：该商品找该货商进货的最高进价。

最低进价：该商品找该货商进货的最低进价。

最后进价：该商品找该货商进货的最后进价。

最高进价单：该商品找该货商进货的最高进价单据号。

最低进价单：该商品找该货商进货的最低进价单据号。

最后进价单：该商品找该货商进货的最后进价单据号。

5.双击该单号可列出该进货单据。

6.以上信息输入完成后，点击【保存】可将输入的信息保存起来。

（四）修改货商供货合同

如需修改货商合同，首先查询到该货商，然后找到该货商的商品，价格修改完后按【保存】即可。

（五）删除货商合同

1.如需删除货商合同，首先查询到该货商，然后找到该货商的商品。

2.点击【删除】，系统弹出对话框，询问是否确实要删除“一品多商”信息。选择【是】则相应的货商合同商品被删除；选择【否】则放弃删除该货商商品。

（六）打印货商合同

如需将货商合同打印出来，直接点击工具栏上的【打印】即可完成打印工作。

经销、代销合同主本，采购合同如图 5-10 所示：

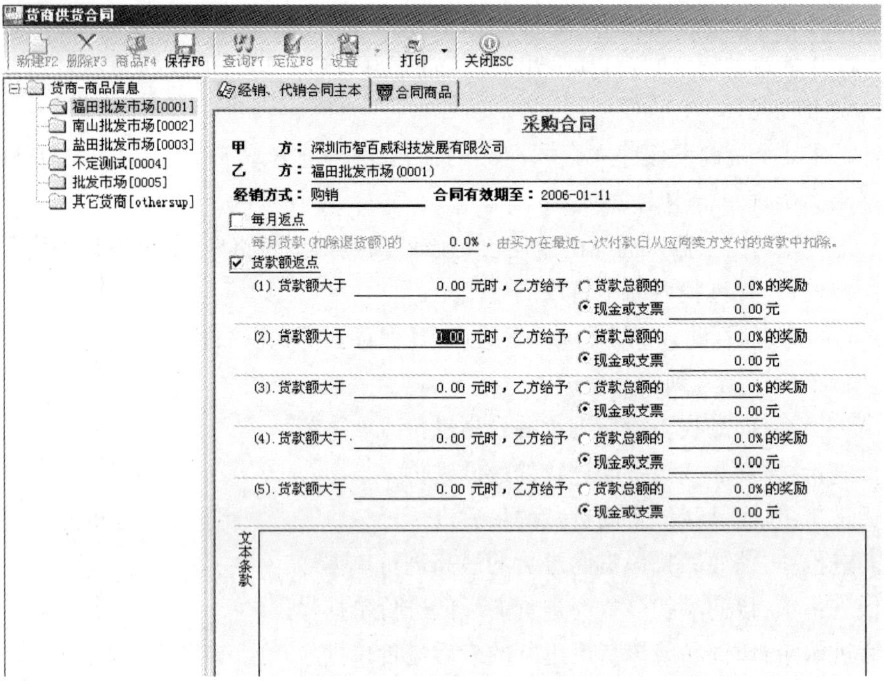

图 5-10 采购合同操作窗口

合同有效期至：是指本合同的有效期到什么时候截止，默认为系统当天，可更改日期。

每月返点：指在乙方供应商进货，每个月的所有货款（扣除退货额）达到多少百分比时，甲方在最近一次付款日从应向乙方支付的货款中扣除的一定比例的货款。

货款额返点：每次进货，货款额大于多少数额时，乙方给予货款总额的多少百分比的奖励金额，现金或支票是多少元，总共可以设五个条件，见图 5-10。

文本条款：除以上的每月返点与货款额返点的条款外，其他条款就使用文本条款。

数据影响：此模块保存后不影响任何库存数量，只影响入库验收单中货商进货时调用的进价。

八、智能补货

（一）业务介绍

公司在营业过程中往往需要有一个自动而且比较智能的补货系统，此模块能实现缺货补货、畅销补货和手工补货，会根据商品的销售情况及缺货情况自动补货。

（二）进入界面

在导航图的【采购管理】模块里选【智能补货】或在【采购】菜单里选【智能补货】项进入智能补货模块，如图 5-11 所示。

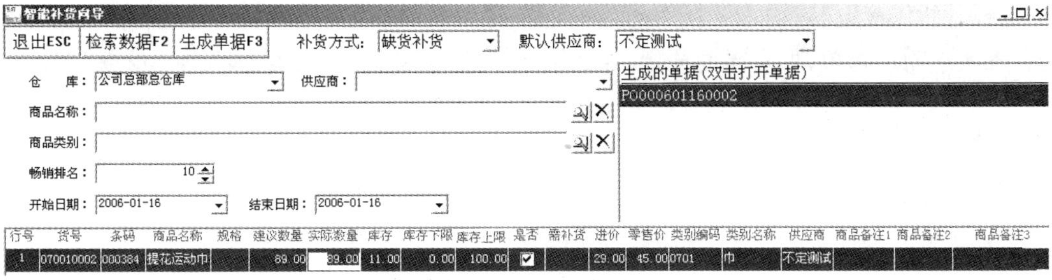

图 5-11 智能补货操作窗口

选择默认供应商是为了有些商品没有选定供应商,然后生成订单的时候就将该商品自动生成到该供应商的订单中去。

补货方式有以下五种:

(1)缺货补货。

选择缺货补货,然后点击检索数据,系统会根据当前库存以及库存的下限,自动将缺货的数据统计出来,在表格中显示商品码、条码、名称、建议数量(最大库存量－当前库存)、实际数据(最大库存量－当前库存,可以修改)、库存(当前库存)、最大库存、是否补货。

点击生成单据,系统会自动将表格中的商品根据不同的供应商生成不同的采购订单,订单编号在界面上会显示,双击订单号可进入相应的订单。

(2)畅销补货。

畅销补货是根据某段时间内、商品销售比较畅销的、采购周期为多少天等条件自动生成的数据。

比如某个商品从 3 月 1 日到 3 月 8 日平均每日销售 20 个,该商品的库存上限为 100 个,下限为 20 个,现在库存数量为 70 个,现补货的采购周期为 5,所以需补的数量为 5×20－70＋100,还有一种公式是 5×20－70＋20,这就是该商品后 5 天的销售采购量。

数据检索出来后,也可点击生成单据直接生成订货单。

(3)手工补货。

手工补货是通过检索出全部的库存商品,根据实际情况输入补货数量,然后点击生成订单,此时系统会根据不同的供应商进行订单的生成。

(4)按上限百分比补货。

按上限百分比来补货,先在补货方式的下拉框中选择按上限百分比,然后输入上限百分比,检索数据,生成的补货单据的建议数量与实际数量＝上限×上限百分比－库存。

(5)手工智能补货。

首先在补货方式的下拉框中选择手工智能补货,然后在界面的数据栏中,单击右键,选择新建,就生成一行空白的新的数据,输入商品的货号或双击数据栏弹出“商品档案”界面选择补货供应商品；输入要补货的数量，单击【生成单据】生成补货单据；双击生成的单据，进入采购补货单，如真需要补货，在此审核生效，不补货，直接在此删除此单据。

九、代销商品特价单

（一）业务介绍

经销方式为代销的商品，供应商给予的特价或本公司提出要给商品特价，在此来做代销商品的特价单，更改为特价后，销售的商品就按更改后的特价来结算给供应商。

（二）进入界面

在导航图的【采购管理】模块里选【代销商品特价单】或在【采购】菜单里选【代销商品特价单】项进入代销商品特价单模块，如图 5-12 所示。

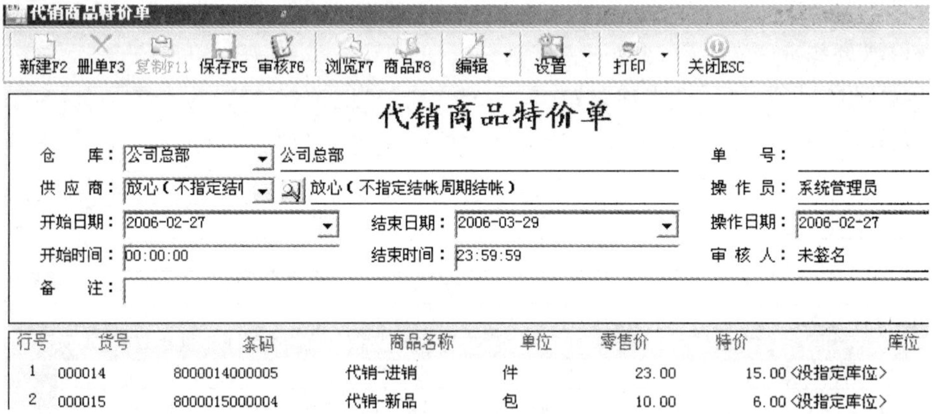

图 5-12 代销商品特价单操作界面图

（三）新建代销商品特价单

1.当打开代销商品特价单窗口时，该窗口即处于新建状态。如果该窗口处于修改状态，可以通过点击【新建】使其处在新建状态，此时即可输入一张新的代销商品特价单。

单据编号：系统自动连续编号，不可以修改。

供应商：代销商品的供供应商。

开始日期、结束日期、开始时间与结束时间，是代销商品特价的有效时间。

输入代销商品：在商品编码栏直接输入相应商品编码；通过双击该栏目弹出“商品档案”对话框，选择商品。

单位：计量单位是在定义商品资料时定义的，此处不可以修改。

零售价：前台销售的价格。

特价：更改为特价后，销售的商品就按更改后的特价来跟供应商结算。

2.每张进价调整单可以输入多种商品，在录完一种商品后用鼠标按右键增加一行；按

Enter 键到下一行增加另一种商品明细。

3.点击【保存】保存单据，保存完后马上会提示是否审核，如需审核则点【是】，不需要审核就点击【否】。要注意的是，单据一经审核就不能进行修改操作了。

（四）修改代销商品特价单

1.浏览要修改的代销商品特价单：通过点击【浏览】，在切换到的业务查找窗口，从中选出要修改的代销商品特价单。

2.在找出的代销商品单中修改任何需要修改的内容。

3.单击【保存】保存对该单的修改；单击【关闭】放弃对该单的修改并关闭该窗口。要注意的是，如果该单已经审核了的话，那就不能修改了。

（五）删除代销商品特价单

1.采用修改代销商品特价单中介绍的办法，查找到要删除的代销商品特价单。

2.点击【删除】，系统弹出对话框，询问是否确实要删除该单据。单击【是】则相应的代销商品特价单被删除；单击【否】则放弃删除该单。要注意的是，如果该单已经审核了的话，那就不能删除了。

（六）打印进价调整单

如需将进价调整单打印出来，直接点击工具栏上的【打印】即可完成打印工作。

数据影响：此单据生效后库存数量不受影响，只影响代销商品结算时的金额。

第二节　批发管理

一、客户报价单

（一）业务介绍

本模块用来记录给客户的报价的相关数据，以便随时查询到以前给每个客户的报价。

（二）进入界面

在导航图的【批发销售】模块里选【批发报价单】或在【批发】菜单里选【客户报价单】项进入客户报价单模块，如图 5-13 所示。

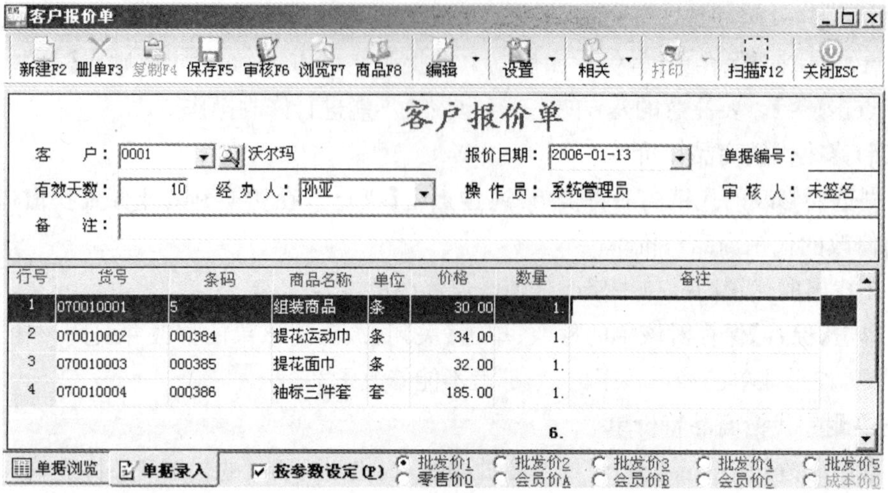

图 5-13 客户报价单操作界面图

(三)新建客户报价单

1.当打开客户报价单窗口时,该窗口即处于新建状态。如果该窗口处于修改状态,可以通过点击【新建】,此时即可输入一张新的客户报价单。

日期:系统默认当前的系统日期为报价日期,可以修改。

单号:系统自动连续编号。

选择客户:在"客户"栏的下拉列表框中选择相应的客户。

有效天数:该报价的有效天数。

经办人:该报价单的经办人。

2.在窗口下部明细列表框中录入报价的商品名称、价格等信息。

输入报价的品名规格:在品名规格栏直接输入相应商品编码;通过双击该栏目弹出"选择商品"对话框,进行商品的选择。

单位:计量单位是在定义商品资料时定义的,此处不可以修改。

价格:输入给客户的报价。

3.每张客户报价单可以输入多种商品,在录完一种商品后用鼠标按右键增加一行;按 Enter 键到下一行增加另一种商品明细。

录入备注:录入报价的有关事项。

4.点击【保存】保存单据,保存完后马上会提示是否审核,如需审核则点【是】,不需要审核就点击【否】。要注意的是,单据一经审核就不能进行修改操作了。

(四)修改批发报价单

1.浏览要修改的批发报价单:通过点击【浏览】,在切换到的业务查找窗口中选出要修改的报价单。

2.在找出的报价单中修改任何需要修改的内容。

3.单击【保存】保存对该订单的修改；单击【关闭】按钮放弃对该报价单的修改并关闭该窗口。要注意的是，如果该单已经审核了的话，那就不能修改了。

(五)删除批发报价单

1.采用修改批发报价单中介绍的办法，查找到要删除的批发报价单。

2.点击【删除】，系统弹出对话框，询问是否确实要删除该单据。单击【是】则相应的批发报价单被删除；单击【否】则放弃删除该批发报价单。要注意的是，如果该单已经审核了的话，那就不能删除了。

(六)打印批发报价单

如需将批发报价单打印出来，直接点击工具栏上的【打印】即可完成打印工作。

数据影响：此单据生效后不影响任何库存数量及库存金额。

二、客户价格表

(一)业务介绍

在批发销售业务中往往会同客户进行价格的约定，给不同的客户，不同的商品可进行不同的价格处理，此模块专门用来记录客户商品的价格。

(二)进入界面

在导航图的【批发销售】模块里选【客户价格表】图标或在【批发】菜单里选【客户价格表】项进入客户价格表模块，如图 5-14 所示。

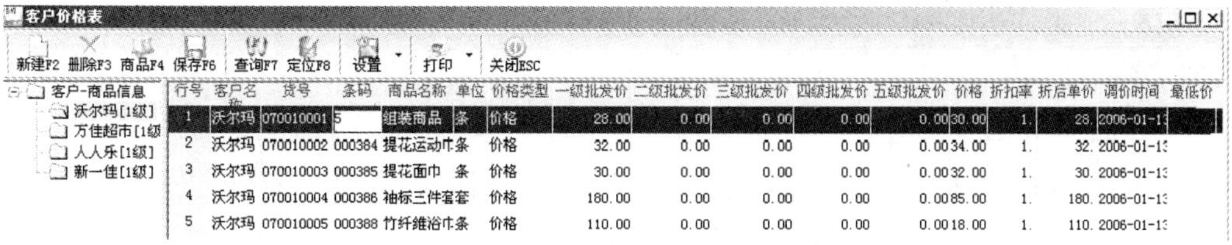

图 5-14　客户价格表操作界面图

(三)新建客户价格表

1.打开客户价格表窗口时，出现左右两个区域，左边是所有的客户，右边是已经建立好的客户商品。

2.某个客户下面建立商品价格的话，首先点击该客户，然后再点击新建，此时右边表格中会出现一行空白数据。

3.在商品编码栏中输入商品的编码可将该商品调出到表格中，如果不记得商品编码，则可双击该栏目，在查找界面中将商品调出来。

4.商品调出来后，输入选择价格类型，如果是按价格的话则在价格栏中输入该商品给该客户的价格，如果是按折扣的话，那在折扣率中输入该商品给该客户的折扣。

5.点击【保存】,以后该商品给该客户的价格就是按刚刚设定好的价格自动调入到批发销售单中,而且以后只要是该销售品给该客户,系统会自动将最后的价格更新到客户价格表中,方便下次销售。

以上信息输入完成后,点击【保存】可将输入的信息保存起来。

(四)修改客户价格表

如需修改客户价格表,首先查询到该客户,然后找到该供应商的商品,修改完价格后按【保存】即可。

(五)删除客户价格表

1.如需删除客户价格表,首先查询到该客户,然后找到该供应商的商品。

2.点击【删除】,系统弹出对话框,询问是否确实要删除客户价格信息。单击【是】则相应的客户商品价格将删除;单击【否】则放弃删除该客户商品价格。

(六)打印客户价格表

如需将客户价格表打印出来,直接点击工具栏上的【打印】即可完成打印工作。

数据影响:此模块保存后不影响任何库存数量,只影响批发销售单中客户销售时调用此处设定的价格。

三、批发调价单

(一)业务介绍

现实生活中,有多种原因会使商品的价格变动(如由于国家政策的改变发生价格变动、因为企业产品结构的调整使存货陈旧过时引起价格变动),批发调价单模块就是为了处理这类工作。

(二)进入界面

在导航图的【批发销售】模块里选【批发调价单】图标或在【批发】菜单里选【批发调价单】项进入批发调价单模块,如图 5-15 所示。

图 5-15 批发调价单操作界面图

（三）新建批发调价单

1.当打开批发调价单窗口时，该窗口即处于新建状态。如果该窗口处于修改状态，可以通过点击【新建】使其处在新建状态，此时即可输入一张新的批发调价单。

机构：选择调价的机构。

单据编号：系统自动连续编号，不可以修改。

经办人：选择负责该调价单的经办人。

2.在窗口下部明细列表框中录入调价的商品名称、新价格等信息。

输入调价的品名规格：在商品编码栏直接输入相应商品编码；通过双击该栏目弹出"商品档案"对话框，选择商品。

单位：计量单位是在定义商品资料时定义的，此处不可以修改。

原价：如果在商品资料中输入了该商品的进价，系统将会自动给出这一批发价，供用户参考，此处不可以修改；分为五种级别批发价。

新价：此处可输入调整后的批发价。

3.每张进价调整单可以输入多种商品，录完一种商品后用鼠标按右键，增加一行；按Enter键到下一行增加另一种商品明细。

4.点击【保存】保存单据，保存完后马上会提示是否审核，如需审核则点【是】，不需要审核就点击【否】。要注意的是，单据一经审核就不能进行修改操作了。

（四）修改批发调价单

1.浏览要修改的批发调价单：通过点击【浏览】，在切换到的业务查找窗口，从中选出要修改的批发调价单。

2.在找出的批发调价单中修改任何需要修改的内容。

3.单击【保存】保存对该单的修改；单击【关闭】放弃对该单的修改并关闭该窗口。要注意的是，如果该单已经审核了的话，那就不能修改了。

（五）删除批发调价单

1.采用修改批发调价单中介绍的办法，查找到要删除的进价调整单。

2.点击【删除】，系统弹出对话框，询问是否确实要删除该单据。选择【是】则相应的批发调价单被删除；选择【否】则放弃删除该单。要注意的是，如果该单已经审核了的话，那就不能删除了。

（六）打印批发调价单

如需将批发调价单打印出来，直接点击工具栏上的【打印】即可完成打印工作。

数据影响：此单据生效后库存数量不受影响，只影响商品档案中的批发价。

四、销售订货单

（一）业务介绍

销售订货单是企业与客户就商品销售预先签订的协议性质的业务单据，其中包括的主要内容有客户名称、商品品名规格、数量、单价、交货日期、交货地点等。

(二)进入界面

在导航图的【批发销售】模块里选【批发订货单】图标或在【批发】菜单里选【批发订货单】项进入销售订货单模块,如图 5-16 所示。

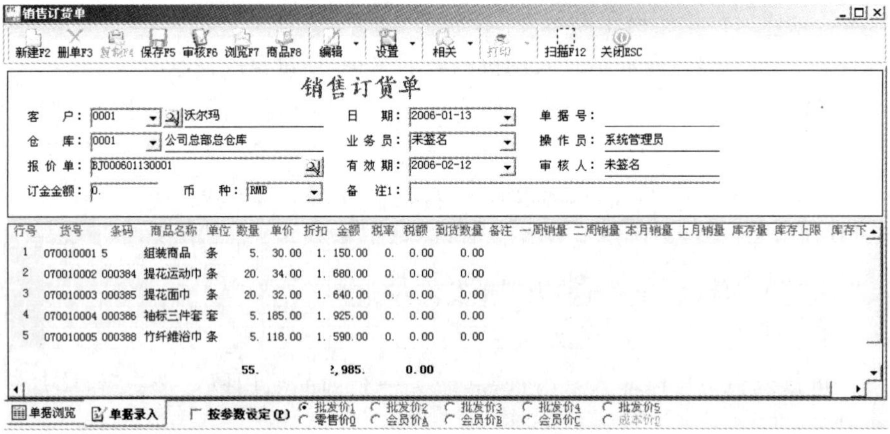

图 5-16 销售订货单操作界面图

(三)新建销售订货单

1.当打开销售订货单窗口时,该窗口即处于新建状态。如果该窗口处于修改状态,可以通过点击【新建】使其处在新建状态,此时即可输入一张新的批发订货单。

有效期:系统默认有效期为一个月,可以修改。

单号:系统自动连续编号,不可以修改。

选择客户:在"客户"栏的下拉列表框中选择相应的客户。

仓库:选择该订单的仓库。

业务员:选择负责该订单的业务员。

订金金额:输入该客户本次付的订金金额,销售时可冲减货款。

2.在窗口下部明细列表框中录入采购的商品名称、数量、单价等信息。

输入销售订货的品名规格:在商品编码栏直接输入相应商品编码;通过双击该栏目弹出"商品档案"对话框,选择商品。

单位:计量单位是在定义商品资料时定义的,此处不可以修改。

数量:在数量栏录入订货数量。

单价:如果用户在商品资料中输入了该商品的批发价,系统将会自动给出这一批发价,供用户参考。此处可以根据实际情况进行修改。

金额:该栏的金额是根据数量、单价计算而来的,用户无须操作。

到货数量:发生数量是不可录入的,它的作用是在以后根据该订货单发生批发销售时，销售的实际数量在销售订单中的自动反映。

3.每张批发订单可以销售多种商品，录完一种商品后用鼠标按右键增加一行；按Enter键到下一行增加另一种商品明细。

录入备注：在编辑框中录入订单的有关事项。

4.点击【保存】保存单据，保存完后马上会提示是否审核，如需审核则点【是】，不需要审核就点击【否】。要注意的是，单据一经审核就不能进行修改操作了。

（四）修改销售订货单

1.浏览要修改的销售订货单：通过点击【浏览】，在切换到的业务查找窗口中选出要修改的销售订货单。

2.在找出的销售订货单中修改任何需要修改的内容。

3.单击【保存】保存对该订单的修改；单击【关闭】放弃对该订单的修改并关闭该窗口。要注意的是，如果该单已经审核了的话，那就不能修改了。

（五）删除销售订货单

1.采用修改销售订货单中介绍的办法，查找到要删除的销售订货单。

2.点击【删除】，系统弹出对话框，询问是否确实要删除该单据。单击【是】则相应的销售订货单被删除；单击【否】则放弃删除该销售订货单。要注意的是，如果该单已经审核了的话，那就不能删除了。

（六）打印销售订货单

如需将销售订货单打印出来，直接点击工具栏上的【打印】即可完成打印工作。

数据影响：此单据生效后不影响任何库存数量及库存金额。

五、批发销售单

（一）业务介绍

用于记录详细的批发销售业务，可以引用批发订货单进行销售，也可以人工录入单据。

（二）进入界面

在导航图的【批发销售】模块里选【批发销售单】或在【批发】菜单里选择【批发销售单】项进入模块，如图5-17所示。

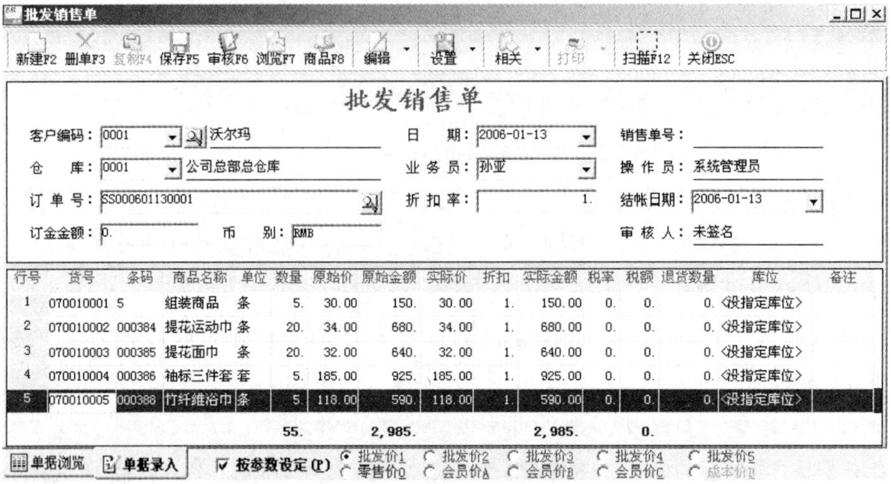

图 5-17　批发销售单操作界面图

(三)新建批发销售单

当打开批发销售单窗口时，该窗口即处于新建状态。如果该窗口处于修改状态，可以通过点击【增加】使其处在新建状态，此时即可输入一张新的批发销售单。

1.引用批发订单销售。

输入单据日期：系统默认单据的日期为当前系统日期，可以修改。

选择客户：在“客户”栏的下拉列表框中选择相应的客户。

选择订单：单击订单号后面的按钮，弹出如下窗口，如图 5-18 所示。

图 5-18　批发销售单操作窗口

在此窗口中，列出了该客户的全部未执行完毕的订单，选择一个订单，双击或点【确定】，订单的数据自动复制到批发销售单中。系统是完全复制订单，订单数据与实际执行有差异时，可以修改。未执行完毕的订单可以留待以后执行。

日期:系统默认为当天,可更改,表示该销售单的交易日期。

销售单号:由系统自动连续编号,不可以修改。

选择销售仓库:单击仓库后边的下拉框,在弹出的下拉列表中选择。

录入业务员:从业务员下拉列表框中,选择执行采购任务的业务员。

结账日期:系统默认为当天,可更改,表示该销售单的付款日期。

付款方式:表示该单采用何种付款方式。

折扣率:输入完商品后,如果客户需要打折,可修改此处,表格中的商品就按此折扣进行价格计算了。

2.手工录入单据。

录入单据日期、客户、销售仓库、业务员等资料。

在窗口下部明细列表框中录入销售的商品名称、数量、单价等信息:在商品编码栏直接输入相应商品编码;通过双击该栏目弹出“选择商品”对话框,选择商品。

单位:计量单位是在定义商品资料时定义的,此处不可以修改。

数量:在数量栏录入进货数量。

原始价:如果用户在商品资料中输入了该商品的批发价,系统将会自动给出这一批发价,供用户参考。此处不可以修改。

原始金额:该栏的金额是根据数量,原始价计算而来,用户无须操作。

实际价:如果用户在商品资料中输入了该商品的批发价,系统将会自动给出这一批发价,供用户参考。此处可以根据实际情况进行修改。

折扣:可以输入,比如现在付款按八折,则可以输入 0.8 进行金额打折。

实际金额:该栏的金额是根据数量、实际单价计算而来的,用户无须操作。

税率:默认为 0,用户可以自己输入,比如 17%输入 0.17 即可。

税额:该栏的金额是根据实际金额、税率计算而来的,用户无须操作。

录入备注:在编辑框中录入销售商品的有关事项。

点击【保存】保存单据,保存完后马上会提示是否审核,如需审核则点【是】,不需要审核就点击【否】。要注意的是,单据一经审核就不能进行修改操作了。

如果在客户档案中设置了货到付款,系统会弹出如下界面,如图 5-19 所示。

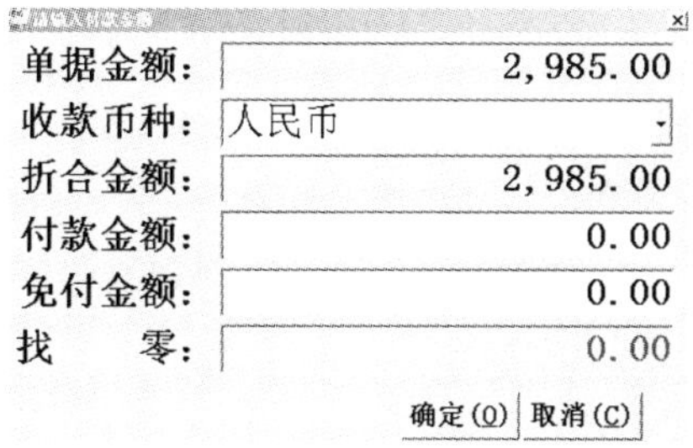

图 5-19　客户档案货到付款界面图

如果全部付款,则直接点【确定】;如果是部分付款,则输入付款金额然后按【确定】即可。如果此客户的信誉额为 100,则不能审核。

(四)修改批发销售单

1.浏览要修改的批发销售单:通过点击【浏览】按钮,在切换到的业务查找窗口中选出要修改的批发销售单。

2.在找出的批发销售单中修改任何需要修改的内容。

3.单击【保存】保存对该批发销售单的修改;单击【关闭】放弃对该批发销售单的修改并关闭该窗口。要注意的是,如果该单已经审核了的话,那就不能修改了。

(五)删除批发销售单

1.采用修改批发销售单中介绍的办法,查找到要删除的批发销售单。

2.点击【删除】,系统弹出对话框,询问是否确实要删除该单据。单击【是】则相应的批发销售单被删除;单击【否】则放弃删除该批发销售单。要注意的是,如果该单已经审核了的话,那就不能删除了。

(六)打印批发销售单

如需将批发销售单打印出来,直接点击工具栏上的【打印】即可完成打印工作。

数据影响:此单据生效后库存数量减少,库存金额减少,客户应收款增加。

六、客户退货单

(一)业务介绍

企业在售出商品后,因某些原因客户要求退货,企业根据情况同意退货后,首先应办理【客户退货单】,将货款退还给客户,或将退货款挂入该客户与本公司的有关账户上。本模块用来记录销售退货的具体内容。

(二)进入界面

在导航图的【批发管理】模块里选【客户退货厂单】或在【批发】菜单里选【客户退货单】项进入客户退货单模块,如图 5-20 所示。

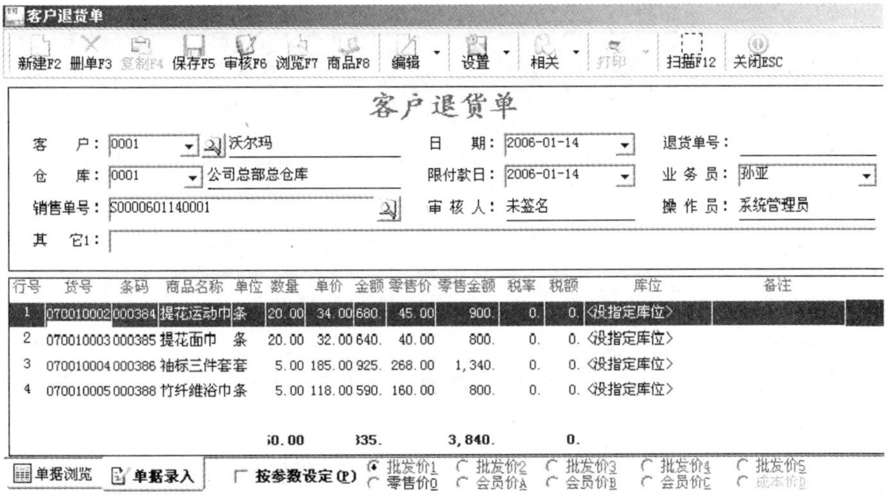

图 5-20 客户退货单操作界面图

(三)新建客户退货单

当打开客户退货单窗口时，该窗口即处于新建状态。如果该窗口处于修改状态，可以通过点击【新建】使其处在新建状态，此时即可输入一张新的客户退货单。

1.引用批发销售单退货。

客户栏选择客户后，单击“原始单号”后面的按钮，即弹出“批发销售单选择”对话框，如图 5-21 所示。

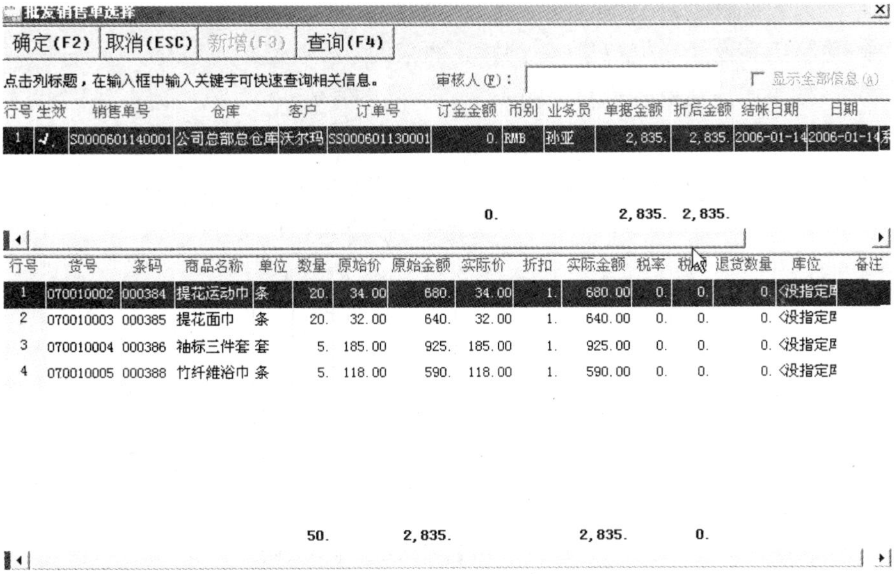

图 5-21 批发销售单退货操作界面图

图中列出了全部批发销售单,选择并点击某一批发单记录可以查看原始单据。选择本次退货对应的批发单,单击【确定】或者双击鼠标左键,原批发单的数据被复制到退货单上。

系统默认对原批发单全部退货。如退货数量、单价等信息与原批发单不一致,均可以修改。未退完的批发单以后还可以进行退货。

选择退出仓库:单击“仓库”后面的下拉按钮,在弹出的下拉列表中选择。

录入经办人:从业务员下拉列表框中选择业务员。

2.手工录入单据。

付款期:系统默认有效期为当天,可以修改。

单号:系统自动连续编号,不可以修改。

选择客户:在“客户”栏的下拉列表框中选择相应的客户。

仓库:在“仓库”的下拉列表框中(见图 5-20)选择该退货单的仓库。

经办人:选择负责该退货单的业务员。

原始单号:指以前的批发单据单号。

在窗口下部明细列表框中录入退货的商品名称、数量、单价等信息。

输入退货的品名规格:在商品编码栏直接输入相应商品编码;通过双击该栏目弹出“商品档案”对话框,选择商品。

单位:计量单位是在定义商品资料时定义的,此处不可以修改。

数量:在数量栏录入退货的数量。

单价:如果用户在商品资料中输入了该商品的批发价,系统将会自动给出这一批发价,供用户参考。此处可以根据实际情况进行修改。

金额:该栏的金额是根据数量、单价计算而来的,用户无须操作。

零售价:如果用户在商品资料中输入了该商品的零售价,系统将会自动给出这一零售价,供用户参考。此处可以根据实际情况进行修改。

零售金额:该栏的金额是根据数量、零售价计算而来的,用户无须操作。

税率:默认为 0,用户可以自己输入,比如 17% 输入 0.17 即可。

税额:该栏的金额是根据金额、税率计算而来的,用户无须操作。

每张退货单可以输入多种商品,录完一种商品后用鼠标按右键增加一行;按 Enter 键到下一行增加另一种商品明细。

点击【保存】保存单据,保存完后马上会提示是否审核,如需审核则点【是】,不需要审核就点击【否】。要注意的是,单据一经审核就不能进行修改操作了。

(四)修改客户退货单

1.浏览要修改的客户退货单:通过点击【浏览】按钮,在切换到的业务查找窗口中选出要修改的客户退货单。

2.在找出的客户退货单中修改任何需要修改的内容。

3.单击【保存】保存对该单的修改；单击【关闭】放弃对该单的修改并关闭该窗口。要注意的是，如果该单已经审核了的话，那就不能修改了。

（五）删除客户退货单

1.采用修改客户退货单中介绍的办法，查找到要删除的客户退货单。

2.点击【删除】，系统弹出对话框，询问是否确实要删除该单据。单击【是】则相应的客户退货单被删除；单击【否】则放弃删除该单。要注意的是，如果该单已经审核了的话，那就不能删除了。

（六）打印客户退货单

如需将客户退货单打印出来，直接点击工具栏上的【打印】即可完成打印工作。

数据影响：此单据生效后库存数量增加，客户应付款减少。

七、批发特价单

（一）业务介绍

在批发销售时，商品特价批发销售时的价格与时间段的处理通过批发特价单模块进行。

（二）进入界面

在导航图的【批发管理】模块里选【批发特价单】或在【批发】菜单里选【批发特价单】项进入批发特价单模块，如图 5-22 所示。

图 5-22　批发特价单操作界面图

（三）新建批发特价单

1.单击【新建】按钮，自动建立一行空白数据。

2.选择机构与客户类别，输入商品的条码按 Enter 键，或直接双击条码一栏，弹出“商品档案”界面来选择商品，选好商品，自动会显示商品名称、商品类别、规格与批发价。

3.输入促销价，选择实行特价开始时间与结束时间。

4.单击【新建】按钮保存当前的批发特价单并继续新建其他商品特价批发单；单击【保存】则保存当前新建的商品批发特价单。

（四）修改批发特价单

1.从批发特价单窗口中选择一个需要修改的商品的促销价。

2.修改实行特价的开始时间与结束时间。

3.单击【保存】保存对该商品批发特价所做的修改。

(五)删除批发特价单

1.从批发特价列表窗口中选择一个需要删除的商品。

2.单击【删除】,则系统弹出对话框,询问是否确实要删除所选择的行。选择【确定】则相应的商品特价单被删除;选择【取消】则放弃删除商品批发特价单的操作。

(六)打印批发特价单

如需打印批发特价表,直接点击工具栏上的【打印】即可完成打印工作。

八、批发搭赠表

(一)业务介绍

批发搭赠是指在批发销售时,批发某商品多少数量可以赠送一些其他商品的一种促销方式,处理此类业务通过批发搭赠表模块来进行。

(二)进入界面

在导航图的【批发管理】模块里选【批发搭赠表】或在【批发】菜单里选【批发搭赠表】项,进入批发搭赠表模块,如图 5-23 所示。

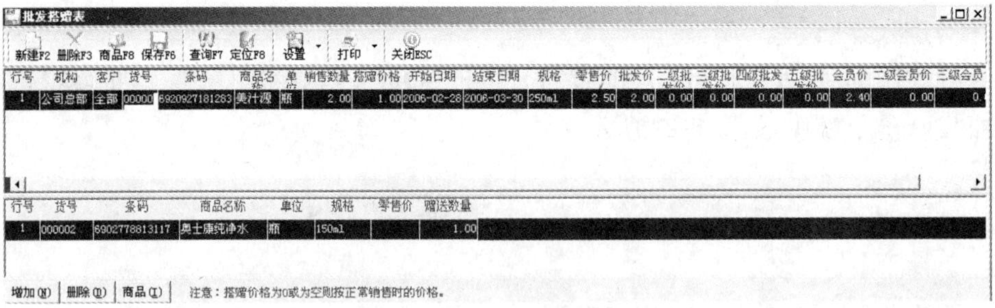

图 5-23　批发搭赠表操作界面图

(三)新建批发搭赠表

1.单击【新建】按钮,自动建立一行空白数据。

2.选择机构与客户类别,输入商品的条码按 Enter 键或直接双击条码一栏,弹出"商品档案"界面来选择商品,选好商品后表中会自动显示商品名称、单位、规格、零售价、批发价与会员价。输入销售数量、搭赠价格(销售数量多少所赠商品的价格),选择实行特价开始时间与结束时间。

3.搭赠商品的输入:单击界面最下方的【增加】,自动建立一行空白数据,输入商品的货号或条码按 Enter 键或直接双击货号、条码那一栏,再单击【商品】,弹出"商品档案"界面来选择商品,选好商品后会自动显示商品名称、单位、规格、零售价,然后输入赠送数量。

4.单击【保存】则保存当前新建的批发搭赠表。

(四)修改批发搭赠表

1.从批发搭赠表窗口中选择一个需要修改的商品的销售数量与搭赠价格。

2.修改实行促销的开始时间与结束时间。

3.修改搭赠商品。

4.单击【保存】保存对该商品批发特价所做的修改。

（五）删除批发搭赠表

1.从批发搭赠列表窗口中选择一个需要删除的商品。

2.单击【删除】，则系统弹出对话框，询问是否确实要删除所选择的行。单击【确定】则相应的批发搭赠表被删除；单击【取消】则放弃删除批发搭赠表的操作。

（六）打印批发搭赠表

如需打印批发搭赠表，直接点击工具栏上的【打印】即可完成打印工作。

第三节　卖场管理

一、前台实时监控

（一）业务介绍

在前台销售过程中，后台可以通过前台实时监控模块随时掌握前台的实时销售情况，并通过本模块将其直观地体现出来。

（二）进入界面

在导航图的【卖场管理】模块里选【前台实时监控】或在【卖场】菜单里选【前台实时监控】项进入前台实时监控模块，如图 5-24 所示。

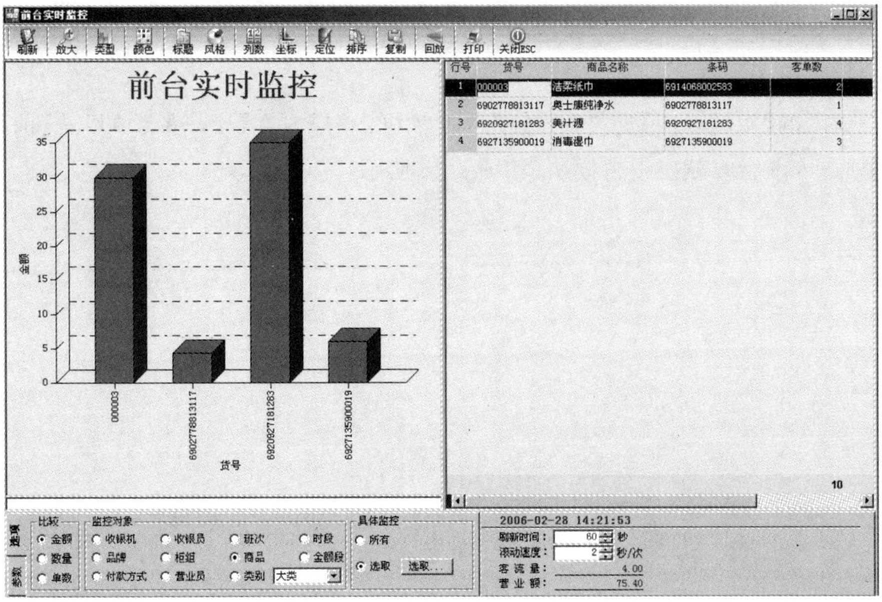

图 5-24　前台实时监控界面图

（三）操作说明

数据：表示要显示的数据，有销售金额、数量和单数三种选择。

比较：表示图形按什么进行比较，系统提供以下几种比较：商品、类别、收银员、营业员、柜组等。

比较显示：表示在图形下显示的数据（有商品名称和货号选择）。

排序：表示按何种方式排序，可选择按比较的项目和数据进行排序。

显示：表示显示方式按哪一种，有图形、数据和图形加数据三种选择。

监控对象：可选择发生业务的监控对象和选取的监控对象，发生的监控对象表示只显示发生的，而选取的监控对象表示显示用户所选择的对象。

刷新时间：表示数据刷新的时间。

滚动速度：表示图形排列太长，有滚动条，即为滚动条自动滚动的速度。

今日客流量：表示今天的客流量。

刷新：如需手工刷新显示，可点击界面上的“刷新”，系统会自动刷新当前的界面。

放大缩小：把中间的图表放大，单击【放大】，图表放大，【放大】按钮变成缩小按钮。

类型：单击【类型】，弹出“图形属性设置”界面。图形类型有线型图、区域图、饼图、柱状图与条形图，还可以设置图形颜色、图形标题与其他选项（图形的坐标与图形列数）。

回放：查看历史监控记录。输入起始时间段，单击【开始】即开始回放历史记录。

参数设置：参数设置包括监控方式、排序设置、图形显示对象与消费额设置。

二、零售参数设置

（一）业务介绍

此模块是用来设置前台收银机的有关参数的。

（二）进入界面

在导航图的【卖场管理】模块里选【前台收款机设置】或在【卖场】菜单里选【前台收款机设置】项进入前台收款机设置模块，如图 5-25 所示。

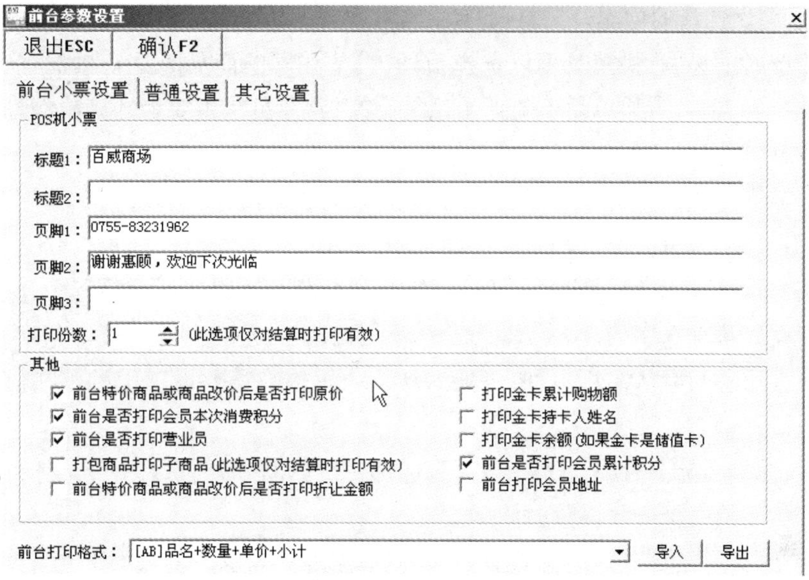

图 5-25　零售参数设置窗口

(三)操作说明

1.前台小票设置。

标题 1、标题 2:表示前台小票打印出来的标题。

页脚 1、页脚 2、页脚 3:表示前台小票打印出来的脚注。

其他:此处可选择前台特价商品或商品改价后是否打印原价、前台是否打印会员本次消费积分、前台是否打印营业员、打包商品打印子商品(此选项仅对结算时打印有效)、前台特价商品或商品改价后是否打印折让金额、打印金卡积累购物额、打印金卡持卡人姓名、打印金卡余额(如果金卡是储值卡)、前台是否打印会员累计积分与前台打印会员地址。根据需要点击这些功能前的方框,即在功能前框打钩,如图 5-25 所示。

前台打印格式:有五种打印格式可供选择且可以将格式导入与导出。

2.普通设置。

设计前台收银界面:可以根据自己的需要设置前台收银界面的显示项次,如图所示 5-26 所示。

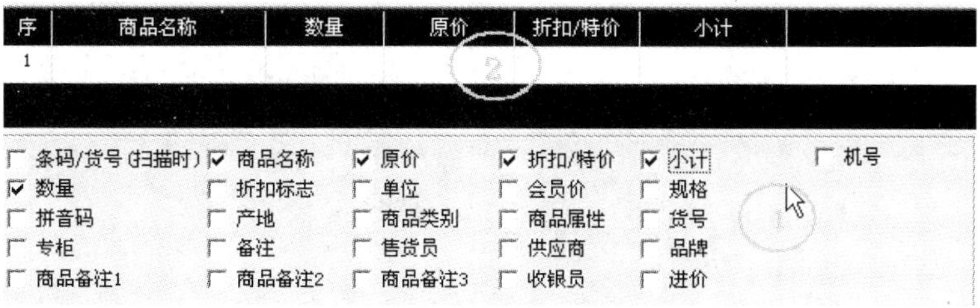

图 5-26　零售参数普通设置窗口

①区是可供选择的项次，需要则打钩；②区显示出可打印的项次。

前台收银时的设置：找零时可以选择币种、扫描相同的商品时是否累加、前台挂单时手动输入挂单号、前台有挂单时不能退出系统、前台营业员是否要管辖到单品与前台是否可以多次收款，如需要这些功能，在前面打钩。

前台抹零设置：前台收银时，零头的处理可以有 6 种处理方式，包括不处理、四舍五入到角、四舍五入到元、舍去分、舍去角、手动抹零。

前台销售默认仓库：表示前台 POS 销售对应的仓库，这边选择的是哪个仓库，销售时扣减的仓库就是哪个仓库的。

默认找零币种与默认结算币种：一般默认为人民币。需要设置币种则在信息档案的其他档案里设置。

分班次：总共可分 A、B、C、D 4 班，首先选择班次，如果需要选择 3 班，则 D 班变为灰色，不可用，然后给每个班次设置时间。

电子秤条码：电子秤条码打印设计，可以选择数量(13 位)、金额(13 位)、数量＋金额(18 位)、数量＋单价(18 位)、金额＋数量(18 位)与单价＋数量(18 位)；条码的前缀设置，在称重商品前缀的方格里输入两位前缀数字；条码的后缀设置，在称重商品后缀的方格里输入两位后缀数字。

3.其他设置。

其他设置如图 5-27 所示。

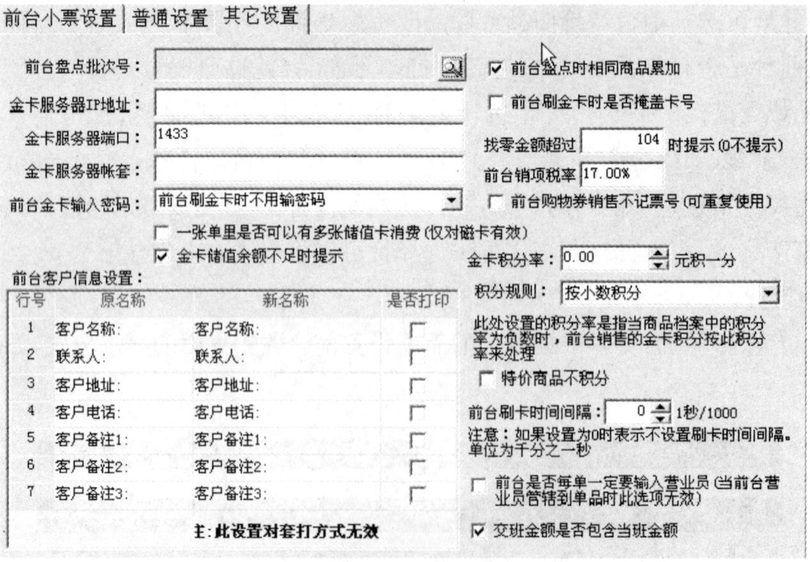

图 5-27　零售参数其他设置窗口

4.盘点：选择前台盘点的盘点批次单；前台盘点时相同商品累加，如需要，在前面打钩。

5.卡服务器设置：输入金卡服务器IP地址、金卡服务器端口、金卡服务器账套；选择前台金卡输入密码方式：金卡无储值时输密码、金卡有储值时输密码、前台刷金卡时不用密码与前台刷金卡时输密码。其他金卡服务功能可以根据商场的需要来设置。

台客户信息设置：表示小票上打印出客户资料。

三、收银操作日志

根据选定的时间段与收银员，查看收银员所有的操作类型。

四、电子秤数据下发

（一）业务介绍

可以将散装称重的商品资料导成文本文件，然后再导入到电子秤软件。

（二）进入方法

在导航图的【卖场管理】模块里选【下发到电子秤】或在【卖场管理】菜单里选【下发到电子秤】项进入到电子秤数据下发模块，如图5-28所示。

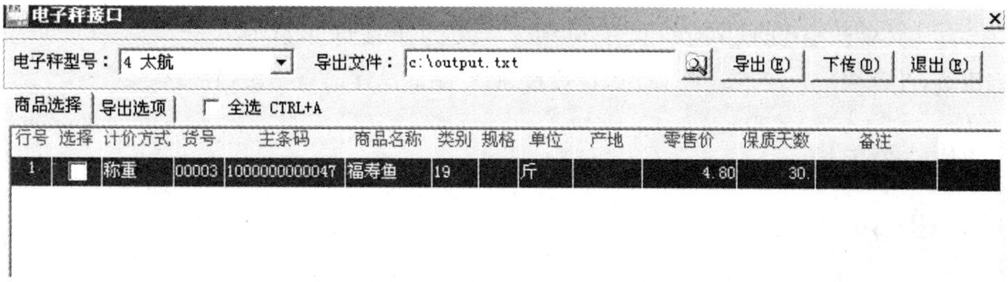

图5-28　电子秤下发操作界面图

五、全场折扣促销

（一）业务介绍

通过此功能来对全场折扣促销进行设置。

（二）进入方法

在导航图的【卖场管理】模块里选【全场折扣促销】或在【卖场管理】菜单里选【全场折扣促销】项进入全场折扣促销模块，如图5-29所示。

图5-29　全场折扣促销操作界面图

(三)新建全场折扣促销

1.单击【新建】按钮,自动建立一行空白数据。

2.选择促销开始日期与结束日期,输入全场促销的折扣率,选择参与促销的类别,包括零售特价商品参与、会员客户参与、不打折商品参与、不改价商品参与与量大从优商品参与。

3.单击【新建】按钮保存当前的全场折扣促销单并继续新建其他时段促销;单击【保存】则保存当前新建的全场折扣促销。

(四)修改全场折扣促销

1.从全场折扣促销窗口中选择一个需要修改的促销信息。

2.单击【保存】保存对该全场折扣促销所做的修改。

(五)删除全场折扣促销

1.从全场折扣促销列表窗口中选择一个需要删除的信息。

2.单击【删除】,则系统弹出对话框,询问是否确实要删除所选择的行。单击【确定】则相应的信息被删除;单击【取消】则放弃删除操作。

(六)打印全场折扣促销

如需打印全场折扣促销列表,直接点击工具栏上的【打印】即可。

数据影响:此单据生效后不影响任何库存数量、只影响商品在前台销售的价格。

六、零售特价促销

(一)业务介绍

零售特价促销是企业为了将某些商品做特价销售出去,以达到提高销售量和客户量的促销方式。

(二)进入方法

在导航图的【卖场管理】模块里选【零售特价促销】或在【卖场】菜单里选【零售特价促销】项进入零售特价促销模块,如图 5-30 所示。

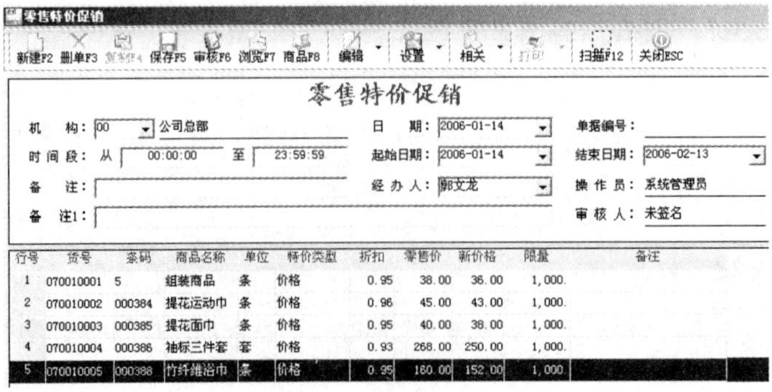

图 5-30 零售特价促销操作界面图

(三)新建零售特价单

1.当打开零售特价促销单窗口时,该窗口即处于新建状态。如果该窗口处于修改状态,可以通过点击【新建】使其处在新建状态,此时即可输入一张新的零售特价单。

机构:此单适应的机构。

单据编号:系统自动连续编号,不可以修改。

起始时间:表示特价的起始时间。

结束时间:表示特价的结束时间。

起始日期:表示特价的起始日期。

结束日期:表示特价的结束日期。

备注:可说明特价原因。

经办人:选择负责该零售特价的业务员。

2.在窗口下部明细列表框中录入特价的商品名称、单价等信息。

输入特价商品的品名规格:在商品编码栏直接输入相应商品编码;通过双击该栏目弹出"商品档案"对话框,选择商品。

单位:计量单位是在定义商品资料时定义的,此处不可以修改。

特价类型:有按新价格和按折扣价格两种选择,只能选其中一种。

折扣:如果特价商品是按折扣来的话,那就需在此输入折扣。

零售价:如果用户在商品资料中输入了该商品的零售价,系统将会自动给出这一零售价,供用户参考,不可修改。

新价格:表示特价商品的价格,也就是特价。

限量:限制特价促销的商品数量。

3.每张特价单可以输入多种商品,录完一种商品后用鼠标按右键增加一行;按 Enter 键到下一行增加另一种商品明细。

4.点击【保存】保存单据,保存完后马上会提示是否审核,如需审核则点【是】,不需要审核就点击【否】。要注意的是,单据一经审核就不能进行修改操作了。

(四)修改零售特价单

1.浏览要修改的零售特价单:通过点击【浏览】,在切换到的业务查找窗口中选出要修改的零售特价单。

2.在找出的零售特价单中修改任何需要修改的内容。

3.单击【保存】保存对该单的修改;单击【关闭】放弃对该单的修改并关闭该窗口。要注意的是,如果该单已经审核了的话,那就不能修改了。

(五)删除零售特价单

1.采用修改零售特价单中介绍的办法,查找到要删除的零售特价单。

2.点击【删除】,系统弹出对话框,询问是否确实要删除该单据。单击【是】则相应的零售特价单被删除;单击【否】则放弃删除该零售特价单。要注意的是,如果该单已经审核了的话，那就不能删除了。

(六)打印零售特价单

如需将零售特价单打印出来，直接点击工具栏上的【打印】即可完成打印工作。

数据影响：此单据生效后不影响任何库存数量，只影响商品在前台销售的价格。

七、会员特价促销

(一)业务介绍

会员特价促销是企业为了会员的利益将某些商品做特价处理，以达到提高销售量和客户量的促销方式。

(二)进入方法

在导航图的【卖场管理】模块里选【会员特价促销】或在【卖场】菜单里选【会员特价促销】项进入会员特价促销模块，如图5-31所示。

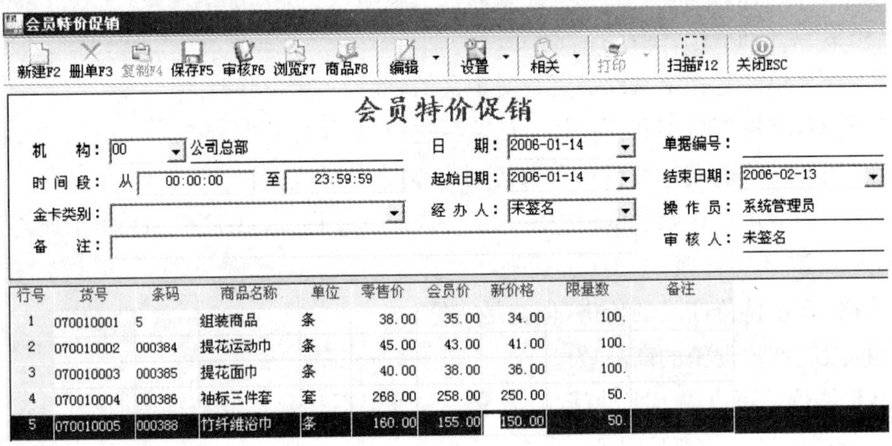

图5-31 会员特价促销操作界面图

(三)新建会员特价促销单

1.当打开会员特价促销单窗口时，该窗口即处于新建状态。如果该窗口处于修改状态，可以通过点击【新建】使其处在新建状态，此时即可输入一张新的会员特价促销单。

机构：此单适应的机构。

单据编号：系统自动连续编号，不可以修改。

起始时间：表示特价的起始时间。

结束时间：表示特价的结束时间。

起始日期：表示特价的起始日期。

结束日期：表示特价的结束日期。

备注：可说明特价原因。

经办人：选择负责该零售特价的业务员。

2.在窗口下部明细列表框中录入特价的商品名称、单价等信息。

输入特价商品的品名规格:在商品编码栏直接输入相应商品编码;通过双击该栏目弹出“选择商品”对话框,选择商品。

单位:计量单位是在定义商品资料时定义的,此处不可以修改。

零售价:如果用户在商品资料中输入了该商品的会员价,系统将会自动给出这一会员价供用户参考,不可修改。

会员价:商品原会员价。

新价格:新的会员特价商品的价格。

限量数:限制特价促销的商品数量。

3.每张特价单可以输入多种商品,在录完一种商品后用鼠标按右键增加一行;按 Enter 键到下一行增加另一种商品明细。

4.点击【保存】保存单据,保存完后马上会提示是否审核,如需审核则点【是】,不需要审核就点击【否】。要注意的是,单据一经审核就不能进行修改操作了。

(四)修改会员特价促销单

1.浏览要修改的会员特价促销单:通过点击【浏览】,在切换到的业务查找窗口中选出要修改的会员特价单。

2.在找出的会员特价单促销中修改任何需要修改的内容。

3.单击【保存】保存对该单的修改;单击【关闭】放弃对该单的修改并关闭该窗口。要注意的是,如果该单已经审核了的话,那就不能修改了。

(五)删除会员特价单

1.采用修改会员特价单中介绍的办法,查找到要删除的会员特价单。

2.点击【删除】,系统弹出对话框,询问是否确实要删除该单据。单击【是】则相应的零售特价单被删除;单击【否】则放弃删除该会员特价单。要注意的是,如果该单已经审核了的话,那就不能删除了。

(六)打印会员特价单

如需将会员特价单打印出来,直接点击工具栏上的【打印】即可完成打印工作。

数据影响:此单据生效后不影响任何库存数量,只记录在前台销售时按会员销售的价格。

八、会员限购促销

(一)业务介绍

限购促销,顾名思义,就是某些商品在某段时间搞促销,且促销的这些商品对于每位会员只能按限量购买,如超过限量则按原价进行购买。

(二)进入方法

在导航图的【卖场管理】模块里选【会员限购促销】或在【卖场】菜单里选【会员限购促销】进入会员限购促销模块,如图 5-32 所示。

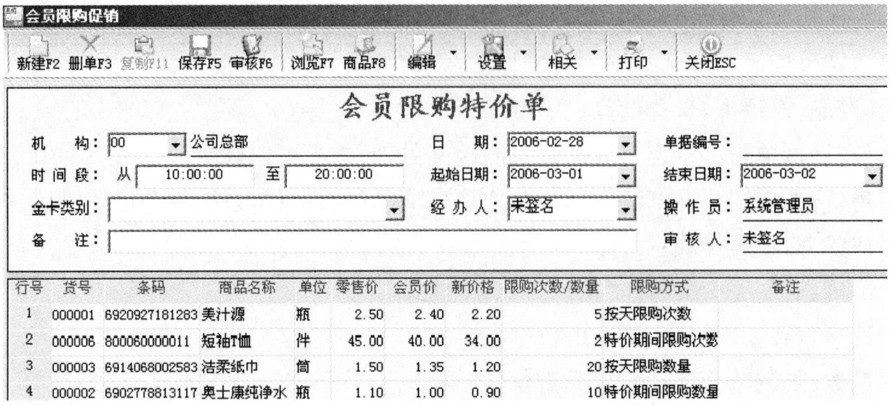

图 5-32 会员限购促销操作界面图

(三)新建会员限购特价单

1.当打开会员限购特价单窗口时,该窗口即处于新建状态。如果该窗口处于修改状态,可以通过点击【新建】使其处在新建状态,此时即可输入一张新的会员限购特价单。

仓库:此单适应的仓库。

单号:系统自动连续编号,不可以修改。

备注:可说明促销原因。

起始日期:表示促销的起始日期。

结束日期:表示促销的结束日期。

起始时间:表示促销的起始时间。

结束时间:表示促销的结束时间。

经办人:选择负责该促销的业务员。

2.在窗口下部明细列表框中录入特价的商品名称、单价等信息。

输入特价商品的品名、规格:在商品编码栏直接输入相应商品编码;通过双击该栏目弹出“选择商品”对话框,选择商品。

计量单位:计量单位是在定义商品资料时定义的,此处不可以修改。

零售价:商品档案中的零售价。

新价格:表示促销的新价格。

每人限购数量:表示每人每单限购数量,如果超过此数量,则按原价进行购买。

3.每张单可以输入多种商品,在录完一种商品后用鼠标按右键,增加一行;按 Enter 键到下一行增加另一种商品明细。

4.点击【保存】保存单据,保存完后马上会提示是否审核,如需审核则点【是】,不需要审核就点击【否】。要注意的是,单据一经审核就不能进行修改操作了。

（四）修改会员限购特价单

1.浏览要修改的会员限购特价单：通过点击【浏览】，在切换到的业务查找窗口中选出要修改的会员限购特价单。

2.在找出的会员限购特价单中修改任何需要修改的内容。

3.单击【保存】保存对该单的修改；单击【关闭】放弃对该单的修改并关闭该窗口。要注意的是，如果该单已经审核了的话，那就不能修改了。

（五）删除会员限购特价单

1.采用修改会员限购特价单中介绍的办法，查找到要删除的会员限购特价单。

2.点击【删除】，系统弹出对话框，询问是否确实要删除该单据。选择【是】则相应的会员限购特价单被删除；选择【否】则放弃删除该会员限购特价单。要注意的是，如果该单已经审核了的话，那就不能删除了。

（六）打印会员限购特价单

如需将会员限购特价单打印出来，直接点击工具栏上的【打印】即可完成打印工作。

数据影响：此单据生效后不影响任何库存数量，只记录前台销售设定商品在限量销售时是按新价格进行销售的情况。

九、买一送一促销

（一）业务介绍

企业为了活跃购物气氛，增加客流量，薄利多销，有时会运用一些促销手段，买一送一就是其中一种。

（二）进入方法

在导航图的【卖场管理】模块里选【买一送一促销】或在【卖场】菜单里选【买一送一促销】项进入买一送一促销模块，如图5-33所示。

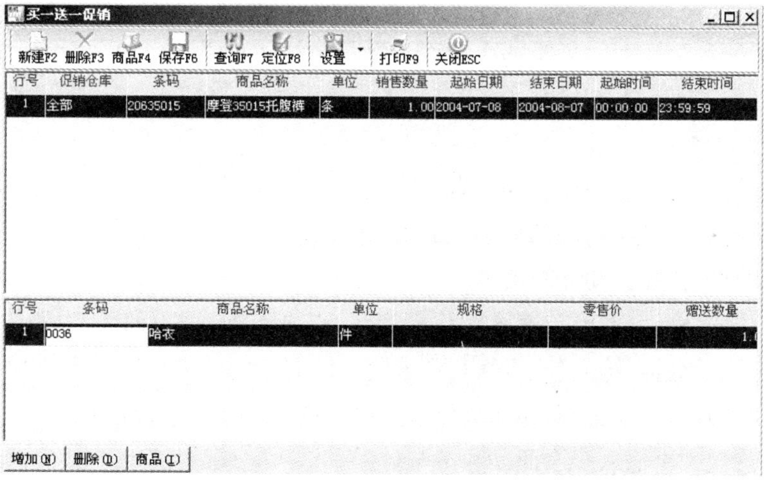

图5-33　买一送一促销操作界面图

(三)操作方法

1.进入赠品促销单,显示两个表格。

2.上一个表格显示客户购买的商品,下一个表格显示赠送的商品。

3.新建:点击【新建】,在上一个表格中会建立一行空白的数据,选择商品,输入销售数量(即客户购买的数量)、起始日期和结束日期。

4.在相应的下面一个表格中点击增加,输入赠品的编码和数量。

5.建好后,点击【保存】就将刚才输入的信息保存起来了。

数据影响:此单据生效后不影响任何库存数量,只记录在前台销售时,销售一个窗口上面的主商品,同时会赠送一个窗口下面设置好的附属商品,如图 5-33 所示。

十、特价打包促销

(一)业务说明

超市或商场有时为了将某些滞销的商品销售出去,往往会将这些滞销商品和一些畅销的商品进行打包销售。

(二)进入界面

在导航图的【卖场管理】模块里选【特价打包促销】或在【卖场】菜单里选【特价打包促销】项进入特价打包促销模块,如图 5-34 所示。

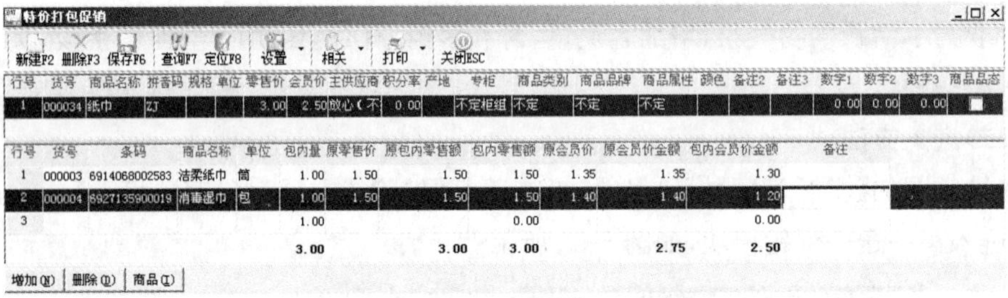

图 5-34 特价打包促销操作界面图

(三)操作方法

新建:如需新建一个特价打包商品,直接点击【新建】按钮,系统会在上面的一个表格中产生一行空白的数据,商品编码自动产生,输入商品的助记码和打包商品的名称及单位,零售价和批发价会自动计算出来。

在下面的表格中增加打包商品的包内商品,点击增加,输入商品编码,自动调出商品的名称、单位以及规格,输入包内量(表示该包内该商品的数量)、原零售价、原包内零售额(自动计算出来)、包内零售额、原会员价、零售价(商品档案中的价格)。

一个特价包中可输入多个商品和多个数量。输入完成后按【保存】按钮即可。前台销售时,只需输入打包商品的条码,销售出来的就是包内的商品。

十一、量大从优促销

(一)业务介绍

顾名思义,量大从优就是某些商品在买够一定数量的时候,价格按优惠价格计算。

(二)进入方法

在导航图的【卖场管理】模块里选【量大从优促销】或在【卖场】菜单里选【量大从优促销】项进入量大从优促销模块,如图 5-35 所示。

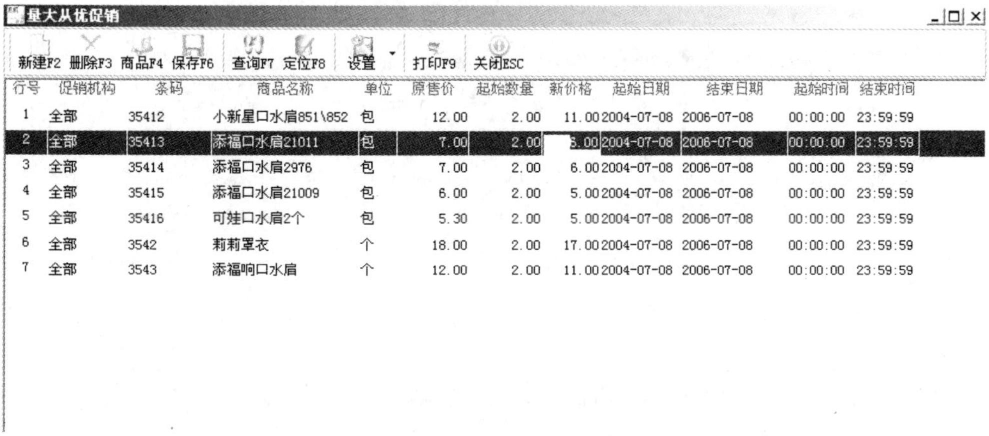

行号	促销机构	条码	商品名称	单位	原售价	起始数量	新价格	起始日期	结束日期	起始时间	结束时间
1	全部	35412	小新星口水肩851\852	包	12.00	2.00	11.00	2004-07-08	2006-07-08	00:00:00	23:59:59
2	全部	35413	添福口水肩21011	包	7.00	2.00	6.00	2004-07-08	2006-07-08	00:00:00	23:59:59
3	全部	35414	添福口水肩2976	包	7.00	2.00	6.00	2004-07-08	2006-07-08	00:00:00	23:59:59
4	全部	35415	添福口水肩21009	包	6.00	2.00	5.00	2004-07-08	2006-07-08	00:00:00	23:59:59
5	全部	35416	可娃口水肩2个	包	5.30	2.00	5.00	2004-07-08	2006-07-08	00:00:00	23:59:59
6	全部	3542	莉莉罩衣	个	18.00	2.00	17.00	2004-07-08	2006-07-08	00:00:00	23:59:59
7	全部	3543	添福响口水肩	个	12.00	2.00	11.00	2004-07-08	2006-07-08	00:00:00	23:59:59

图 5-35　量大从优促销操作界面图

(三)操作

1.增加:点击【新建】,系统会在下面的表格中增加一行空白的数据行,在此行中输入商品编码,系统自动调出商品的名称、单位、零售价。

起始数量:表示客户购买达到的数量(用户输入)。

新价格:表示客户购买达到起始数量后所享受的价格(用户输入)。

起始日期:表示该优惠计划的起始日期。

结束日期:表示该优惠计划的结束日期。

起始时间:表示该优惠计划的起始时间。

结束时间:表示该优惠计划的结束时间。

2.保存:设置完成后按【保存】按钮。

3.删除:如需删除某个商品的量大从优促销,首先点击该商品,然后点击【删除】即可。

4.打印:如需将此列表打印出来,请点击【打印】。

十二、买 100 加 1 促销

(一)业务介绍

顾名思义,买 100 加 1 促销就是顾客在购满某个金额后加多少钱可优惠购买另外一种商品。

(二)进入方法

在导航图的【卖场管理】模块里选【买 100 加 1 促销】或在【卖场】菜单里选【买 100 加 1 促销】项进入买 100 加 1 促销模块,如图 5-36 所示。

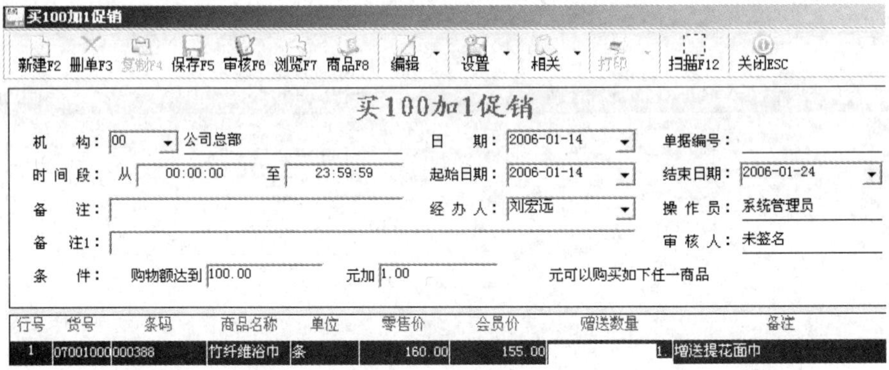

图 5-36　买 100 加 1 促销操作界面图

(三)新建买 100 加 1 促销单

1.当打开买 100 加 1 促销单窗口时,该窗口即处于新建状态。如果该窗口处于修改状态,可以通过点击【新建】使其处在新建状态,此时即可输入一张新的买 100 加 1 促销单。

仓库:此单适应的仓库。

单号:系统自动连续编号,不可以修改。

备注:可说明促销原因。

起始日期:表示促销的起始日期。

结束日期:表示促销的结束日期。

起始时间:表示促销的起始时间。

结束时间:表示促销的结束时间。

购物额达到:表示购物额达到多少元的时候加多少钱可以购买指定任何一种商品。

经办人:选择负责该促销的业务员。

2.在窗口下部明细列表框中录入特价的商品名称、单价等信息。

输入特价商品的品名规格:在商品编码栏直接输入相应商品编码;通过双击该栏目弹

出【选择商品】,选定商品。

单位:计量单位是在定义商品资料时定义的,此处不可以修改。

赠送数量:表示前台在加完了钱以后的赠送数量。

3.每张单可以输入多种商品,在录完一种商品后用鼠标按右键增加一行;按 Enter 键到下一行增加另一种商品明细。

4.点击【保存】保存单据,保存完后马上会提示是否审核,如需审核则点【是】,不需要审核就点击【否】。要注意的是,单据一经审核就不能进行修改操作了。

(四)修改买 100 加 1 促销单

1.浏览要修改的买 100 加 1 促销单:通过点击【浏览】,在切换到的业务查找窗口中选出要修改的买 100 加 1 促销单。

2.在找出的买 100 加 1 促销单中修改任何需要修改的内容。

3.单击【保存】保存对该单的修改;单击【关闭】放弃对该单的修改并关闭该窗口。要注意的是,如果该单已经审核了的话,那就不能修改了。

(五)删除买 100 加 1 促销单

1.采用修改买 100 加 1 促销单中介绍的办法,查找到要删除的买 100 加 1 促销单。

2.点击【删除】,系统弹出对话框,询问是否确实要删除该单据。单击【是】则相应的买 100 加 1 促销单被删除;单击【否】则放弃删除该买 100 加 1 促销单。要注意的是,如果该单已经审核了的话,那就不能删除了。

(六)打印买 100 加 1 促销单

如需将买 100 加 1 促销单打印出来,直接点击工具栏上的【打印】即可完成打印工作。

数据影响:此单据生效后不影响任何库存数量,只记录在前台销售时,顾客购买商品的整单金额达到设置的金额后,加多少钱可赠送一个表格中设置的任意一种商品。

十三、促销管理

(一)业务介绍

此功能主要是对所有的促销活动的管理,如设置促销活动的类型、活动时间及是否需要停止某项促销活动等。

(二)进入方法

在导航图的【卖场管理】模块里选【促销管理】图标或在【卖场】菜单里选【促销管理】项进入促销管理模块,如图 5-37 所示。

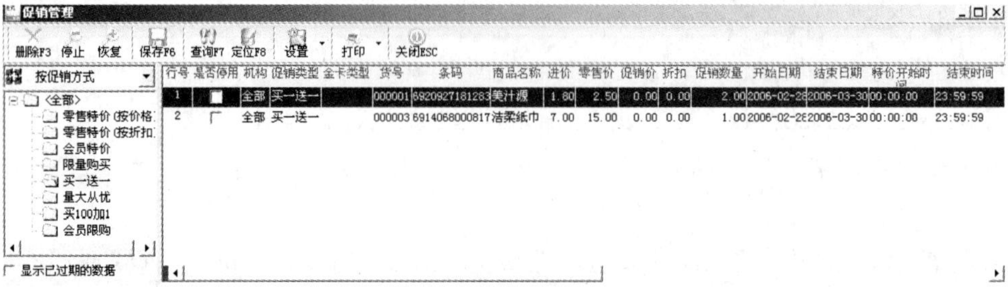

图 5-37 促销管理操作界面图

进入此模块，左边的树型菜单会按显示的分类列出所有的促销活动，如果需要将促销活动停止且设置的时间段还没有到期，就在是否停用栏前打钩即可。

十四、零售价格调整

(一)业务介绍

现实生活中，有多种原因会使商品的价格变动(如由于国家政策的改变发生价格变动，因为企业产品结构的调整使存货陈旧过时引起价格变动)，零售调价单模块就是处理这类工作的。

(二)进入界面

在导航图的【卖场管理】模块里选【零售价格调整】或在【卖场】菜单里选【零售调价单】项进入零售价格调整模块，如图 5-38 所示。

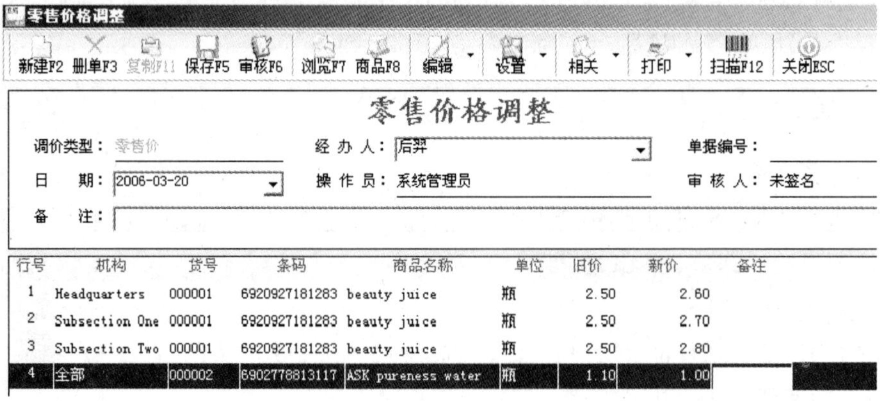

图 5-38 零售价格调整界面图

(三)新建零售调价单

1.当打开零售调价单窗口时，该窗口即处于新建状态。如果该窗口处于修改状态，可以通过点击【新建】使其处在新建状态，此时即可输入一张新的零售调价单。

机构：系统默认机构是全部（即包括总部与所有分部）。

经办人：选择负责该调价单的经办人。

2.在窗口下部明细列表框中录入调价的商品名称、新价格等信息。

输入调价的品名规格：在商品编码栏直接输入相应商品编码；通过双击该栏目弹出“商品档案”对话框，选择商品。

计量单位：计量单位是在定义商品资料时定义的，此处不可以修改。

旧价：如果用户在商品资料中输入了该商品的零售价，系统将会自动给出这一零售价供用户参考。此处不可以修改。

新价：此处可输入调整后的零售价。

3.每张零售调价单可以输入多种商品，在录完一种商品后用鼠标按右键增加一行；按Enter 键到下一行增加另一种商品明细。

注：此时是更改全部机构（包括总部与所有分部）的价格。在此之前如果分部自己给自己调了价（有自己的价格），即保持自己原有价格不变；在此之前如果没有自己的价格，即按此时总部更改的价格执行。

4.使用扫描来更改价格：单击【扫描 F12】，弹出“扫描输入”界面，如图 5-39 所示。

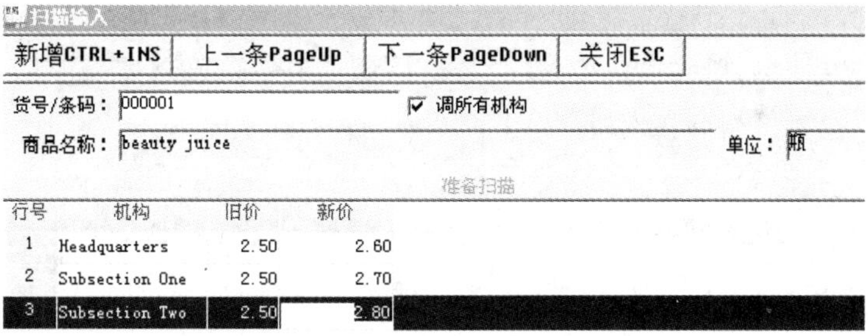

图 5-39　零售价格更改窗口

输入货号/条码，如果“调所有机构”前打钩了，则自动会显示总部与所有分部，默认为旧价，在新价一栏中修改价格，根据需求修改价格。

注：此处修改的价格，即使分部自己在此修改之前已经用零售价格调整单调价，总部在这里仍可以更改分部的价格。

5.点击【保存】保存单据，保存完后马上会提示是否审核，如需审核则点【是】，不需要审核就点击【否】。要注意的是，单据一经审核就不能进行修改操作了。

（四）修改零售调价单

1.浏览要修改的零售调价单：通过点击【浏览】，在切换到的业务查找窗口中选出要修改的零售调价单。

2.在找出的零售调价单中修改任何需要修改的内容。

3.单击【保存】保存对该单的修改;单击【关闭】放弃对该单的修改并关闭该窗口。要注意的是,如果该单已经审核了的话,那就不能修改了。

(五)删除零售调价单

1.采用修改零售调价单中介绍的办法,查找到要删除的零售调价单。

2.点击【删除】,系统弹出对话框,询问是否确实要删除该单据。选择【是】则相应的零售调价单被删除;选择【否】则放弃删除该单。要注意的是,如果该单已经审核了的话,那就不能删除了。

(六)打印零售调价单

如需将零售调价单打印出来,直接点击工具栏上的【打印】即可完成打印工作。

数据影响:此单据生效后不影响库存数量,只影响商品档案中的零售价。

十五、会员价格调整

(一)业务介绍

现实生活中,有多种原因会使商品的价格变动(如由于国家政策的改变发生价格变动,因为企业产品结构的调整使存货陈旧过时引起价格变动),会员价格调整模块就是处理这类工作的。

(二)进入界面

在导航图的【卖场管理】模块里选【会员价格调整】图标或在【卖场】菜单里选【会员价格调整】项进入会员价格调整模块,如图 5-40 所示。

图 5-40 会员价格调整界面图

(三)新建会员调价单

1.当打开会员调价单窗口时,该窗口即处于新建状态。如果该窗口处于修改状态,可以通过点击【新建】使其处在新建状态,此时即可输入一张新的会员调价单。

单号:系统自动连续编号,不可以修改。

经办人:选择负责该调价单的经办人。

2.在窗口下部明细列表框中录入调价的商品名称、新价格等信息。

输入调价的品名规格：在商品编码栏直接输入相应商品编码；通过双击该栏目弹出“选择商品”对话框，选择商品。

计量单位：计量单位是在定义商品资料时定义的，此处不可以修改。

旧价：如果用户在商品资料中输入了该商品的会员价，系统将会自动给出这一会员价供用户参考。此处不可以修改。

新价：此处可输入调整后的会员价。

3.每张会员调价单可以输入多种商品，在录完一种商品后用鼠标按右键增加一行；按 Enter 键到下一行增加另一种商品明细。

4.点击【保存】保存单据，保存完后马上会提示是否审核，如需审核则点【是】，不需要审核就点击【否】。要注意的是，单据一经审核就不能进行修改操作了。

(四)修改会员调价单

1.浏览要修改的会员调价单：通过点击【浏览】，在切换到的业务查找窗口中选出要修改的会员调价单。

2.在找出的会员调价单中修改任何需要修改的内容。

3.单击【保存】保存对该单的修改；单击【关闭】按钮放弃对该单的修改并关闭该窗口。要注意的是，如果该单已经审核了的话，那就不能修改了。

(五)删除会员调价单

1.采用修改会员调价单中介绍的办法，查找到要删除的会员调价单。

2.点击【删除】，系统弹出对话框，询问是否确实要删除该单据。单击【是】则相应的会员调价单被删除；单击【否】则放弃删除该单。要注意的是，如果该单已经审核了的话，那就不能删除了。

(六)打印会员调价单

如需将会员调价单打印出来，直接点击工具栏上的【打印】按钮即可完成打印工作。

数据影响：此单据生效后不影响库存数量，只影响商品档案中的会员价。

十六、前台 POS 日结

(一)业务介绍

前台 POS 日结是每个商场每天营业完成后必做的工作，是将当天销售的数据进行汇总，记录商场每天的销售情况及库存情况，以便及时补货达到平衡库存作用。

(二)进入方法

在导航图的【卖场管理】模块里选【前台 POS 日结】或在【卖场】菜单里选【前台 POS 日结】项进入前台 POS 日结模块，如图 5-41 所示。

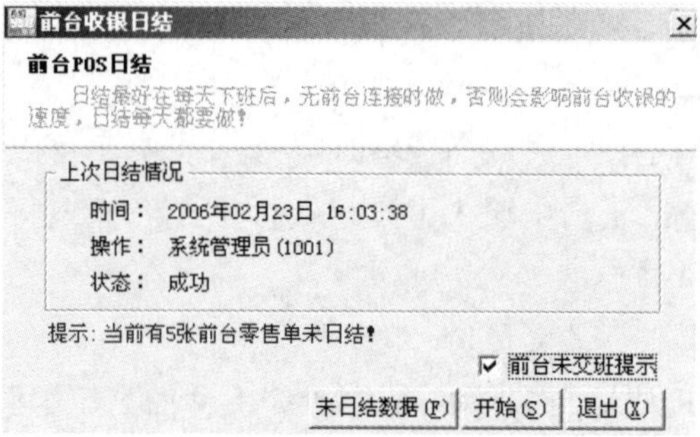

图 5-41　前台 POS 日结窗口

(三)操作方法

首先选择日结的日期，点击【开始】便可进行日结工作，如果数据不是很多的话，那日结速度很快，如果数据比较多的话，那日结的速度稍微慢些，日结工作一天可以做多次。

第四节　生鲜管理

设置显示“生鲜管理”，在【系统】菜单中点击【参数设置】可出现对话框，在右下角的“显示生鲜模块”打钩即可显示生鲜管理模块；或在主界面的【系统功能】中点击【参数设置】可出现对话框，在右下角的“显示生鲜模块”打钩，如无须显示则把钩去掉。

一、生鲜商品档案

本模块用来记录生鲜的品名、种类、价格、供应商等有关资料，方便用户对以后所发生的销售、采购业务进行查询。详细操作见信息档案的商品档案。

二、下发到电子秤

可以参考卖场管理的“下发到电子秤”。

三、生鲜商品调价

(一)业务介绍

有多种原因会使商品的价格变动，生鲜商品调价模块就是处理这类工作的。

(二)进入界面

在导航图的【生鲜管理】模块里选【生鲜商品调价】或在【生鲜】菜单里选【生鲜商品调价】进入生鲜商品调价模块，如图 5-42 所示。

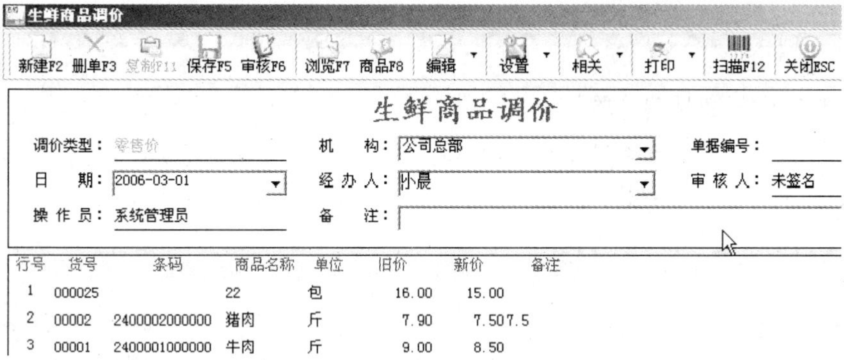

图 5-42　生鲜商品调价操作界面图

(三)新建生鲜商品调价单

1.当打开生鲜商品调价窗口时，该窗口即处于新建状态。如果该窗口处于修改状态，可以通过点击【新建】使其处在新建状态，此时即可输入一张新的生鲜商品调价单。

机构：选择调价的机构。

单据编号：系统自动连续编号，不可以修改。

经办人：选择负责该调价单的经办人。

2.在窗口下部明细列表框中录入调价的商品名称、新价格等信息。

输入调价的品名规格：在商品编码栏直接输入相应商品编码；通过双击该栏目弹出“商品档案”对话框，选择商品。

单位：计量单位是在定义商品资料时定义的，此处不可以修改。

旧价：调价前的价格。

新价：此处输入调价的价格。

3.每张生鲜商品调价单可以输入多种商品，在录完一种商品后用鼠标按右键增加一行；按 Enter 键到下一行增加另一种商品明细。

4.点击【保存】保存单据，保存完后马上会提示是否审核，如需审核则点【是】，不需要审核就点击【否】。要注意的是，单据一经审核就不能进行修改操作了。

(四)修改生鲜商品调价单

1.浏览要修改的生鲜商品调价单：通过点击【浏览】，在切换到的业务查找窗口中选出要修改的生鲜商品调价单。

2.在找出的生鲜商品调价单中修改任何需要修改的内容。

3.单击【保存】保存对该单的修改；单击【关闭】放弃对该单的修改并关闭该窗口。要注意的是，如果该单已经审核了的话，那就不能修改了。

(五)删除生鲜商品调价单

1.采用修改生鲜商品调价单中介绍的办法，查找到要删除的生鲜商品调价单。

2.点击【删除】，系统弹出对话框，询问是否确实要删除该单据。单击【是】则相应的生鲜商品调价单被删除;单击【否】则放弃删除该单。要注意的是,如果该单已经审核了的话,那就不能删除了。

(六)打印生鲜商品调价单

如需将生鲜商品调价单打印出来,直接点击工具栏上的【打印】即可完成打印工作。

数据影响:此单据生效后不影响库存数量,只影响商品档案中的价格。

四、生鲜商品促销

(一)业务介绍

生鲜商品促销是企业为了将某些商品做特价销售出去,以达到提高销售量和客户量的目的。

(二)进入界面

在导航图的【生鲜管理】模块中选【生鲜商品促销】或在【生鲜】菜单里选【生鲜商品促销】项进入生鲜商品促销模块,如图 5-43 所示。

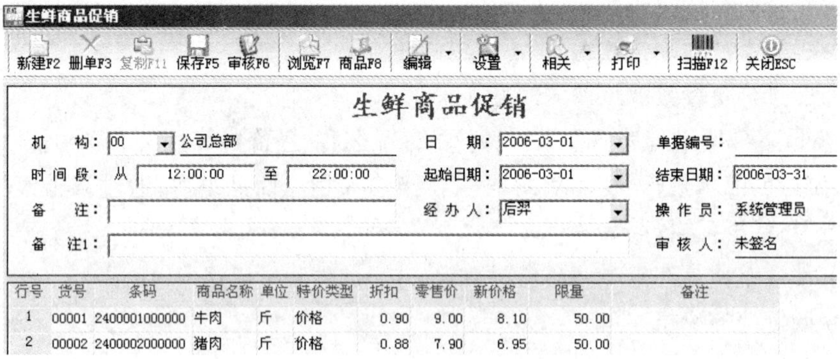

图 5-43 生鲜商品促销操作界面图

(三)新建生鲜商品促销单

1.当打开生鲜商品促销单窗口时,该窗口即处于新建状态。如果该窗口处于修改状态,可以通过点击【新建】使其处在新建状态,此时即可输入一张新的生鲜商品促销单。

机构:此单适应的机构。

单据编号:系统自动连续编号,不可以修改。

起始时间:表示特价的起始时间。

结束时间:表示特价的结束时间。

起始日期:表示特价的起始日期。

结束日期:表示特价的结束日期。

备注:可说明特价原因。

经办人:选择负责该促销的业务员。

2.在窗口下部明细列表框中录入特价的商品名称、单价等信息。

输入特价商品的品名规格：在商品编码栏直接输入相应商品编码；通过双击该栏目弹出“商品档案”对话框，选择商品。

单位：计量单位是在定义商品资料时定义的，此处不可以修改。

特价类型：有按新价格和按折扣价格两种选择，只能选其中一种。

折扣：如果特价商品是按折扣来的话，那就需在此输入折扣。

零售价：如果用户在商品资料中输入了该商品的零售价，系统将会自动给出这一零售价供用户参考，不可修改。

新价格：表示商品的促销价格，也就是特价。

限量：限制特价促销的商品数量。

3.每张促销单可以输入多种商品，在录完一种商品后用鼠标按右键增加一行；按Enter键到下一行增加另一种商品明细。

4.点击【保存】保存单据，保存完后马上会提示是否审核，如需审核则点【是】，不需要审核就点击【否】。要注意的是，单据一经审核就不能进行修改操作了。

（四）修改生鲜商品促销单

1.浏览要修改的生鲜商品促销单：通过点击【浏览】，在切换到的业务查找窗口中选出要修改的生鲜商品促销单。

2.在找出的生鲜商品促销单中修改任何需要修改的内容。

3.单击【保存】保存对该单的修改；单击【关闭】放弃对该单的修改并关闭该窗口。要注意的是，如果该单已经审核了的话，那就不能修改了。

（五）删除生鲜商品促销单

1.采用修改生鲜商品促销单中介绍的办法，查找到要删除的生鲜商品促销单。

2.点击【删除】，系统弹出对话框，询问是否确实要删除该单据。单击【是】则相应的生鲜商品促销单被删除；单击【否】则放弃删除该生鲜商品促销单。要注意的是，如果该单已经审核了的话，那就不能删除了。

（六）打印生鲜商品促销单

如需将生鲜商品促销单打印出来，直接点击工具栏上的【打印】即可完成打印工作。

数据影响：此单据生效后不影响任何库存数量，只影响商品在前台销售的价格。

五、生鲜加工组装

（一）组装成品与组装模型

组装成品是建立组装好的商品的基本资料，详细操作见信息档案中商品档案的建立。组装模型是对组装成品需要什么原料与数量组成的设置。

（二）进入界面

先单击导航图中的【生鲜管理】，再单击【生鲜加工组装】，然后单击【组装模型】进入组装界面或在【生鲜】菜单里单击【生鲜加工组装】，再单击【组装模型】进入组装模型界面，如

图 5-44 所示。

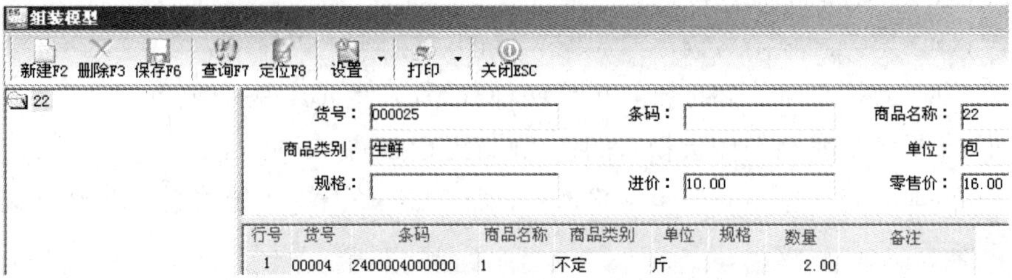

图 5-44 生鲜加工组装操作界面图

(三)新建商品组装模型与生鲜组装单

界面左边显示组装成品名称，右边的上部分显示组装成品的基本信息，下部分选择组装材料，可以输入货号或条码，也可以双击货号或条码栏，弹出“商品档案”界面，选择原材料，然后再输入数量，按【保存】。

1.业务介绍。

根据组装模型来建生鲜组装单，用于对组装成品的处理。

2.进入界面。

先单击导航图中的【生鲜管理】，再单击【生鲜加工组装】，然后单击【生鲜组装单】进入生鲜组装单界面或在【生鲜】菜单里单击【生鲜加工组装】，然后单击【生鲜组装单】进入生鲜组装单界面，如图 5-45 所示。

图 5-45 生鲜组装单操作界面图

3.新建生鲜组装单。

选择日期：系统会默认为当天的日期。

选择经办人：在经手人右边的下拉框中选择。

商品货号：单击货号右边的按钮，弹出“商品档案”对话框，选择组装成品，即会显示出组装成品的各栏信息。

零售价：是系统按各原料的零售价计算的。

组装单价：是系统按各原料的成本价计算的。

组装数量：是根据需要，看要组装多少此组装成品。组装数量改变，下面的拆分原料的数量跟着改变。

4.修改生鲜组装单。

(1)浏览要修改的生鲜组装单：通过点击【浏览】，在切换到的业务查找窗口中选出要修改的生鲜组装单。

(2)在找出的生鲜组装单中修改任何需要修改的内容。

(3)单击【保存】保存对该单的修改；单击【关闭】放弃对该单的修改并关闭该窗口。要注意的是，如果该单已经审核了的话，那就不能修改了；如需修改则需要反审核该单据才可以进行修改。

5.删除生鲜组装单。

(1)采用修改生鲜组装单中介绍的办法，查找到要删除的生鲜组装单。

(2)点击【删除】，系统弹出对话框，询问是否确实要删除该单据。单击【是】则相应的生鲜组装单被删除；单击【否】则放弃删除该单。要注意的是，如果该单已经审核了的话，那就不能删除了。

6.打印生鲜组装单。

如需将生鲜组装单打印出来，直接点击工具栏上的【打印】即可完成打印工作。

数据影响：此单据生效后原料的库存数量减少，组装成品库存数量增加。

六、生鲜加工拆分

(一)拆分原料与拆分模型

拆分原料是指建立拆分商品的基本资料，详细操作见信息档案中商品档案的建立。拆分模型是对原料拆分成什么商品与多少数量的设置。

(二)进入界面

先单击导航图中的【生鲜管理】，再单击【生鲜加工拆分】，然后单击【拆分模型】进入生鲜加工拆分界面或在【生鲜】菜单里单击【生鲜加工拆分】，再单击【拆分模型】进入生鲜加工拆分界面，如图 5-46 所示。

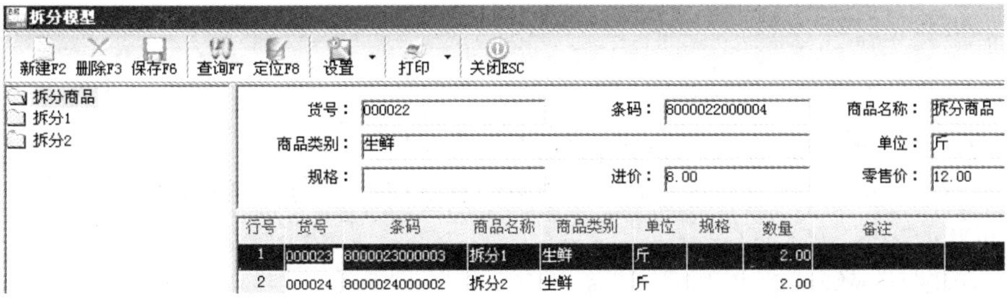

图 5-46　生鲜加工拆分操作界面图

(三)新建商品拆分模型与生鲜拆分单

界面左边显示拆分商品名称,右边的上部分显示拆分商品的基本信息,下部分选择拆分后的商品,可以输入货号或条码,也可以双击货号或条码栏,弹出“商品档案”界面,选择拆分后的商品,然后再输入数量,按【保存】。

根据模型来建生鲜拆分单,对拆分材料的处理过程如下:

先单击导航图中的【生鲜管理】,再单击【生鲜加工拆分】,然后单击【生鲜拆分单】进入生鲜拆分单界面或【生鲜】菜单里单击【生鲜加工拆分】,再单击【生鲜拆分单】进入生鲜拆分单界面,如图 5-47 所示。

图 5-47 生鲜加工拆分单操作界面图

选择日期:系统会默认为当天的日期。

选择经办人:在经手人右边的下拉框中选择。

商品货号:单击货号右边的按钮,弹出“商品档案”对话框,选择拆分商品,即会显示出拆分商品的各栏信息。

数量:根据需要,看要拆分多少此商品成品,需根据比例算好。原料的数量改变,下面的拆分商品的数量跟着改变。

单价:系统按原料的成本价比例拆分计算出来的价格。

(四)修改生鲜拆分单

1.浏览要修改的生鲜拆分单:通过点击【浏览】,在切换到的业务查找窗口中选出要修改的生鲜拆分单。

2.在找出的生鲜拆分单中修改任何需要修改的内容。

3.单击【保存】保存对该单的修改;单击【关闭】放弃对该单的修改并关闭该窗口。要注意的是,如果该单已经审核了的话,那就不能修改了;如需修改则需要反审核该单据才可以进行修改。

(五)删除生鲜拆分单

1.采用修改生鲜拆分单中介绍的办法,查找到要删除的生鲜拆分单。

2.点击【删除】,系统弹出对话框,询问是否确实要删除该单据。单击【是】则相应的生鲜拆分单被删除;单击【否】则放弃删除该单。要注意的是,如果该单已经审核了的话,那就不能删除了。

(六)打印生鲜拆分单

如需将生鲜拆分单打印出来,直接点击工具栏上的【打印】即可完成打印工作。

数据影响:此单据生效后原料的库存数量减少,拆分商品库存数量增加。

七、生鲜损耗单

(一)业务介绍

此功能是用于生鲜损耗与销售以外的生鲜品出库的处理。

(二)进入方法

在导航图的【生鲜管理】中选【生鲜损耗单】或在【生鲜】菜单里选【生鲜损耗单】项进入生鲜损耗模块,如图 5-48 所示。

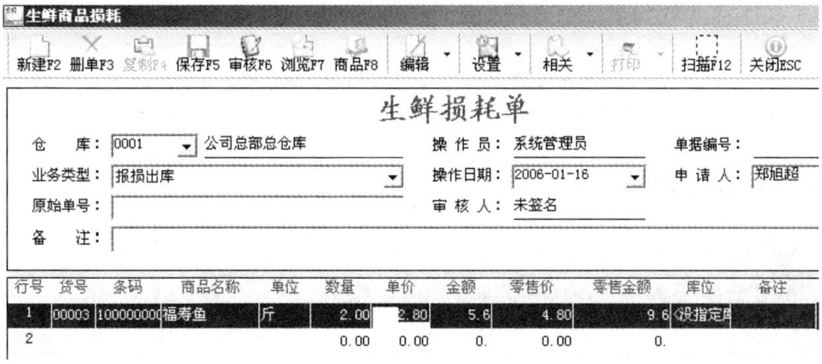

图 5-48 生鲜损耗单操作界面图

(三)新建生鲜损耗单

1.当打开生鲜损耗单窗口时,该窗口即处于新建状态。如果该窗口处于修改状态,可以通过点击【新建】使其处在新建状态,此时即可输入一张新的生鲜损耗单。

单号:系统自动连续编号,不可以修改。

业务类型:默认为报损出库,其他的业务类型在档案的其他档案里的出入库方式里设置。

申请人:选择负责该损耗单的经办人。

2.在窗口下部明细列表框中录入商品的商品名称、数量等信息。

3.点击【保存】保存单据,保存完后马上会提示是否审核,如需审核则点【是】,不需要审核就点击【否】。要注意的是,单据一经审核就不能进行修改操作了。

(四)修改生鲜损耗单

1.浏览要修改的生鲜损耗单:通过点击【浏览】,在切换到的业务查找窗口中选出要修改的生鲜损耗单。

2.在找出的生鲜损耗单中修改任何需要修改的内容。

3.单击【保存】保存对该单的修改;单击【关闭】按钮放弃对该单的修改并关闭该窗口。要注意的是,如果该单已经审核了的话,那就不能修改了。

(五)删除生鲜损耗单

1.采用修改生鲜损耗单中介绍的办法,查找到要删除的生鲜损耗单。

2.点击【删除】,系统弹出对话框,询问是否确实要删除该单据。单击【是】则相应的生鲜损耗单被删除;单击【否】则放弃删除该单。要注意的是,如果该单已经审核了的话,那就不能删除了。

(六)打印生鲜损耗单

如需将生鲜损耗单打印出来,直接点击工具栏上的【打印】按钮即可完成打印工作。

数据影响:此单据生效后商品的库存数量减少。

第五节 库存管理

一、库存指标设定

(一)业务介绍

此模块是用来设置商品的在每个仓库的最小库存量和最大库存量的。

(二)进入界面

在导航图的【库存管理】模块里选【库存指标】图标或在【库存】菜单里选【库存指标设定】进入库存指标设定模块,如图 5-49 所示。

图 5-49 库存指标设定操作界面图

(三)新建库存指标

1.打开库存指标窗口时,出现左右两个区域,左边是所有的商品分类和仓库,右边是已经建立好的商品指标。

2.设置库存指标首先选择仓库，然后点击【新建】，此时右边表格中会出现一行空白数据。

3.在商品编码栏中输入商品的编码可将该商品调出到表格中，如果忘记商品编码，则可双击该栏目，在查找界面中将商品调出来。商品调出来后，输入最小库存量和最大库存量。点击【保存】，系统会将刚刚输入的信息保存起来。

(四)修改库存指标

如需修改库存指标，首先查询到要修改的商品，修改完最小库存量和最大库存量后按【保存】即可。

(五)删除库存指标

1.如需删除某个商品的库存指标，首先查询到要删除的商品。

2.点击【删除】，系统弹出对话框，询问是否确实要删除库存指标信息。单击【是】则相应的库存指标被删除；单击【否】则放弃删除该商品的库存指标。

(六)打印库存指标

如需将库存指标打印出来，直接点击工具栏上的【打印】按钮即可完成打印工作。

数据影响：此模块保存后不影响任何库存数量，只会影响商品的库存上限和库存下限。

二、库存调拨单

(一)业务介绍

假如一个公司有多个仓库，那么把某个仓库的商品调拨到另外一个仓库将是经常遇到的业务。当发生这类业务时，就需要使用本模块来记录与该调拨业务相关的各项数据。

(二)进入界面

在导航图的【库存管理】模块里选【库存调拨单】或在【库存】菜单里选【库存调拨单】项进入库存调拨单模块，如图 5-50 所示。

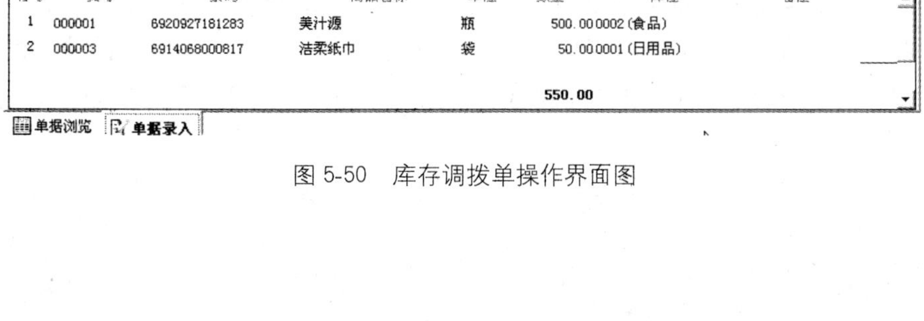

图 5-50 库存调拨单操作界面图

(三)新建库存调拨单

1.当打开库存调拨单窗口时,该窗口即处于新建状态。如果该窗口处于修改状态,可以通过点击【新建】使其处在新建状态,此时即可输入一张新的库存调拨单。

单号:系统自动连续编号,不可以修改。

选择调出仓:单击“调出仓库”后面的下拉按钮,在弹出的下拉列表中选择。

选择调入仓:单击“调入仓库”后面的下拉按钮,在弹出的下拉列表中选择。

申请人:从申请人下拉列表框中选择申请人。

单据日期:也就是调拨日期,默认为当天,可以修改。

经办人:从经办人下拉列表框中选择经办人。

2.调拨的品名规格:在商品编码栏直接输入相应商品编码;通过双击该栏目弹出“商品档案”对话框,选择商品。

单位:计量单位是在定义商品资料时定义的,此处不可以修改。

数量:在数量栏录入调拨的数量。

调出价:如果用户在商品资料中输入了该商品的参考进价,系统将会自动给出这一参考进价,供用户参考。此处可以根据实际情况进行修改。

调入价:如果用户在商品资料中输入了该商品的参考进价,系统将会自动给出这一参考进价,供用户参考。此处可以根据实际情况进行修改。

调出金额:该栏的金额是根据数量、调出价计算而来的,用户无须操作。

调入金额:该栏的金额是根据数量、调入价计算而来的,用户无须操作。

3.每张调拨单可以输入多种商品,在录完一种商品后用鼠标按右键增加一行;按Enter键到下一行增加另一种商品明细。

4.点击【保存】保存单据,保存完后马上会提示是否审核,如需审核则点【是】,不需要审核就点击【否】。要注意的是,单据一经审核就不能进行修改操作了。

(四)修改库存调拨单

1.浏览要修改的库存调拨单:通过点击【浏览】,在切换到的业务查找窗口中选出要修改的库存调拨单。

2.在找出的库存调拨单中修改任何需要修改的内容。

3.单击【保存】保存对该单的修改;单击【关闭】放弃对该单的修改并关闭该窗口。要注意的是,如果该单已经审核了的话,那就不能修改了。

(五)删除库存调拨单

1.采用修改库存调拨单中介绍的办法,查找到要删除的库存调拨单。

2.点击【删除】,系统弹出对话框,询问是否确实要删除该单据。单击【是】则相应的库存调拨单被删除;单击【否】则放弃删除该单。要注意的是,如果该单已经审核了的话,那就不能删除了。

(六)打印库存调拨单

如需将库存调拨单打印出来,直接点击工具栏上的【打印】按钮即可完成打印工作。

数据影响:此单据生效后调出仓库存数量减少,调入仓库存数量增加。

三、其他出入库单

(一)业务介绍

本模块处理的业务是将公司的商品做其他的出库或者入库并记录本次出入库货物的名称、数量等相关的数据。

(二)进入界面

在导航图的【库存管理】模块里选【其他出入库】或在【库存】菜单里选【其他出入库】项,进入其他出入库单模块,如图 5-51 所示。

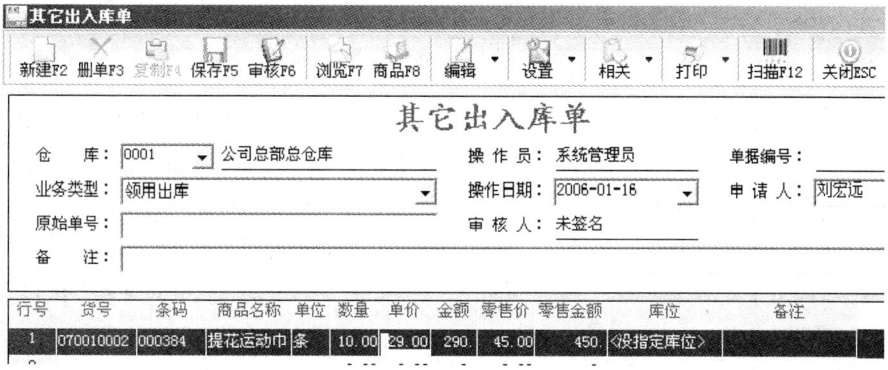

图 5-51 其他出入库单操作界面图

(三)新建其他出入库单

1.当打开其他出入库单窗口时,该窗口即处于新建状态。如果该窗口处于修改状态,可以通过点击【新建】使其处在新建状态,此时即可输入一张新的其他出入库单。

仓库:选择其他出入库单的仓库。

单号:系统自动连续编号,不可以修改。

经办人:选择负责该出入库单的经办人。

申请人:选择申请该单的申请人。

业务类型:表示出入库的业务类型。

2.在窗口下部明细列表框中录入调价的商品名称、新价格等信息。

输入调价的品名规格:在商品编码栏直接输入相应商品编码;通过双击该栏目弹出“商品档案”对话框,选择商品。

单位:计量单位是在定义商品资料时定义的,此处不可以修改。

单价：如果用户在商品资料中输入了该商品的参考进价，系统将会自动给出这一参考进价，供用户参考。此处可以根据实际情况进行修改。

金额：该栏的金额是根据数量、单价计算而来的，用户无须操作。

零售价：如果用户在商品资料中输入了该商品的零售价，系统将会自动给出这一零售价，供用户参考。此处可以根据实际情况进行修改。

售价金额：该栏的金额是根据数量、零售价计算而来的，用户无须操作。

3.每张其他出入库单可以输入多种商品，在录完一种商品后用鼠标按右键增加一行；按 Enter 键到下一行增加另一种商品明细。

4.点击【保存】保存单据，保存完后马上会提示是否审核，如需审核则点【是】，不需要审核就点击【否】。要注意的是，单据一经审核就不能进行修改操作了。

（四）修改其他出入库单

1.浏览要修改的其他出入库单：通过点击【浏览】，在切换到的业务查找窗口中选出要修改的其他出入库单。

2.在找出的其他出入库单中修改任何需要修改的内容。

3.单击【保存】保存对该单的修改；单击【关闭】放弃对该单的修改并关闭该窗口。要注意的是，如果该单已经审核了的话，那就不能修改了。

（五）删除其他出入库单

1.采用修改其他出入库单中介绍的办法，查找到要删除的其他出入库单。

2.点击【删除】，系统弹出对话框，询问是否确实要删除该单据。选择【是】则相应的其他出入库单被删除；选择【否】则放弃删除该单。要注意的是，如果该单已经审核了的话，那就不能删除了。

（六）打印其他出入库单

如需将其他出入库单打印出来，直接点击工具栏上的【打印】按钮即可完成打印工作。

数据影响：此单据生效后库存数量将增加或减少，如果是入库的话，库存增加；如果是出库的话，库存减少。

四、条码标签打印

此模块是为了方便超市打印商品的标价签和商品的条码之用，如图 5-52 所示。

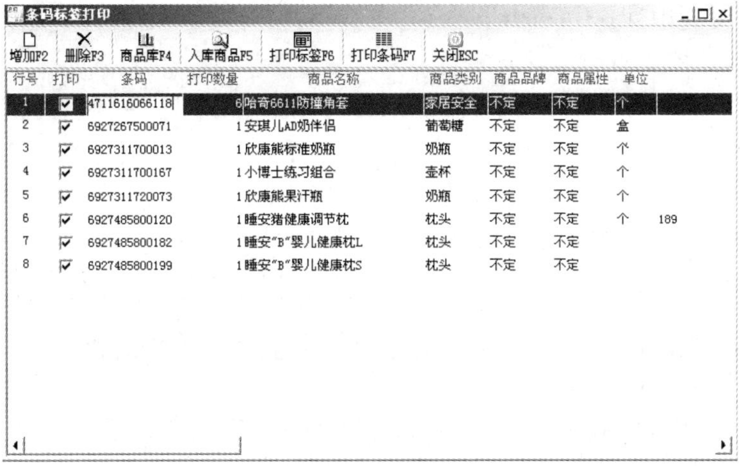

图 5-52　条码标签打印操作界面图

1.刚进入此界面的时候表格中是没有数据的，点击【增加】，系统会增加一行空白的商品，在商品编码栏中输入需要打印标签的商品编码，按 Enter 键，系统会自动调该商品。

2.一次可输入多个商品，价格由系统自动调出，系统默认为打印一份，可输入打印份数。

3.如需打印标签，请点击【打印标签】按钮，或者按键盘 F6 键。

4.系统显示打印预览的界面，如图 5-53 所示。

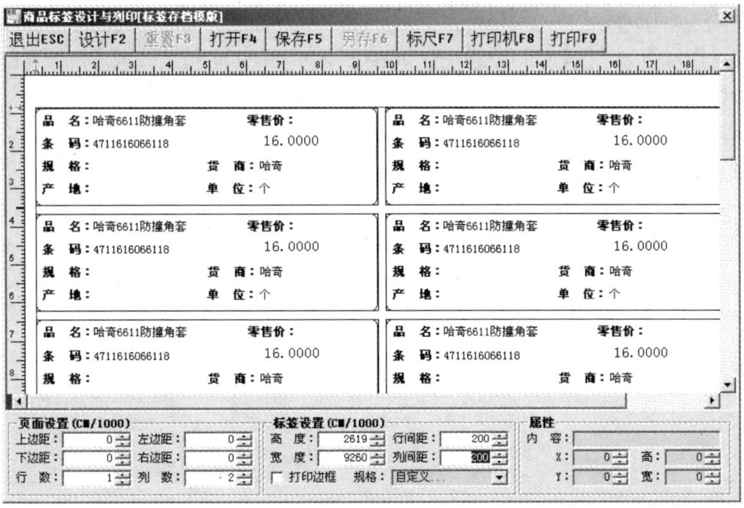

图 5-53　条码标签打印预览界面图

5.此界面中，如果对标签的格式不满意，用户可自行设计标签格式。

6.如需设计，可直接点击【设计】按钮或者按键盘 F2 键，系统会进入设计界面。

7.在设计界面中,用户可自由设计标签的大小、项目、字段、颜色等,设计完成后按【保存】即可。

8.如需打印条码,请点击【打印条码】按钮或者按键盘 F7 键,系统会弹出预览界面,如图 5-54 所示。

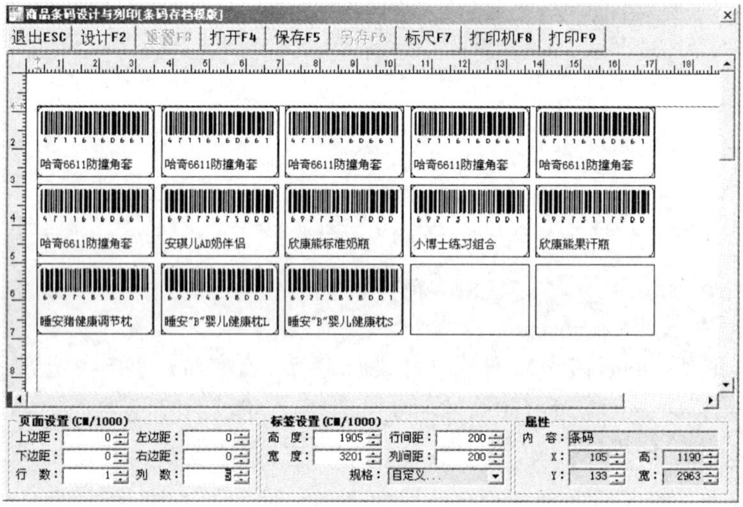

图 5-54 条码打印预览

9.如果对商品条码格式不满意的话,也可按【设计】按钮进行设计,在设计界面中可设置条码标签的大小、间隙、内容等,设计完成后按【保存】即可。

10.如需打印标签,可按【打印】按钮。在打印界面中需注意的是,要选择对应的打印机类型。

五、商品组装

详细操作见生鲜管理的生鲜加工组装模块。

六、商品拆分

详细操作见生鲜管理的生鲜加工拆分模块。

七、盘点初始化

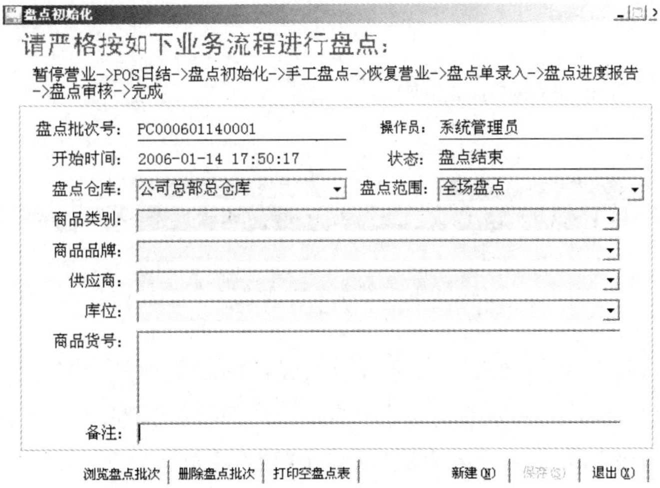

图 5-55　库存盘点窗口

盘点窗口如图 5-55 所示，盘点大致分为以下几个步骤：

暂停营业—POS 日结—盘点初始化—手工盘点—恢复营业—盘点单录入—盘点进度报告—盘点审核—盘点完成。

盘点初始化是将当前的库存进行保存。

盘点批次号表示盘点初始化的批次号；操作员表示生成该数据的操作员；开始时间表示生成该数据的时间；盘点仓库表示当前批次号的盘点初始数据的仓库。

点击【保存】，系统生成一张盘点初始化单。

八、盘点数据录入

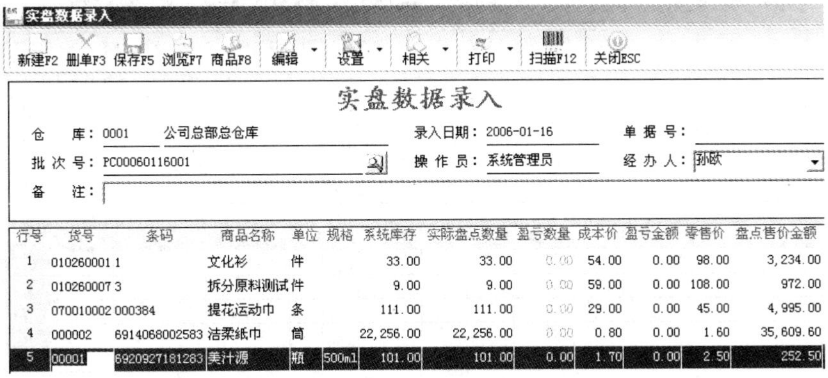

图 5-56　盘点数据录入窗口

盘点数据录入(如图 5-56 所示)是在做了盘点初始化的情况下所做的一个单据,在做该单据之前必须手工输入实际的数据,然后选择盘点批次号,即点击【盘点批次号】,出现如下界面,如图 5-57 所示:

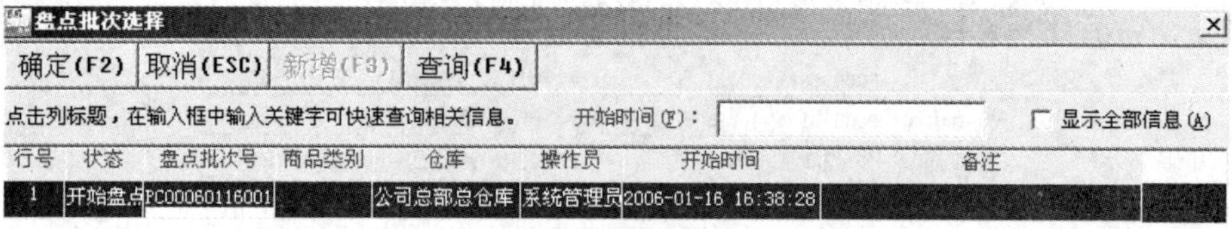

图 5-57　盘点批次选择窗口

在此界面中选择一个盘点初始化的单据,点击【确定】。然后将实际盘点的数据在此表中录入,系统会自动从初始化中将原来初始化的库存调出,输入实际盘点数据,系统会自动计算出盈亏数量和金额。录入完成后,点击【保存】按钮即可。

此表可输入多次,可随时浏览出来进行修改,然后再保存。

如需删除,首先浏览出需要删除的盘点表,然后点击【删除】即可,删除的时候会提示是否真的要删除此盘点表。如果单击【是】,该盘点表将被删除;单击【否】,此盘点表将不会被删除。

如需将盘点表打印出来,直接点击工具栏上的【打印】按钮即可。

九、盘点进度报告

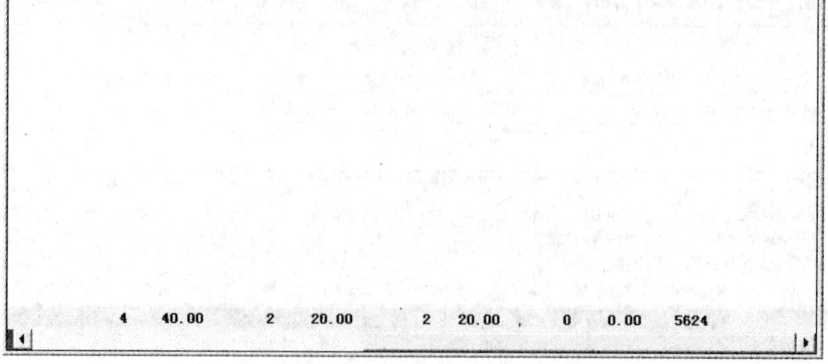

图 5-58　盘点进度报告窗口

盘点进度报告(如图 5-58 所示)显示正在进行的中的盘点盘亏、盘盈、多盘、少盘、未盘等情况。

十、盘点结束审核

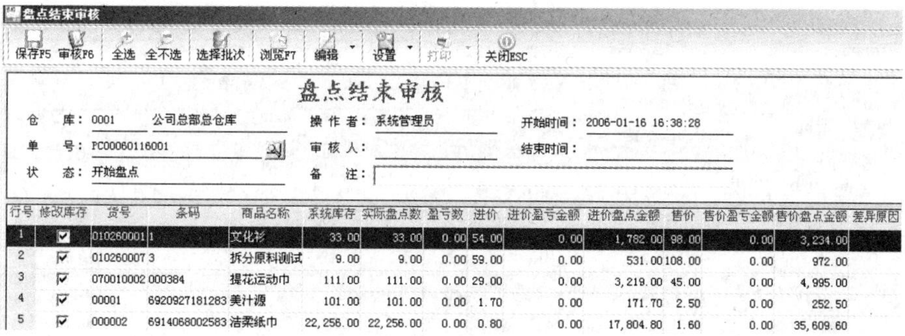

图 5-59　盘点结束审核窗口

盘点结束审核(如图 5-59 所示)是盘点的最后过程,目的是将输入的盘点表与盘点初始化中的库存数量进行对比,平衡库存。

操作方法:点击选择单据,选择一张相应的盘点初始货单,然后点击【确定】,将盘点表调出。

检查盘点数量是否有差异,如果没什么问题就点击【审核】,系统会自动更新库存数量。

单据审核后不能再次审核,但可以查询。

第六节　财务结算

一、专柜合同

(一)业务介绍

本模块主要用于处理专柜和承租人之间的合同,说明各项费用的多少以及扣率的大小。

(二)进入界面

在导航图的【财务结算】模块里选【专柜合同】或在【财务】菜单里选【专柜合同】项进入专柜合同模块,如图 5-60 所示。

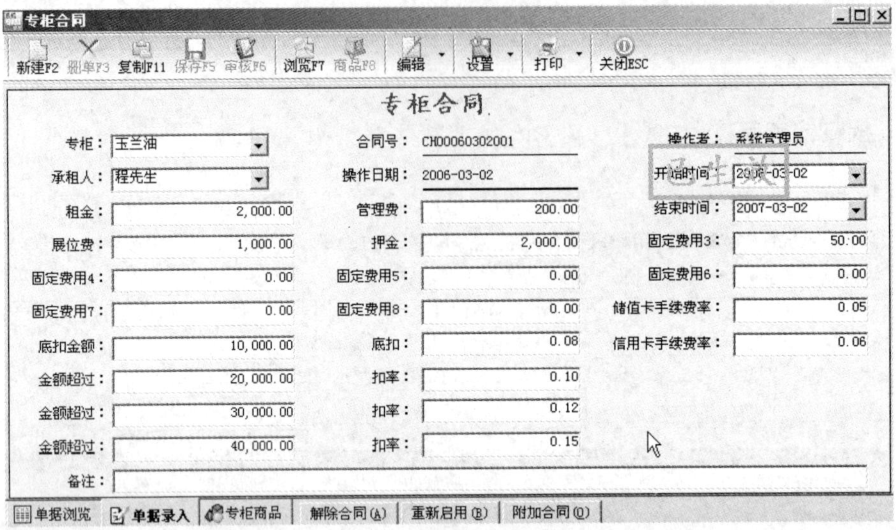

图 5-60　专柜合同窗口

进入专柜合同，首先选择专柜，再选择承租人。

租金：表示租该专柜的金额（以月为单位）。

管理费：表示该专柜的管理费用的多少（以月为单位）。

开始时间：表示租该专柜的开始日期。

结束时间：表示租该专柜的结束日期。

固定费用（1—8）：可输入一些固定的费用（以月为单位），可以在【设置】里的【定制显示项】进入“数据列设置—【专柜合同】”界面里更改显示标题。

储值卡手续费率：表示前台如果是按刷储值卡方式收银的话需要扣除的手续费的比率。

信用卡手续费率：表示前台如果是按刷信用卡方式收银的话需要扣除的手续费的比率。

底扣金额：即销售额按最底限金额来计算回扣的金额数。

底扣：表示按销售额的多少采取不同的基本扣率。

底扣分档：可以分别设置金额超过多少时实际扣款扣率按多少进行计算。

假如我们设置底扣扣率为 0.08，金额超过 20000 时按扣率为 0.10，金额超过 30000 时扣率为 0.12 进行计算，如果专柜销售额为 40000 元时按扣率为 0.15 进行计算，分级累进计算方式如表 5-1。

表 5-1　专柜和承租人财务结算表

扣率	销售金额范围	实际扣款
0.08	小于等于 10000	10000×0.08＝800
0.10	大于 10000，小于等于 20000	实际销售金额×0.10
0.12	大于 20000，小于等于 30000	20000×0.10＋(实际销售金额－20000)×0.12
0.15	大于 30000，小于等于 40000	20000×0.10＋(30000－20000)×0.12＋(实际销售金额－30000)×0.15
0.20	大于 40000	20000×0.10＋(30000－20000)×0.12＋(40000－30000)×0.15＋(实际销售金额－40000)×0.20

专柜合同录入完后，按【保存】和【审核】，审核即可生效。

需要解除合同，单击界面下方的【解除合同】。

要重新启用，单击界面下方的【重新启用】。

附加合同：单击界面下方的【附加合同】，弹出“专柜附加合同”界面，如图 5-61 所示。

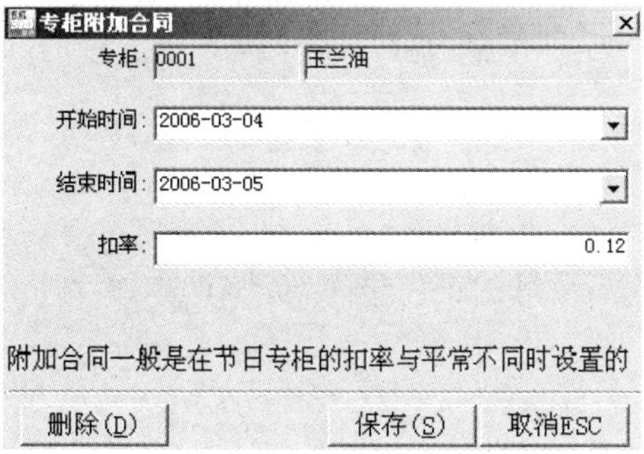

图 5-61　专柜附加合同窗口

二、专柜费用单

(一)业务介绍

本模块中，用户可以把专柜在日常营业过程中的各种费用录入到电脑中，以便专柜数据生成时对其进行统计。

(二)进入界面

在导航图的【财务结算】模块里选【专柜费用单】或在【财务】菜单里选【专柜费用单】项进入专柜费用单模块，如图 5-62 所示。

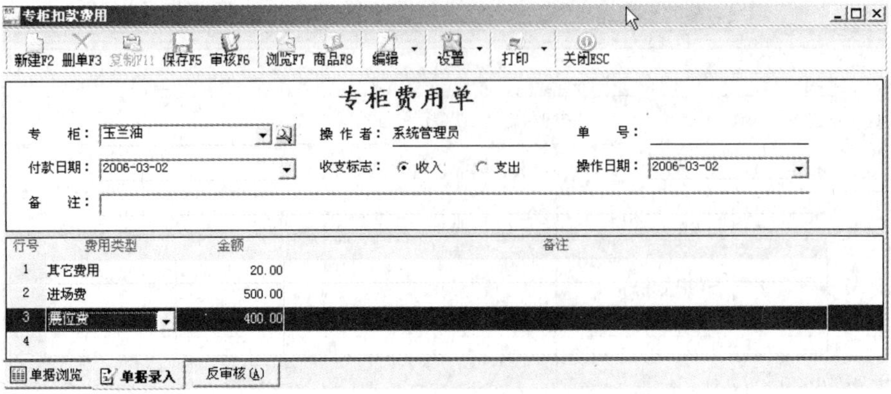

图 5-62　专柜费用单窗口

进入【专柜费用单】，选择要建立费用的专柜。输入日期，系统默认为当天。选择收支标志，有“收入”和“支出”供选择。在窗口界面下面的表格中选择费用类型，输入费用金额。输入完成后，按【保存】和【审核】即可。

如果专柜费用单还没有审核的话，则可按【浏览】进入浏览界面，选择要修改的专柜费用单，双击到费用单界面进行修改，已经审核的单不能修改。

如需打印专柜费用单，可直接点击【打印】按钮。

三、生成专柜结算数据

（一）业务介绍

本模块主要用于对专柜当月的销售进行统计，计算扣除所有的费用后商场还需支付多少金额给专柜承租人。

（二）进入界面

在导航图的【财务结算】模块里选【生成专柜结算数据】或在【财务】菜单里选【生成专柜结算数据】项进入生成专柜结算数据模块，如图 5-63 所示。

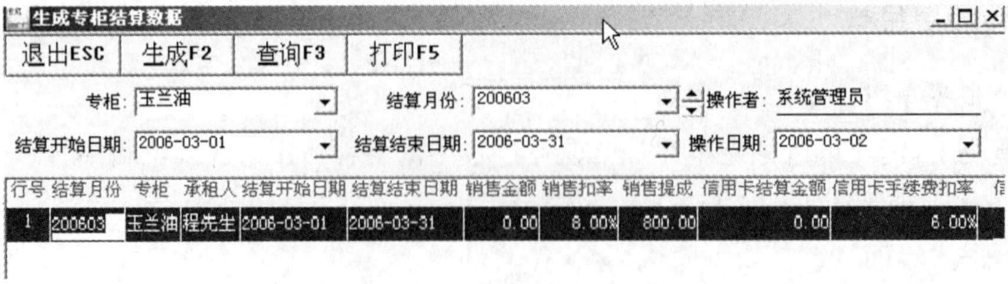

图 5-63　专柜结算数据窗口

进入生成专柜结算数据模块，选择要成生数据的专柜，如果是全部的话，则不需要选择。选择要生成数据的月份，条件全部选择后，点击【生成】按钮即可将专柜数据生成操作完成。

在表格中会显示每个专柜的销售金额、费用、结算金额、已结金额等。

四、专柜结算单

（一）业务介绍

商场和专柜每天或几天就要进行结算，本模块用于统计本段时间的销售，扣除本段时间的费用等，记录结算金额、免付金额、已结金额、尚欠金额和此次结算金额。

（二）进入界面

在导航图的【财务结算】模块里选【专柜结算单】或在【财务】菜单里选【专柜结算单】项进入专柜结算单模块，如图 5-64 所示。

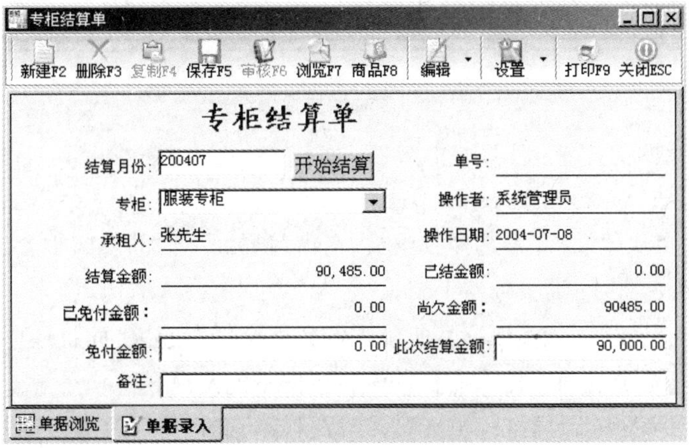

图 5-64 专柜结算单窗口

输入结算月份，系统默认为当月。

选择要结算的专柜。

点击【开始结算】，系统会自动调出该专柜当月的结算金额。

输入此次结算金额。

如果有免付款的情况，则输入免付金额。

输入完成后点【保存】→【审核】即可。

五、收银员交款单

（一）业务介绍

前台收银员交班后，后台财务人员在此模块录入收银员的实际交款金额。

(二)进入界面

在导航图的【财务结算】模块里选【收银员交款单】或在【财务】菜单里选【收银员交款单】项进入前台交款记录模块,如图 5-65 所示。

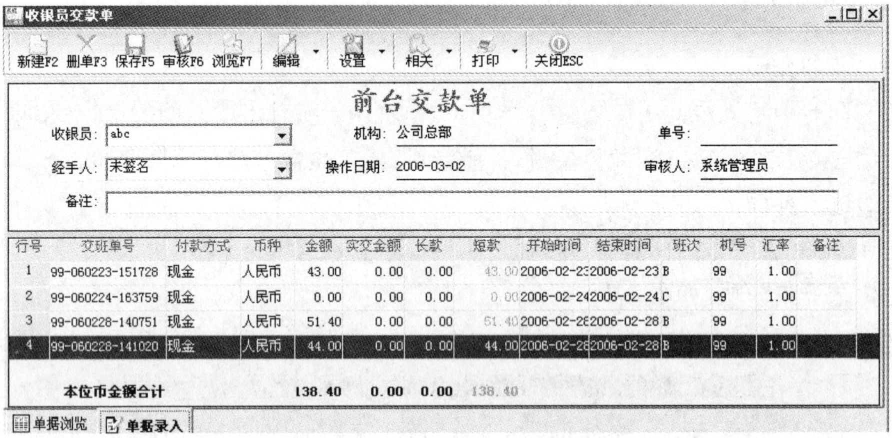

图 5-65　前台交款单窗口

(三)操作方法

1.进入前台交款记录,首先选择收银员,在窗口界面下面的表格中会显示交款数据。

2.交班后将数据传输到服务器上,“长款”与“短款”会自动计算出来。

3.保存:录入完成后点击【保存】,所录入的数据会保存起来,而且还可以修改。

4.审核:确定无误后,可按【审核】,审核后数据不能修改。

5.打印:如需将交款记录打印出来,直接按【打印】即可。

六、客户结算单

(一)业务介绍

客户结算单可以处理收取往来款与现款等收款业务情况,当用户向客户发出商品并填制了销售单据之后,系统即自动生成该客户的应收款,待以后收到该客户的货款时,就需要在“客户结算单”环节来进行处理。

(二)进入界面

在导航图的【财务结算】模块里选【客户结算单】或在【财务】菜单里选【客户结算单】项进入客户结算单模块,如图 5-66 所示。

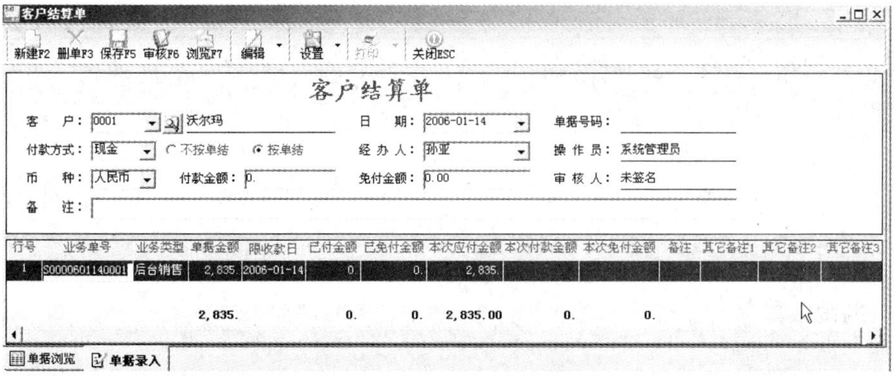

图 5-66 客户结算单窗口

（三）新建客户结算单

1.当打开客户结算单窗口时，该窗口即处于新建状态。如果该窗口处于修改状态，可以通过点击【新建】使其处在新建状态，此时即可输入一张新的客户结算单。

付款标志：数据前没有符号表示是进货，需要付钱给供应商；数据前“－”号表示是退货，可以从付给供应商的货款中冲减应付款。

业务单号：表示进货的单号、退货的单号或者是费用单号。

单据金额：表示该单的金额。

已付金额：表示该单原来已经付款的金额。

已免付金额：表示收款方已给出优惠免付的款。

本次应付金额：表示该单现在需付金额。

本次付款金额：表示本次实际付款金额。

本次免付金额：表示收款方本单本次给出优惠免付的款。

币种：可以随意选择付款币种，如果选择了币种的话，应付金额也会随币种的汇率进行变动。

2.点击【保存】保存单据，保存完后马上会提示是否审核，如需审核则点【是】，不需要审核就点击【否】。要注意的是，单据一经审核就不能进行修改操作了。

（四）修改客户结算单

1.浏览要修改的客户结算单：通过点击【浏览】按钮，在切换到的业务查找窗口，从中选出要修改的客户结算单。

2.在找出的客户结算单中修改任何需要修改的内容。

3.单击【保存】保存对该单的修改；单击【关闭】放弃对该单的修改并关闭该窗口。要注意的是，如果该单已经审核了的话，那就不能修改了。

（五）删除客户结算单

1.采用修改客户结算单中介绍的办法，查找到要删除的客户结算单。

2.点击【删除】,系统弹出对话框,询问是否确实要删除该单据。选择【是】则相应的客户结算单被删除;选择【否】则放弃删除该单。要注意的是,如果该单已经审核了的话,那就不能删除了。

(六)打印客户结算单

如需将客户结算单打印出来,直接点击工具栏上的【打印】按钮即可完成打印工作。

数据影响:此单据生效后,客户的应收款减少。

七、购销结算单

(一)业务介绍

公司在采购货物后应向供应商支付货款,支付的方式有多种:可采用预付款、预付定金、货到付款或分期付款等形式。无论用户选择哪种付款形式,本模块都能解决,它可以详细记录与公司采购付款相关的各项数据。

(二)进入界面

在导航图的【财务结算】模块里选【购销结算单】或在【财务】菜单里选【购销结算单】项进入购销结算单模块,如图 5-67 所示。

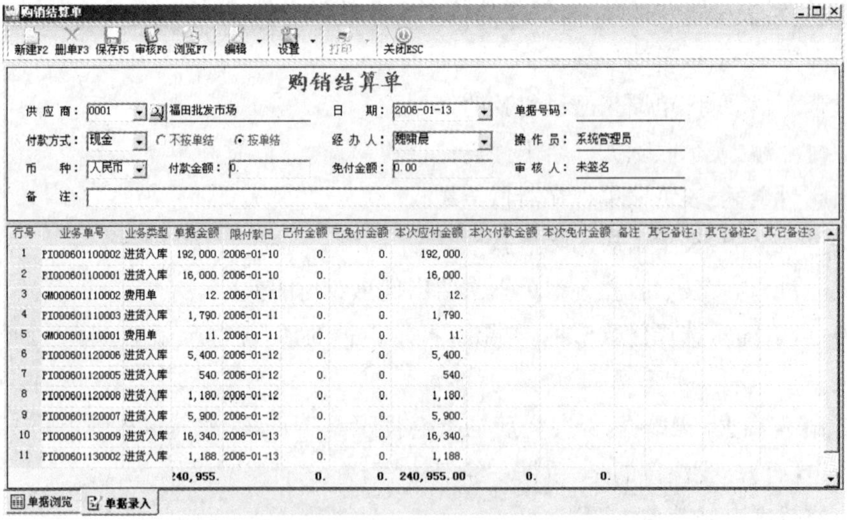

图 5-67 购销结算单窗口

(三)新建购销结算单

1.当打开购销结算单窗口时,该窗口即处于新建状态。如果该窗口处于修改状态,可以通过点击【新建】使其处在新建状态,此时即可输入一张新的购销结算单。

供应商名称:选择需付款的供应商。

付款方式:选择该笔交易的付款方式,付款方式在其他档案里设置。

日期:系统默认为当天,可自行更改。

经办人:选择该结算单的经办人。

币种:可以随意选择付款币种,如果选择了币种的话,应付金额也会随币种的汇率进行变动。

2.当选择了供应商的时候,系统会自动将该供应商的应付款单据全部列出在下面的表格中。

收付标志:数据前没有符号表示是进货,需要付钱给供应商;数据前“一”号表示是退货,可以从付给供应商的货款中冲减应付款。

业务单号:表示进货的单号、退货的单号或者是费用单号。

单据金额:表示该单的金额。

已付金额:表示该单原来已经付款的金额。

已免付金额:表示收款方已给出优惠免付的款。

本次应付金额:表示该单现在需付的金额。

本次付款金额:表示本次实际付款金额。

本次免付金额:表示收款方本单本次给出优惠免付的款。

3.点击【保存】保存单据,保存完后马上会提示是否审核,如需审核则点【是】,不需要审核就点击【否】。要注意的是,单据一经审核就不能进行修改操作了。

(四)修改货商结算单

1.浏览要修改的货商结算单:通过点击【浏览】,在切换到的业务查找窗口中选出要修改的货商结算单。

2.在找出的货商结算单中修改任何需要修改的内容。

3.单击【保存】保存对该单的修改;单击【关闭】放弃对该单的修改并关闭该窗口。要注意的是,如果该单已经审核了的话,那就不能修改了。

(五)删除货商结算单

1.采用修改货商结算单中介绍的办法,查找到要删除的货商结算单。

2.点击【删除】,系统弹出对话框,询问是否确实要删除该单据。单击【是】则相应的货商结算被删除;单击【否】则放弃删除该单。要注意的是,如果该单已经审核了的话,那就不能删除了。

(六)打印货商结算单

如需将货商结算单打印出来,直接点击工具栏上的【打印】即可完成打印工作。

八、代销结算单

(一)业务介绍

本模块主要处理代销商品销售后与货商的账款结算问题。

(二)进入界面

在导航图的【财务管理】模块里选【代销结算单】或在【财务】菜单里选【代销结算单】项进入代销结算单模块,如图 5-68 所示。

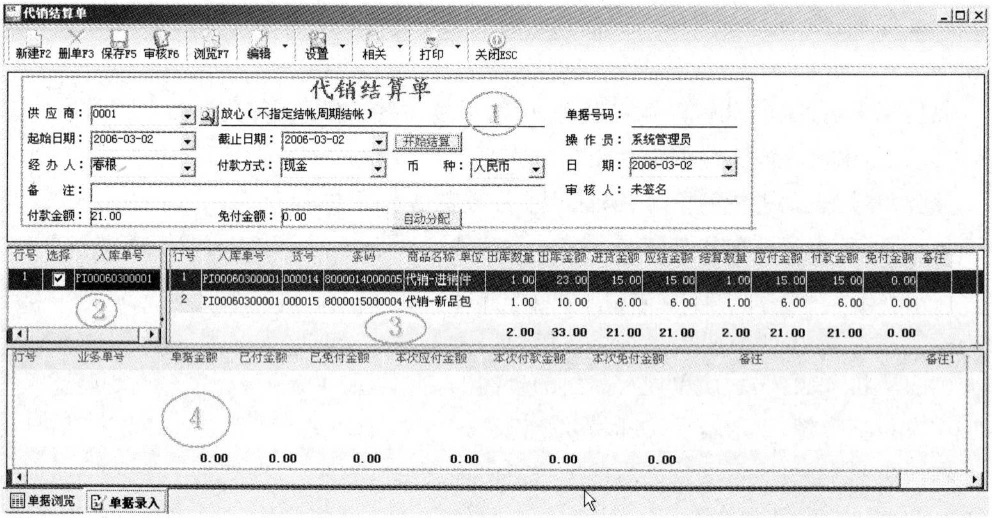

图 5-68 代销结算单窗口

在①区选择付款的供应商、起始日期、截止日期、经办人、付款方式、币种,然后单击【开始结算】,系统就会自动调出起始日期与截止日期期间的所有账款。

②区所显示的为入库单号。

③区显示的是出库代销商品的数量、金额。

④区显示的是与此供应商其他方面的结算,如返点金额等。

(三)新建代销结算单

1.当打开代销结算单窗口时,该窗口即处于新建状态。如果该窗口处于修改状态,可以通过点击【新建】使其处在新建状态,此时即可输入一张新的代销结算单。

供应商名称:选择需付款的供应商。

付款方式:选择该笔交易的付款方式,付款方式在其他档案里设置。

日期:系统默认为当天,可自行更改。

经办人:选择该结算单的经办人。

币种:可以随意选择付款币种,如果选择了币种的话,应付金额也会随币种的汇率进行变动。

2.当选择了供应商的时候,系统会自动将该供应商的应付款单据全部列出在下面的表格中。

收付标志:数据前没有符号表示是进货,需要付钱给供应商;数据前"一"号表示是退货,可以从付给供应商的货款中冲减应付款。

付款金额:表示该单应付的金额。

进货金额:即代销商品供应商给的最低价金额。

应结金额:按供应商发货时给的最低价来结算。

本次应付金额:表示该单现在需付的金额。

本次免付金额:表示收款方本单本次给出优惠免付的款。

3.点击【保存】保存单据,保存完后马上会提示是否审核,如需审核则点【是】,不需要审核就点击【否】。要注意的是,单据一经审核就不能进行修改操作了。

(四)修改代销结算单

1.浏览要修改的代销结算单:通过点击【浏览】,在切换到的业务查找窗口中选出要修改的代销结算单。

2.在找出的代销结算单中修改任何需要修改的内容。

3.单击【保存】保存对该单的修改;单击【关闭】放弃对该单的修改并关闭该窗口。要注意的是,如果该单已经审核了的话,那就不能修改了。

(五)删除代销结算单

1.采用修改代销结算单中介绍的办法,查找到要删除的代销结算单。

2.点击【删除】,系统弹出对话框,询问是否确实要删除该单据。单击【是】则相应的代销结算被删除;单击【否】则放弃删除该单。要注意的是,如果该单已经审核了的话,那就不能删除了。

(六)打印代销结算单

如需将代销结算单打印出来,直接点击工具栏上的【打印】即可完成打印工作。

九、联营结算单

(一)业务介绍

本模块主要处理联营商品的销售及与货商的账款结算问题,记录免付金额、付款金额和此次结算金额。

(二)进入界面

在导航图的【财务管理】模块里选【联营结算单】或在【财务】菜单里选【联营结算单】项进入联营结算单模块,如图 5-69 所示。

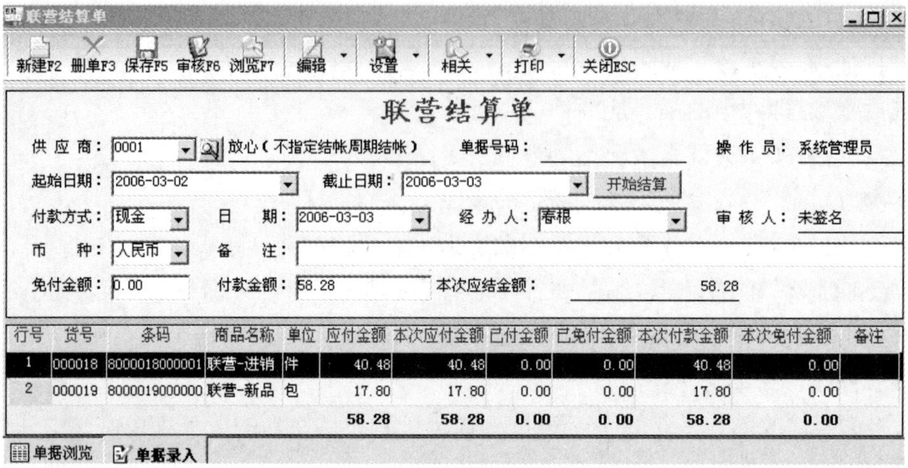

图 5-69 联营结算单窗口

(三)新建联营结算单

1.当打开联营结算单窗口时，该窗口即处于新建状态。如果该窗口处于修改状态，可以通过点击【新建】使其处在新建状态，此时即可输入一张新的联营结算单。选择付款的供应商、起始日期、截止日期、经办人、付款方式、币种，然后单击【开始结算】，系统就会自动调出起始日期与截止日期期间的所有账款。

供应商名称：选择需付款的供应商。

付款方式：选择该笔交易的付款方式，付款方式在其他档案里设置。

日期：系统默认为当天，可自行更改。

经办人：选择该结算单的经办人。

币种：可以随意选择付款币种，如果选择了币种的话，应付金额也会随币种的汇率进行变动。

2.当选择了供应商的时候，系统会自动将该供应商的应付款单据全部列出在下面的表格中。

收付标志：数据前没有符号表示是进货，需要付钱给供应商；数据前“－”号表示是退货，可以从付给供应商的货款中冲减应付款。

付款金额：表示该单应付的金额。

进货金额：即联营商品供应商给的最低价金额。

应结金额：按供应商发货时给的最低价来结算。

本次应付金额：表示该单现在需付的金额。

本次免付金额：表示收款方本单本次给出优惠免付的款。

3.点击【保存】保存单据，保存完后马上会提示是否审核，如需审核则点【是】，不需要审核就点击【否】。要注意的是，单据一经审核就不能进行修改操作了。

(四)修改联营结算单

1.浏览要修改的联营结算单：通过点击【浏览】，在切换到的业务查找窗口，从中选出要修改的联营结算单。

2.在找出的联营结算单中修改任何需要修改的内容。

3.单击【保存】保存对该单的修改；单击【关闭】放弃对该单的修改并关闭该窗口。要注意的是，如果该单已经审核了的话，那就不能修改了。

(五)删除联营结算单

1.采用修改联营结算单中介绍的办法，查找到要删除的联营结算单。

2.点击【删除】，系统弹出对话框，询问是否确实要删除该单据。单击【是】则相应的联营结算被删除；单击【否】则放弃删除该单。要注意的是，如果该单已经审核了的话，那就不能删除了。

(六)打印联营结算单

如需将联营结算单打印出来，直接点击工具栏上的【打印】即可完成打印工作。

十、银行转账单

(一)业务介绍

在企业的运作过程中，企业内部现金转入银行或从银行转出现金，还有银行之间转账等业务是时常发生的，本系统特设了银行转账单这一功能，便于管理。

(二)进入界面

单击导航图【财务管理】再单击【银行转账单】或【财务】菜单中【银行转账单】项进入银行转账单界面，如图 5-70 所示。

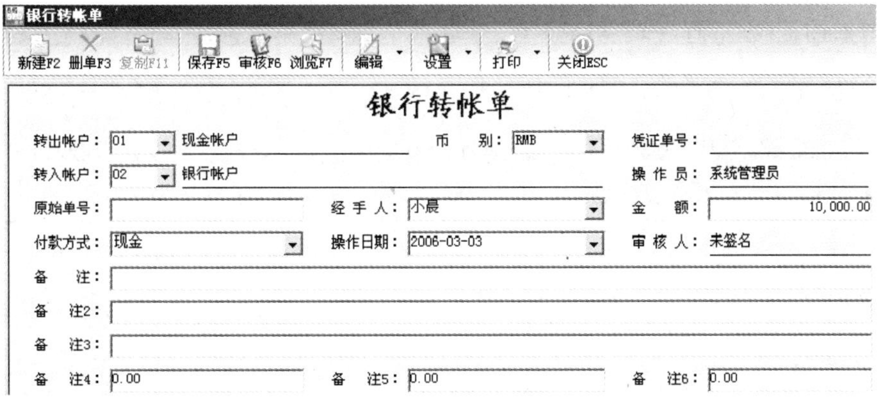

图 5-70　银行转账单窗口

(三)新建银行转账单

转出账户：表示该单号金额的转出户(金额减少)。

转入账户：表示该单号金额转入户（金额增加）。

注：转出账户与转入账户是在支出账户里设置的。

单击【保存】保存单据，保存完后立即会提示是否审核，如需立即审核则单击【是】，不需要立即审核就单击【否】。要注意的是，单据一经审核就不能进行修改操作了。

（四）修改银行转账单

1.浏览要修改的银行转账：通过单击【浏览】，在切换到的业务查找窗口中选出要修改的银行转账单。

2.在找出的银行转账单中修改任何需要修改的内容。

3.单击【保存】保存对该单的修改；单击【关闭】放弃对该单的修改并关闭该窗口。要注意的是，如果该单已经审核了的话，那就不能修改了。

（五）删除银行转账单

1.采用修改银行转账中介绍的办法，查找到要删除的银行转账单。

2.单击【删除】，系统弹出对话框，询问是否确实要删除该单据。单击【是】则相应的银行转账单被删除；单击【否】则放弃删除该单。要注意的是，如果该单已经审核了的话，那就不能删除了。

数据影响：此单据生效后转出账户金额减少，转入账户金额增加。

十一、现金收入单

（一）业务介绍

企业除了正常的经营业务会取得收入，有时还会产生一些非正常业务以外的收入，为了对这些收入进行管理核算，系统提供了现金收入模块。

（二）进入界面

在导航图的【财务管理】模块里选【现金收入单】或在【财务】菜单里选【现金收入单】项进入现金收入单模块，如图 5-71 所示。

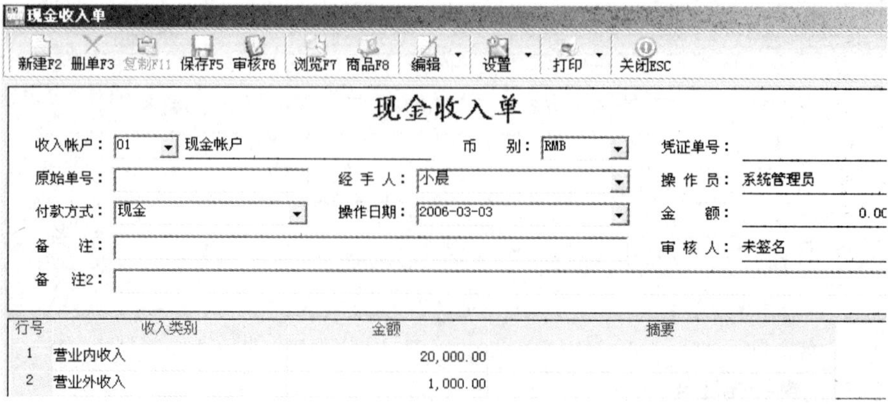

图 5-71 现金收入单窗口

（三）新建现金收入单

1.当打开现金收入单窗口时，该窗口即处于新建状态。如果该窗口处于修改状态，可以通过点击【新建】使其处在新建状态，此时即可输入一张新的现金收入单。选择收入账户，输入原始单号（没有的话可以不输）、经手人，选择付款方式，在数据表中输入收入类别、金额。

2.点击【保存】保存单据，保存完后马上会提示是否审核，如需审核则点【是】，不需要审核就点击【否】。要注意的是，单据一经审核就不能进行修改操作了。

（四）修改现金收入单

1.浏览要修改的现金收入单：通过点击【浏览】，在切换到的业务查找窗口中选出要修改的现金收入单。

2.在找出的现金收入单中修改任何需要修改的内容。

3.单击【保存】保存对该单的修改；单击【关闭】放弃对该单的修改并关闭该窗口。要注意的是，如果该单已经审核了的话，那就不能修改了。

（五）删除现金收入单

1.采用修改现金收入单中介绍的办法，查找到要删除的现金收入单。

2.点击【删除】，系统弹出对话框，询问是否确实要删除该单据。单击【是】则相应的现金收入单被删除；单击【否】则放弃删除该单。要注意的是，如果该单已经审核了的话，那就不能删除了。

（六）打印现金收入单

如需将现金收入单打印出来，直接点击工具栏上的【打印】按钮即可完成打印工作。

数据影响：此单据生效后现金或银行账户金额增加。

十二、现金支出单

（一）业务介绍

企业的费用开支有各种各样的情况，但无论如何，费用开支都将使企业的资金流出企业，为了对这一部分流出的资金进行有效的管理，本系统特设了现金支出模块。

（二）进入界面

在导航图的【财务结算】模块里选【现金收出单】或在【财务】菜单里选【现金收出单】项进入现金支出单模块，如图 5-72 所示。

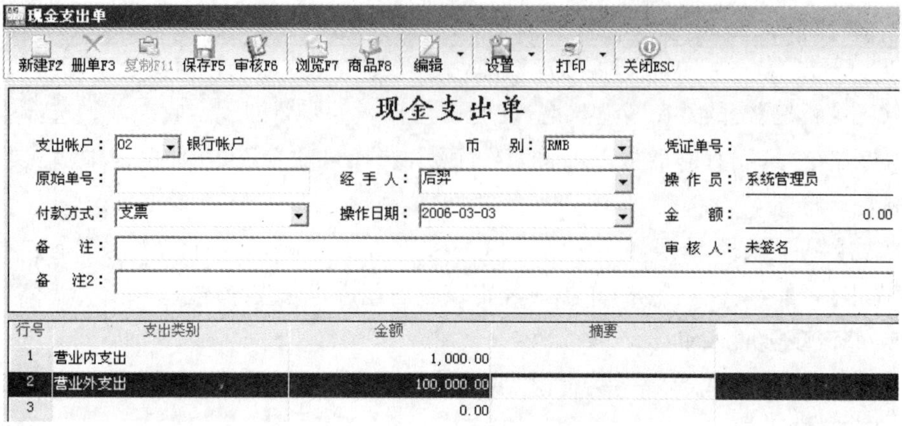

图 5-72 现金支出单窗口

(三)新建现金支出单

1.当打开现金支出单窗口时,该窗口即处于新建状态。如果该窗口处于修改状态,可以通过点击【新建】使其处在新建状态,此时即可输入一张新的现金支出单。选择收入账户,输入原始单号(没有的话可以不输)、经手人,选择付款方式,在数据表中,输入支出类别、金额。

2.点击【保存】保存单据,保存完后马上会提示是否审核,如需审核则点【是】,不需要审核就点击【否】。要注意的是,单据一经审核就不能进行修改操作了。

(四)修改现金支出单

1.浏览要修改的现金支出单:通过点击【浏览】,在切换到的业务查找窗口中选出要修改的现金支出单。

2.在找出的现金支出单中修改任何需要修改的内容。

3.单击【保存】保存对该单的修改;单击【关闭】放弃对该单的修改并关闭该窗口。要注意的是,如果该单已经审核了的话,那就不能修改了。

(五)删除现金支出单

1.采用修改现金支出单中介绍的办法,查找到要删除的现金支出单。

2.点击【删除】,系统弹出对话框,询问是否确实要删除该单据。单击【是】则相应的现金支出单被删除;单击【否】则放弃删除该单。要注意的是,如果该单已经审核了的话,那就不能删除了。

(六)打印现金支出单

如需将现金支出单打印出来,直接点击工具栏上的【打印】按钮即可完成打印工作。

数据影响:此单据生效后现金或银行账户金额减少。

第七节　金卡中心

一、金卡分类

（一）业务介绍

在企业的运作过程中，超市或商场往往会发行会员卡或储值卡以促进消费，为了更方便地对金卡进行分类管理，本系统特设置了金卡分类模块。

（二）进入界面

在导航图的【金卡中心】模块里选【金卡分类】或在【金卡】菜单里选【金卡分类】项进入金卡分类模块，如图 5-73 所示。

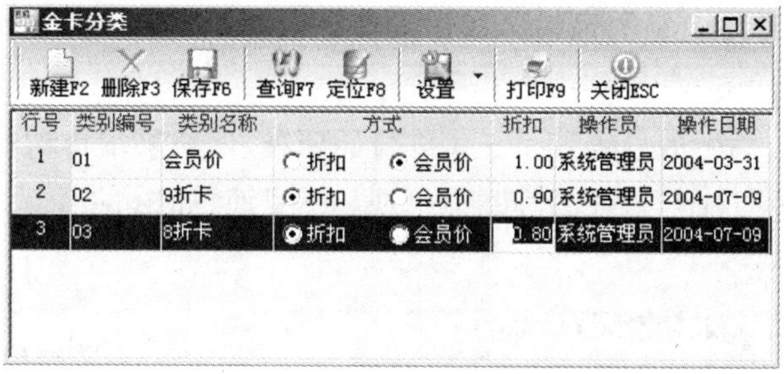

图 5-73　金卡分类操作界面图

（三）新建金卡分类档案

1.单击【新建】，自动建立一行空白数据。

2.类别编码自动产生，在“名称”中输入相应的金卡分类名称。

3.方式：表示该卡的优惠方式，有折扣和按会员价两种优惠方式。

4.折扣：如果是按折扣方式，则在此输入折扣率。

5.单击【新建】保存当前的金卡分类资料并继续新建其他金卡分类资料；单击【保存】则保存当前新建的金卡分类资料。

（四）修改金卡分类资料

1.从金卡分类列表窗口中选择一个需要修改的金卡分类。

2.修改金卡分类名字、方式或折扣率。

3.单击【保存】保存对该金卡分类资料所做的修改。

（五）删除金卡分类资料

1.从金卡分类列表窗口中选择一个需要删除的金卡分类。

2.单击【删除】，如果该金卡分类资料未在任何业务中使用过，则系统弹出对话框，询问是否确实要删除该金卡分类资料。选择【确定】则相应的金卡分类资料被删除；选择【取消】则放弃删除金卡分类资料的操作。

4.如果该金卡分类资料已在业务中使用过，则系统给出提示：您不能删除该金卡分类资料。

（六）打印金卡分类资料

如需打印金卡分类资料列表，直接点击工具栏上的【打印】按钮即可。

二、金卡制作

（一）业务介绍

此模块是为了方便采用 IC 卡读写器或磁卡读写器批量生成号码并写入磁卡或 IC 卡。

（二）进入界面

在导航图的【金卡中心】里选【金卡制作】或在【金卡】菜单里选【金卡制作】项进入金卡制作模块。

金卡制作分为自动生成号码和手工生成号码两种，一般采用自动生成卡号，其操作比较方便。点击【自动生成卡号】前的圆圈会出现如下界面，如图 5-74 所示：

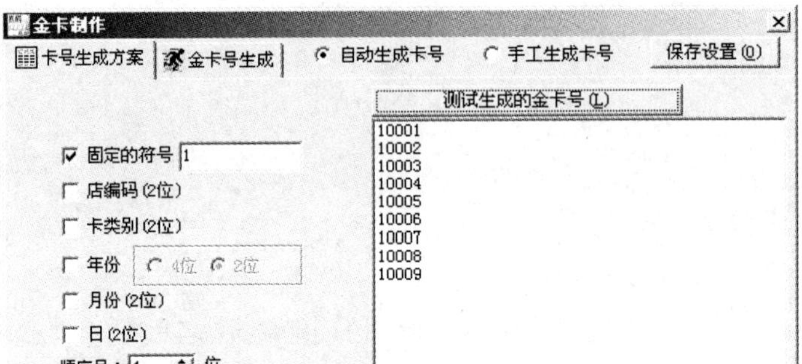

图 5-74　金卡制作窗口

首先设置生成金卡的规则，金卡规则由固定的符号、店编号、卡类别号、年份、月份、日、顺序号(位数可自定义)、卡后加字串这几项任意组合而成。

设置好后可点【测试生成的金卡号】,如果觉得可以的话,就点击【保存设置】。

金卡的号码生成规则设置好后,就可以进行金卡生成了,如图 5-75 所示。

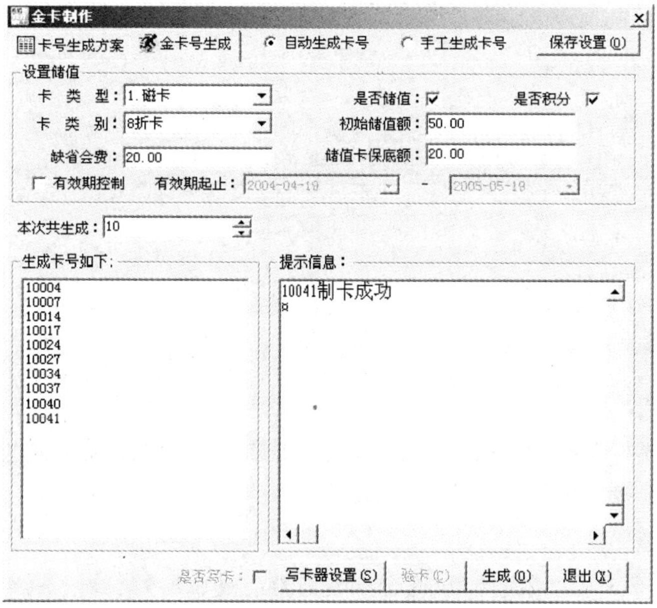

图 5-75　金卡生成窗口

金卡生成时要选择金卡的类型(磁卡还是 IC 卡)。

是否储值:表示该卡是会员卡还是储值卡。

是否积分:表示该卡是否需要进行积分。

卡类别:表示该卡享受的优惠类型。

初始储值额:表示该卡的初始金额。

缺省会费:表示该卡的开卡费用。

储值卡保底额:表示该卡在消费到该金额时不能继续消费,必须充值才可以继续消费。

有效期控制:表示该卡的有效期的设置,不选择表示没有有效期控制。

本次共生成:表示本次生成卡片的数量。

以上项目全部设置好后,就可以点击【生成】,系统会根据用户设置的项目进行卡号的生成。

(三)读卡器设置

如果需要进行写卡的话,还要设置写卡器的类型,设置完成后(如图 5-76 所示),点击【保存】就可以了。

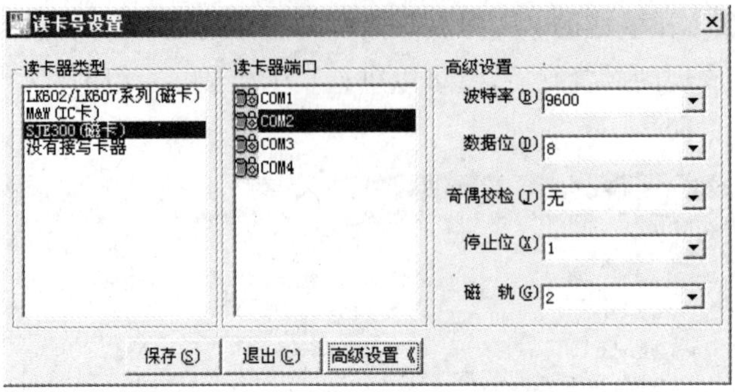

图 5-76 读卡器设置窗口

三、金卡发放

(一)业务介绍

金卡制作完成只表示金卡的号码已经产生,并不代表就可以进行消费了,还需通过发放这一步来将金卡发放到每一个消费者手中。

(二)进入界面

在导航图的【金卡中心】模块里选【金卡发放】或在【金卡】菜单里选【金卡发放】项进入金卡发放模块,如图 5-77 所示。

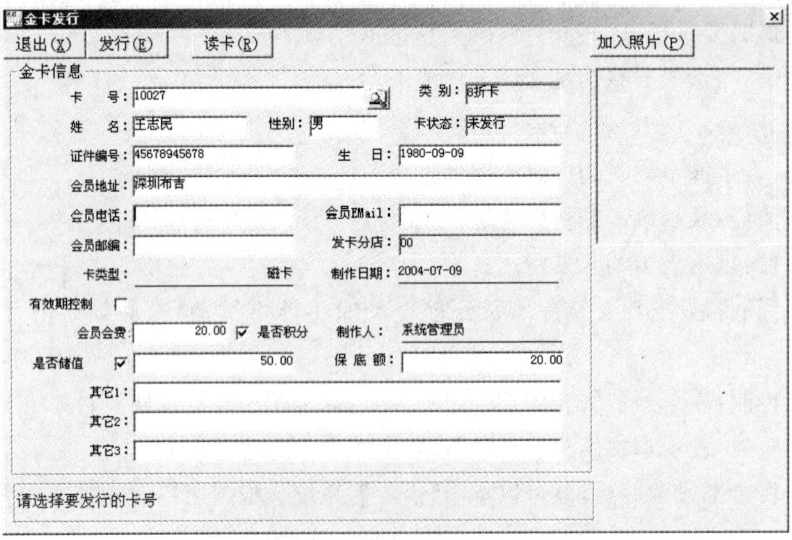

图 5-77 金卡发放窗口

进入发放界面,如果是 IC 卡或者是磁卡可点击【读卡】按钮,通过 IC 卡读写器或磁卡读写器将卡的号码读出，系统会自动调出该卡制作时的基本资料。

在此我们只需要输入会员的姓名、性别、证件编号、生日、地址、电话、E-mal：等信息。输入完成后点击【发行】按钮，系统提示输入金卡的密码（需输入两次）。密码输入完成后，整个发卡过程就已经完成。注意，已发行过的卡不能再次发行。

四、金卡档案

（一）业务介绍

金卡制作和发行后，用户可以在会员档案中查看发行过的会员卡资料，并可在此处进行修改、删除等操作。

（二）进入界面

在导航图的【金卡中心】模块里选【会员档案】或在【金卡】菜单里选【会员档案】项进入金卡档案模块，如图5-78所示。

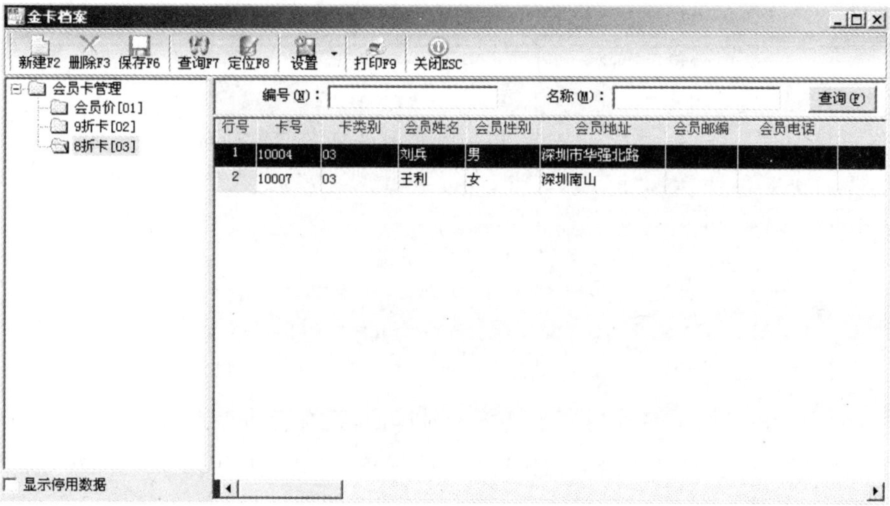

图5-78　金卡档案窗口

金卡发放完成后就可以在会员卡档案中显示出来如卡号、卡类别、会员姓名等资料。

1.新建：如果没有写卡器的话，也可以在此直接新建会员卡。点击【新建】，系统会弹出新建会员卡界面，在此界面中输入会员卡卡号、类别、姓名等基本资料，输入完成后保存即可。

2.删除：如果会员卡建错了，可通过【删除】按钮将新建的会员卡删除，但如果该会员卡已经有业务往来的话，就不能进行删除了。

3.修改：如需修改会员卡资料，可双击要修改的会员卡，然后在弹出的界面中输入要修改的项目，确认没有问题时点击【保存】就可以了。

五、金卡充值

(一)业务介绍

在客户消费一段时间后,发放的储值卡往往会出现余额不足的情况,此时,就必须对储值卡进行充值了。

(二)进入界面

在导航图的【金卡中心】模块里选【金卡充值】或在【金卡】菜单里选【金卡充值】项进入金卡充值模块,如图 5-79 所示。

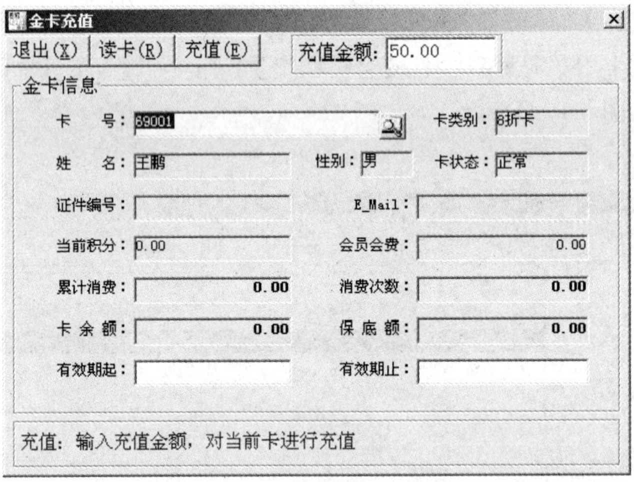

图 5-79　金卡充值窗口

输入会员卡的卡号或者通过读卡器将卡号读出,系统会将该卡号的会员资料调出来。在充值金额中输入要充值的金额,点击【充值】,系统会提示充值成功,这样,客户的账户就增加了刚刚充值的金额。

六、积分充减

(一)业务介绍

很多商家在会员卡的消费中都设置了积分操作,积分达到某个程度时可奖励某种商品,此时就需要对积分进行充减的操作了。

(二)进入界面

在导航图的【金卡中心】模块里选【积分冲减】或在【金卡】菜单里选【积分冲减】项进入积分冲减模块,如图 5-80 所示。

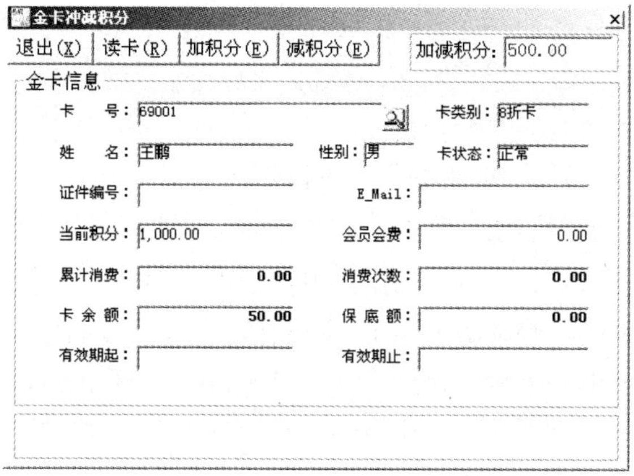

图 5-80　积分冲减窗口

输入会员卡的卡号或者通过读卡器将卡号读出,系统会将该卡号的会员资料调出来。

(三)输入加减积分数量

如果是减积分就点击【减积分】,如果是加积分就点击【加积分】,这样会员的积分就会相应的加上或减少用户输入的积分额。

七、金卡维护

(一)业务介绍

会员卡在管理过程中往往会发生一些其他的现象,比如卡丢失或卡坏等,金卡维护模块是专门用来处理这些特殊问题的。

(二)进入界面

在导航图的【金卡中心】模块里选【金卡维护】或在【金卡】菜单里选【金卡维护】项进入金卡维护模块,如图 5-81 所示。

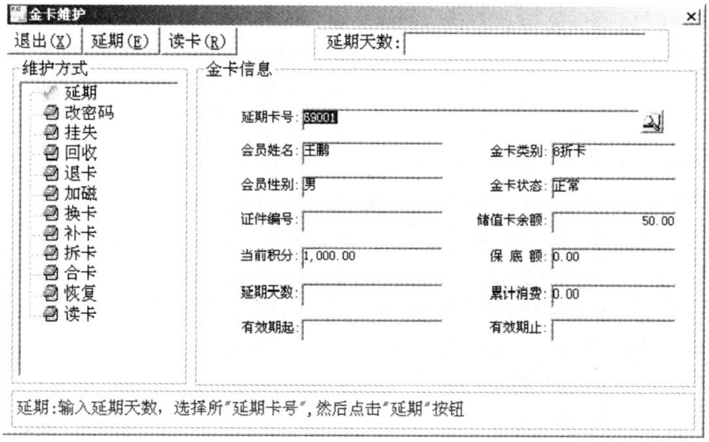

图 5-81　金卡维护窗口

延期:表示金额将要过期,需对金额进行延期操作。输入卡号和延期天数,点击【延期】按钮就可以了。

改密码:表示修改会员卡的密码。

挂失:表示会员的卡丢失,需要进行挂失操作。

回收:表示因会员卡到期或者其他原因需要对会员卡进行回收操作。

退卡:表示会员办理了会员卡后由于其他原因需要退回卡片。

加磁:表示会员卡的号码读不出来了,需进行再次写入号码操作。

换卡:表示会员卡由一个号码换到另一个号码,将原卡号的基本资料全部更新到新号码中。

补卡:表示会员卡丢失或损坏后可通过补卡获得一张新卡。

折卡:表示可将一张会员卡折成几张卡方便几个人同时使用。

合卡:表示可将几张会员卡合并成一张会员卡。

恢复:挂失的卡找回后通过此功能将卡进行恢复使用。

读卡:表示只读取卡中的信息。

项目小结:本项目为实训操作项目,主要训练采购管理、批发管理、卖场管理、库存管理、生鲜管理、财务结算以及金卡中心等模块的新建、修改和删除等基本操作技能。

思考题

1.采购管理

实训地点:学院仓储实训室。

实训准备:检查电源及各接口,启动计算机,运行商业分销系统教学软件。

实训安排:学生每4人一组,轮流上机操作,每组操作时间控制在10分钟左右。

实训内容:主要训练采购管理的业务流程、采购询价单、采购订货单、货商供货合同、入库验货单、退货返厂单、调价单等单证的填制及新建、修改、删除、打印等基本操作技能。

2.批发管理

实训地点:学院仓储实训室。

实训准备:检查电源及各接口,启动计算机,运行商业分销系统教学软件。

实训安排:学生每4人一组,轮流上机操作,每组操作时间控制在10分钟左右。

实训内容:主要训练批发管理的业务流程、客户报价单、批发调价单、销售订货单、客户退货单等单证的填制及新建、修改、删除、打印等基本操作技能。

3.卖场管理

实训地点:学院仓储实训室。

实训准备:检查电源及各接口,启动计算机,运行商业分销系统教学软件。

实训安排:学生每4人一组,轮流上机操作,每组操作时间控制在10分钟左右。

实训内容:主要训练卖场管理的业务流程,掌握前台实时监控、零售参数设置、盘点、卡服务设置等。此外还有收银操作日志、电子秤下发、折扣促销、特价促销、会员特价促销、限购促销、买一送一促销、量大从优、买100加1等基本操作技能的训练。

4.生鲜管理

实训地点:学院仓储实训室。

实训准备:检查电源及各接口,启动计算机,运行商业分销系统教学软件。

实训安排:学生每4人一组,轮流上机操作,每组操作时间控制在10分钟左右。

实训内容:主要训练对生鲜品的调价、促销、加工组装、加工拆分及生鲜损耗单等模块的新建、修改、删除和打印技能。

5.库存管理

实训地点:学院仓储实训室。

实训准备:检查电源及各接口,启动计算机,运行商业分销系统教学软件。

实训安排:学生每4人一组,轮流上机操作,每组操作时间控制在10分钟左右。

实训内容:主要训练库存指标的设定、库存调拨单的填制、商品的组装与拆分及盘点报告单的填制等操作技能。

6.财务结算

实训地点:学院仓储实训室。

实训准备:检查电源及各接口,启动计算机,运行商业分销系统教学软件。

实训安排:学生每4人一组,轮流上机操作,每组操作时间控制在10分钟左右。

实训内容:通过训练,主要掌握专柜合同、专柜费用单、专柜结算单、收银员缴款单等的填制要求,熟练掌握客户结算单、购销结算单、代销结算单、联营结算单、银行转账单等单证的新建、修改、删除和打印等基本操作技能。

项目六　连锁配送

知识目标

1.掌握连锁门店设置，理解总部与门店的数据传输与互换，传输日志、查询各分店价格等内容。

2.理解要货申请单的含义及内容、要货申请单与订货单的关系等。

技能目标

1.具备各模块的文字录入能力。

2.掌握连锁门店设置，掌握要货申请单的新建、修改、删除和打印操作，培养学生掌握总部对分部要货申请单的查询，配送出库、配送入库的新建、修改、删除和打印等技能。

问题导入

连锁经营的经营模式是分店与总店分开经营，联合管理。那么，连锁配送涉及哪些单证？连锁配送退货涉及有哪些单证？

第一节　连锁店通讯设置

一、业务介绍

连锁企业总部是整个连锁企业的核心机构，它是为配送中心和连锁门店提供服务的单位。总部具有执行全面管理计划以及商品开发、采购、配送、经营指导等多方面的功能，而门店在其支持和帮助下执行最终的销售功能。此模块主要用来设置总部与门店（即分部）的连接，以便进行相互间的数据、资料和各种信息的传输与互换沟通。

二、进入界面

在导航图的【连锁配送】模块里选【连锁店通讯设置】或在【连锁】菜单里选【连锁店通讯设置】项进入连锁店设置模块，如图 6-1 所示。

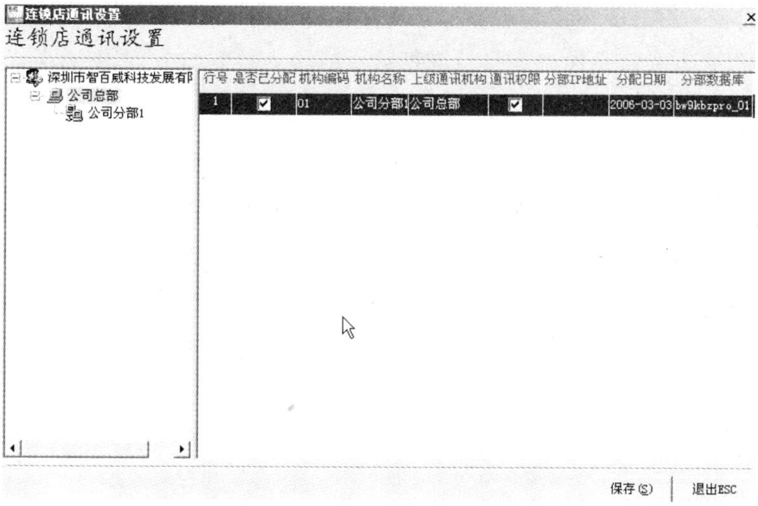

图 6-1　连锁店通讯设置操作界面

第二节　总部数据传输

一、业务介绍

本模块主要用于将总部数据传输给分部，以便分部及时了解和掌握总部的经营战略规划与部署经营方针与政策变动等信息。

二、进入界面

在导航图的【连锁配送】模块里选【总部数据传输】或在【连锁】菜单里选【总部数据传输】项进入总部数据传输模块，如图 6-2 所示。

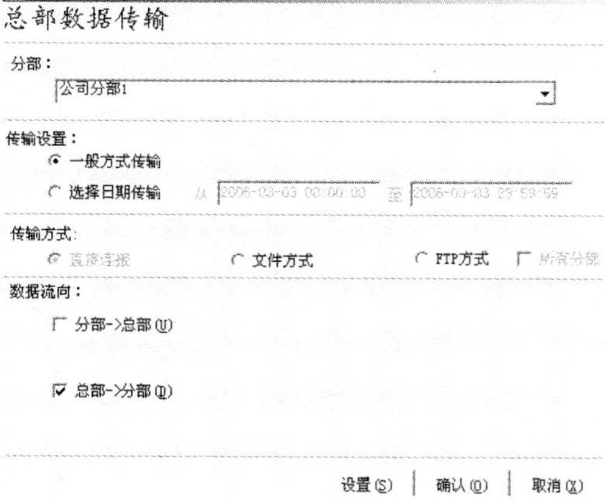

图 6-2　总部数据传输窗口

传输方式有一般方式传输与选择日期传输两种，如选择日期传输，传输方式又可选择文件方式或 FTP 方式。文件方式是总部把数据打包直接发给分部，分部接收总部发过来的数据包；FTP 方式是总部把数据打包发到网络上，分部从网络上下载总部数据。

第三节　分部数据传输

一、业务介绍

本模块主要用于将分部数据传输给总部，以便总部随时了解和掌握分部的经营销售信息。

二、进入界面

在导航图的【连锁配送】模块里选【分部数据传输】或在【连锁】菜单里选【分部数据传输】项进入分部数据传输模块，如图 6-3 所示。

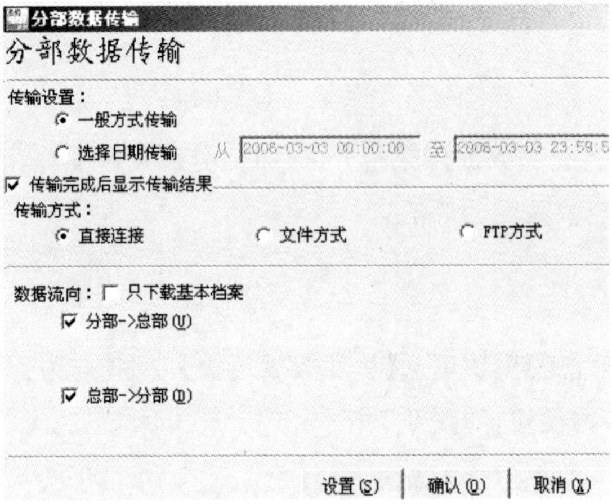

图 6-3　分部数据传输窗口

传输方式有一般方式传输与选择日期传输两种，如选择日期传输，传输方式又可选择文件方式或 FTP 方式。文件方式是分部把数据打包直接发给总部，总部接收分部发过来的数据包；FTP 方式是分部把数据打包发到网络上，总部从网络上下载分部数据。

第四节　传输日志

一、业务介绍

查询分部数据与总部数据互换记录并可选择单条数据重新下发。

二、进入界面

在导航图的【连锁配送】模块里选【传输日志】或在【连锁】菜单里选【传输日志】项进入传输日志模块，如图 6-4 所示。

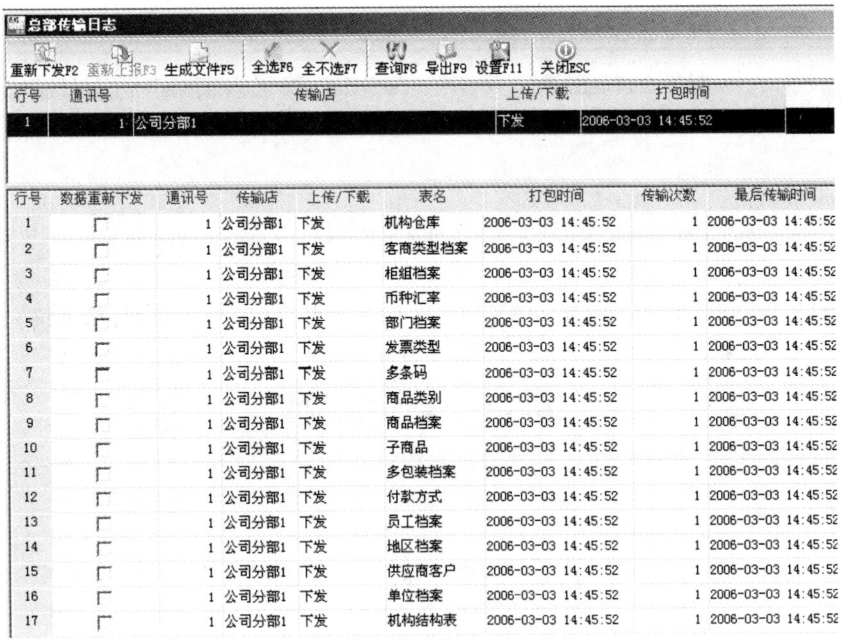

行号	通讯号	传输店	上传/下载	打包时间
1	1	公司分部1	下发	2006-03-03 14:45:52

行号	数据重新下发	通讯号	传输店	上传/下载	表名	打包时间	传输次数	最后传输时间
1	☐	1	公司分部1	下发	机构仓库	2006-03-03 14:45:52	1	2006-03-03 14:45:52
2	☐	1	公司分部1	下发	客商类型档案	2006-03-03 14:45:52	1	2006-03-03 14:45:52
3	☐	1	公司分部1	下发	柜组档案	2006-03-03 14:45:52	1	2006-03-03 14:45:52
4	☐	1	公司分部1	下发	币种汇率	2006-03-03 14:45:52	1	2006-03-03 14:45:52
5	☐	1	公司分部1	下发	部门档案	2006-03-03 14:45:52	1	2006-03-03 14:45:52
6	☐	1	公司分部1	下发	发票类型	2006-03-03 14:45:52	1	2006-03-03 14:45:52
7	☐	1	公司分部1	下发	多条码	2006-03-03 14:45:52	1	2006-03-03 14:45:52
8	☐	1	公司分部1	下发	商品类别	2006-03-03 14:45:52	1	2006-03-03 14:45:52
9	☐	1	公司分部1	下发	商品档案	2006-03-03 14:45:52	1	2006-03-03 14:45:52
10	☐	1	公司分部1	下发	子商品	2006-03-03 14:45:52	1	2006-03-03 14:45:52
11	☐	1	公司分部1	下发	多包装档案	2006-03-03 14:45:52	1	2006-03-03 14:45:52
12	☐	1	公司分部1	下发	付款方式	2006-03-03 14:45:52	1	2006-03-03 14:45:52
13	☐	1	公司分部1	下发	员工档案	2006-03-03 14:45:52	1	2006-03-03 14:45:52
14	☐	1	公司分部1	下发	地区档案	2006-03-03 14:45:52	1	2006-03-03 14:45:52
15	☐	1	公司分部1	下发	供应商客户	2006-03-03 14:45:52	1	2006-03-03 14:45:52
16	☐	1	公司分部1	下发	单位档案	2006-03-03 14:45:52	1	2006-03-03 14:45:52
17	☐	1	公司分部1	下发	机构结构表	2006-03-03 14:45:52	1	2006-03-03 14:45:52

图 6-4　传输日志操作界面

第五节　各分店价格

一、业务介绍

本模块用于总部查询所属各分店的商品单价、批发价、零售价等信息，各分部也可查询各自门店的商品价格。

二、进入界面

在导航图的【连锁配送】模块里选【各分店价格】或在【连锁】菜单里选【各分店价格】项进入各分店价格模块，如图 6-5 所示。

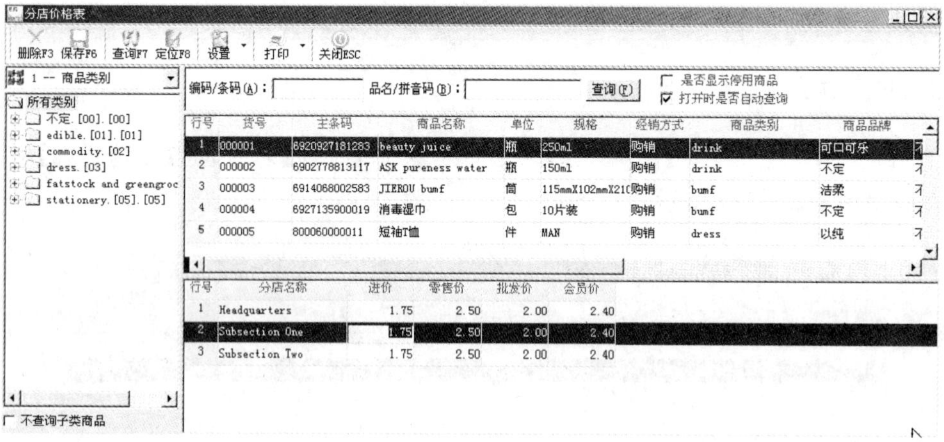

图 6-5 分店价格操作界面

总部可以查询所有分部的商品价格，而分部只能查询自己本部的商品价格。

第六节 要货申请单

一、业务介绍

分部需要补货时通过要货申请单来向总部申请补货。

二、进入界面

在导航图的【连锁配送】模块里选【要货申请单】或在【连锁】菜单里选【要货申请单】项进入要货申请单模块，如图 6-6 所示。

图 6-6 要货申请单操作界面

三、新建要货申请单

1.当打开要货申请单窗口时，该窗口即处于新建状态。如果该窗口处于修改状态，可以通过点击【新建】使其处在新建状态，此时即可输入一张新的要货申请单。

选择目标机构：在“目标机构”栏的下拉列表框中选择相应的机构。

有效期：系统默认有效期为当天，可以修改。

单据号：系统自动连续编号，不可以修改。

业务员：选择负责该单的业务员。

录入备注：在编辑框中录入采购商品的有关事项。

2.在窗口下部明细列表框中录入要货的商品名称、数量、单价等信息。

输入要货的商品：在商品编码栏直接输入相应商品编码；通过双击该栏目弹出“商品档案”对话框，选择商品。

已配出数量：目标机构配送出商品的数量。

完成数量：目标机构已配送出且申请仓库已做了配送入库的数量。

3.每张要货申请单可以申请多种商品，在录完一种商品后用鼠标按右键增加一行；用键盘回车到下一行增加另一种商品明细。

4.点击【保存】保存单据，保存完后马上会提示是否审核，如需审核则点【是】，不需要审核就点击【否】。要注意的是，单据一经审核就不能进行修改操作了。

四、修改要货申请单

1.浏览要修改的要货申请单：通过点击【浏览】，在切换到的业务查找窗口中选出要修改的要货申请单。

2.在找出的要货申请单中修改任何需要修改的内容。

3.单击【保存】保存对该订单的修改；单击【关闭】放弃对该要货申请单的修改并关闭

该窗口。要注意的是,如果该单已经审核了的话,那就不能修改了。

五、删除要货申请单

1.采用修改要货申请单中介绍的办法,查找到要删除的要货申请单。

2.点击【删除】,系统弹出对话框,询问是否确实要删除该单据。选择【是】则相应的要货申请单被删除;选择【否】则放弃删除该要货申请单。要注意的是,如果该单已经审核了的话,那就不能删除了。

六、打印要货申请单

如需将要货申请单打印出来,直接点击工具栏上的【打印】按钮即可完成打印工作。

数据影响:此单据生效后目标机构的库存金额减少,申请仓库的库存金额增加。

第七节　分部要货查询

一、业务介绍

用来查询要货单的要货与配送情况。

二、进入界面

在导航图的【连锁配送】模块里选【分部要货查询】或在【连锁】菜单里选【分部要货查询】项进入分部要货查询模块,如图 6-7 所示。

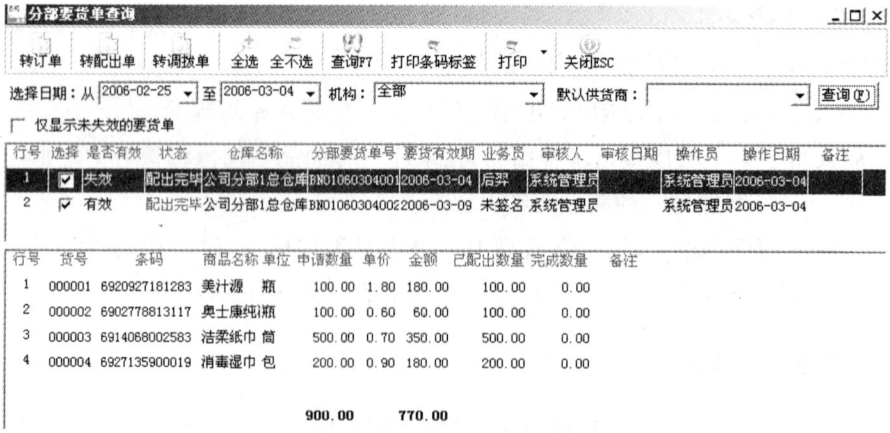

图 6-7　分部要货查询操作界面

1.查询:单击【查询】即可查出要货单的消息,如想显示失效的要货单(即过期的单),

把左边的"仅显示未失效的要货单"打钩即可。

2.转订单:分部的要货申请单传输到总部,总部首先通过查询查找出来,再单击【转订单】,便可生成订货单。

3.转配出单:要货申请单转订单审核后,再单击【转配出单】,即可生成配送出库单配出到分部。

4.转调拨单:配送出库单生成后单击【转调拨单】,生成调拨单用于商品库存的调拨处理。

第八节 配送出库

一、业务介绍

根据要货单或直接配送出库单上的商品,进行配送出库的操作,此模块用于配送商品在分部的出库处理。

二、进入界面

在【连锁】菜单里选【配送出库】项进入配送出库模块,如图 6-8 所示。

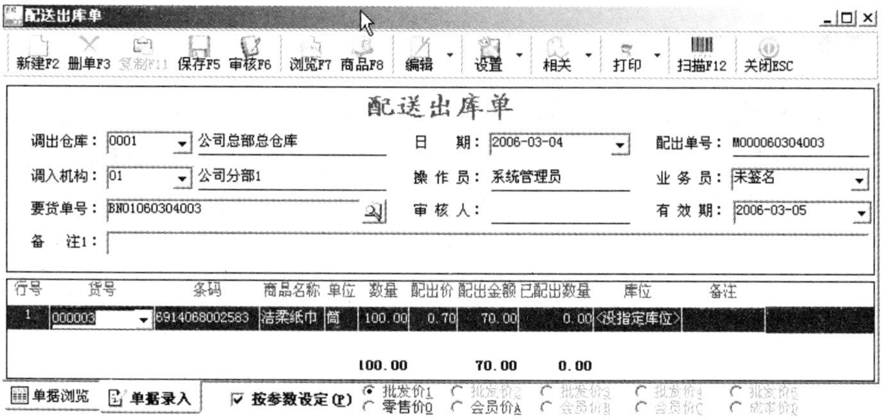

图 6-8 配送出库操作界面

三、新建配送出库单

1.当打开配送出库单窗口时,该窗口即处于新建状态。如果该窗口处于修改状态,可以通过点击【新建】使其处在新建状态,此时即可输入一张新的配送出库单。

2.选择调出仓库与调入机构。如果是根据要货单来配送,可以不用选择调出仓库与调入机构。

有效期:系统默认有效期为一天,可以修改。

单号:系统自动连续编号,不可以修改。

业务员:选择负责该单的业务员。

录入备注:在编辑框中录入其他有关事项。

3.在窗口下部明细列表框中录入商品名称、数量、配出价格等。

输入配送出库单的品名规格:在商品编码栏直接输入相应商品编码;通过双击该栏目弹出“商品档案”对话框,选择商品。

4.点击【保存】保存单据,保存完后马上会提示是否审核,如需审核则点【是】,不需要审核就点击【否】。要注意的是,单据一经审核就不能进行修改操作了。

四、修改配送出库单

1.浏览要修改的配送出库单:通过点击【浏览】,在切换到的业务查找窗口中选出要修改的配送出库单。

2.在找出的配送出库单中修改任何需要修改的内容。

3.单击【保存】保存对该单的修改;单击【关闭】放弃对该单的修改并关闭该窗口。要注意的是,如果该单已经审核了的话,那就不能修改了。如需修改,需要反审核才可以修改,但如果配送出库机构已下载此单并做了入库,就不能进行反审核操作了。

五、删除配送出库单

1.采用修改配送出库单中介绍的办法,查找到要删除的配送出库单。

2.点击【删除】,系统弹出对话框,询问是否确实要删除该单据。选择【是】则相应的配送出库单被删除;选择【否】则放弃删除该配送出库单。要注意的是,如果该单已经审核了的话,那就不能删除了。

六、打印配送出库单

如需将配送出库单打印出来,直接点击工具栏上的【打印】按钮即可完成打印工作。

数据影响:此单据生效后,调出仓库的库存金额数量减少。

第九节　配送入库

一、业务介绍

根据要货单或调拨单直接将调入商品进行验收入库,此模块用于配送商品在分部的入库处理。

二、进入界面

在【连锁】菜单里选【配送入库】项进入配送入库模块，如图 6-9 所示。

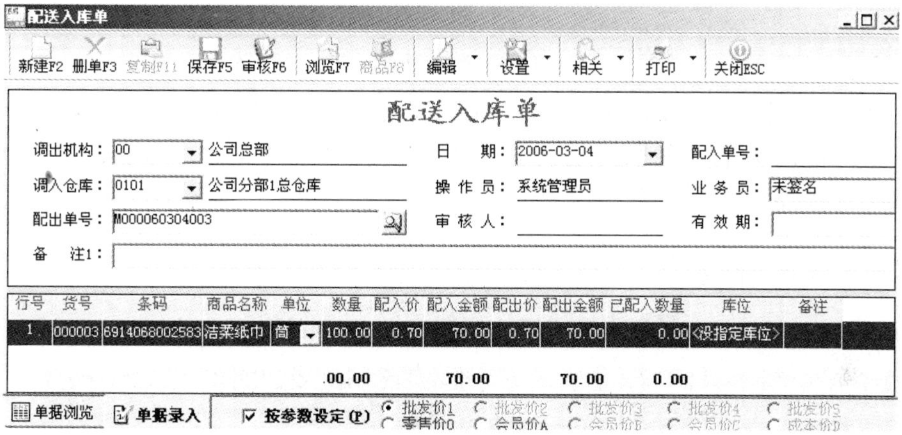

图 6-9　配送入库操作界面图

三、新建配送入库单

1.当打开配送入库单窗口时，该窗口即处于新建状态。如果该窗口处于修改状态，可以通过点击【新建】使其处在新建状态，此时即可输入一张新的配送入库单。

2.选择调出机构与调入仓库，如果是根据要货单来配送，可以不用选择调出机构与调入仓库。

有效期：系统默认有效期为一天，可以修改。

单号：系统自动连续编号，不可以修改。

业务员：选择负责该单的业务员。

录入备注：在编辑框中录入其他有关事项。

3.在窗口下部明细列表框中录入商品名称、数量、配出价格等。

输入配送入库单的品名规格：在商品编码栏直接输入相应商品编码；通过双击该栏目弹出“商品档案”对话框，选择商品。

4.点击【保存】保存单据，保存完后马上会提示是否审核，如需审核则点【是】，不需要审核就点击【否】。要注意的是，单据一经审核就不能进行修改操作了。

四、修改配送入库单

1.浏览要修改的配送入库单：通过点击【浏览】，在切换到的业务查找窗口中选出要修改的配送入库单。

2.在找出的配送入库单中修改任何需要修改的内容。

3.单击【保存】保存对该单的修改;单击【关闭】放弃对该单的修改并关闭该窗口。要注意的是,如果该单已经审核了的话,那就不能修改了。如需修改,要反审核才可以进行修改操作,但如果配送入库机构已下载此单并做了入库,就不能进行反审核操作了。

五、删除配送入库单

1.采用修改配送入库单中介绍的办法,查找到要删除的配送入库单。

2.点击【删除】,系统弹出对话框,询问是否确实要删除该单据。选择【是】则相应的配送入库单被删除;选择【否】则放弃删除该配送入库单。要注意的是,如果该单已经审核了的话,那就不能删除了。

六、打印配送入库单

如需将配送入库单打印出来,直接点击工具栏上的【打印】按钮即可完成打印工作。

数据影响:此单据生效后,调出机构的库存金额数量减少,调入机构的库存金额数量增加。

项目小结:本项目为实训操作项目,主要是让学生通过训练掌握连锁门店设置,总部与门店的数据传输与互换,传输日志,查询各分店价格,要货申请单的新建、修改、删除和打印等操作;总部对分部要货申请单的查询,配送出库、配送入库的新建、修改、删除和打印等技能。

思考题

连锁配送操作实训

实训地点:学院仓储实训室。

实训准备:检查电源及各接口,启动计算机,运行商业分销系统教学软件。

实训安排:学生每 4 人一组,轮流上机操作,每组操作时间控制在 10 分钟左右。

实训内容:通过训练主要掌握连锁门店设置,理解总部与门店的数据传输与互换,传输日志,查询各分店价格,要货申请单的新建、修改、删除和打印操作。熟练掌握总部对分部要货申请单的查询,配送出库、配送入库的新建、修改、删除和打印等操作技能。

项目七　后台决策支持管理

知识目标

1.掌握后台决策支持管理的功能。

2.理解系统参数设置、账户管理、局域网管理、前台操作记录、后台日志管理、系统数据管理、查询等内容。

3.掌握后台决策支持系统的作用。

技能目标

1.能对系统储存的大量数据进行实时分析，支持中层和高层管理人员根据分析的结果进行管理和决策，从而减少成本和提高效益。

2.主要掌握系统参数设置、账户管理、局域网管理、前台操作记录、后台日志管理、系统数据管理、查询等功能的运用能力。

问题导入

基于一定数学模型的定量化技术应用领域广泛，可适用于商品进、销、调、存、配的一系列环节，如商品采购数量、采购品种、采购周期的定量控制，商品销售目标的预测和商品销售比重的定量化分析，商品库存的数量、品种、存储周期等的定量计算等。连锁企业有哪些数据报表？后台人员组成如何，有什么要求？

第一节　决策支持管理概述

一、设计思路

由于用户需要站在他们各自的立场上分析数据，因而他们的要求是多样化的。为此，后台的决策支持系统打破了以往系统那种报表项目、报表格式的固定框架，给用户提供了一个工具，让用户可以用这个工具做自己所需的各种各样的报表。

二、实现方法和手段

商业分销系统提供的查询工具相当于为用户量身定做的查询系统，用户也可自己构造查询系统。“查询定义工具”基于系统数据结构和SQL查询语言，要求对有关业务流程

(数据关系)和 SQL 语言有相当理解,因此,“查询工具”是面向系统管理员的。

第二节　系统管理

系统管理可用于设置系统运行的参数和一些预置值,对登录系统的人员进行管理和控制,对局域网进行管理,对前台操作及后台工作进行记录,还提供用于分析的查询功能,可对系统数据进行备份、恢复等管理。

一、局域网管理

通常,商业的自动化管理系统都不是单台机器的简单运行,而是一个复杂的计算机网络,尤其是在连锁经营下更是如此。整个系统的运作要通过广域网进行,在某一单店、连锁店或商场内部,则是通过局域网管理,进行必要的信息发送或数据传输。

二、前台操作记录

商业分析系统记录前台收银员的操作过程。系统管理员可以在后台对这些事件进行监控,从而掌握前台收银员的工作情况,同时给前台收银机维护提供有效的信息。前台记录如图 7-1 所示。

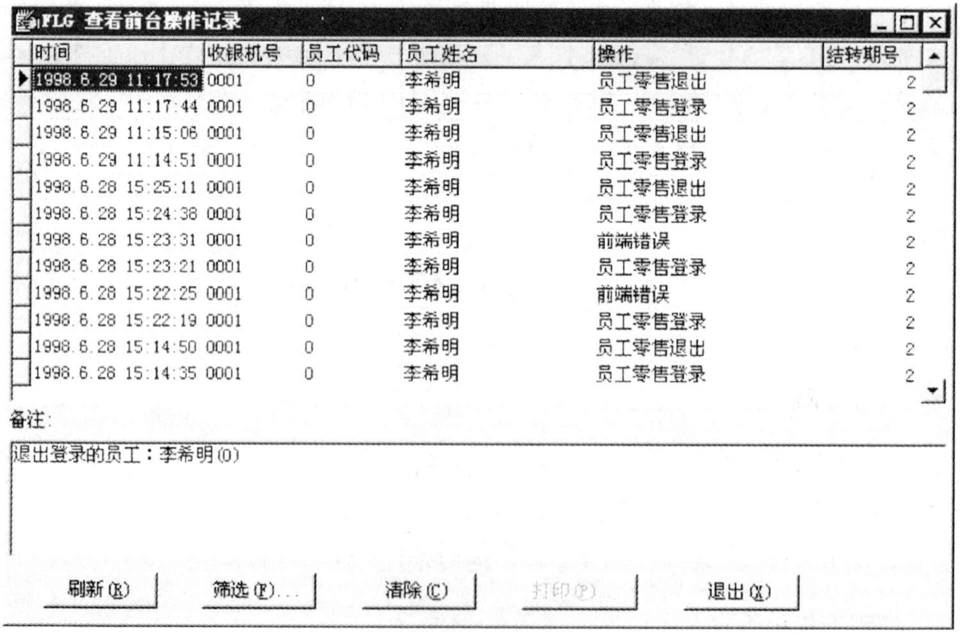

时间	收银机号	员工代码	员工姓名	操作	结转期号
1998.6.29 11:17:53	0001	0	李希明	员工零售退出	2
1998.6.29 11:17:44	0001	0	李希明	员工零售登录	2
1998.6.29 11:15:06	0001	0	李希明	员工零售退出	2
1998.6.29 11:14:51	0001	0	李希明	员工零售登录	2
1998.6.28 15:25:11	0001	0	李希明	员工零售退出	2
1998.6.28 15:24:38	0001	0	李希明	员工零售登录	2
1998.6.28 15:23:31	0001	0	李希明	前端错误	2
1998.6.28 15:23:21	0001	0	李希明	员工零售登录	2
1998.6.28 15:22:25	0001	0	李希明	前端错误	2
1998.6.28 15:22:19	0001	0	李希明	员工零售登录	2
1998.6.28 15:14:50	0001	0	李希明	员工零售退出	2
1998.6.28 15:14:35	0001	0	李希明	员工零售登录	2

图 7-1　前台操作记录操作界面

后台系统把后台工作站事件划分为 10 个基本类，涉及操作员动作和数据流转轨迹，具体来说就是人（操作员）、时间、地点（工作站）、动作（功能模块）、事件内容等，基本功能是进入模块、退出模块、新增记录、修改记录、删除记录、进入系统、退出系统等。

三、定义菜单结构

在后台系统中，用户可以构造自己的菜单系统，根据员工的权限不同定制个人的操作菜单结构。

四、查询工具与查询模块管理

查询工具可将做出的查询文件进行标准的文件处理，也可以将查询结果存为 DBF，以便作为财务系统进行员工业绩考核的必要信息。对用"查询工具"做出的查询文件进行管理操作，包括新增查询模块、修改查询模块、删除查询模块等。查询文件只有经过该模块的注册后，才能作为系统的合法模块链接到菜单项使用。

五、系统备份、恢复、清除

在数据库系统中，数据安全至关重要。数据备份是维护数据安全的重要手段之一。系统能够利用各种各样的存储介质保存数据资料，分散数据风险，同时提供相应的数据恢复和清理手段，从而为用户提供简单而有效的数据安全策略。实际操作时，数据的备份、恢复、清除工作应由系统管理员来完成。

第三节　后台管理系统中的定量分析技术

本节主要介绍库存管理中的最常用的几种定量化技术。

一、库存商品数量的决定

（一）基本知识

自然界有很多如下现象，如有人对一小时内传呼台接到电话用户的呼唤次数统计如下，见表7-1。

表 7-1　一小时内传呼台接到电话用户的呼唤频数表

呼叫次数	0	1	2	3	4	5	6
频数	5	8	11	17	10	6	3

频率图如图 7-2 所示。从图 7-2 可以看出，正态分布的特征是概率曲线中间高，两头低，呈倒钟形分布。

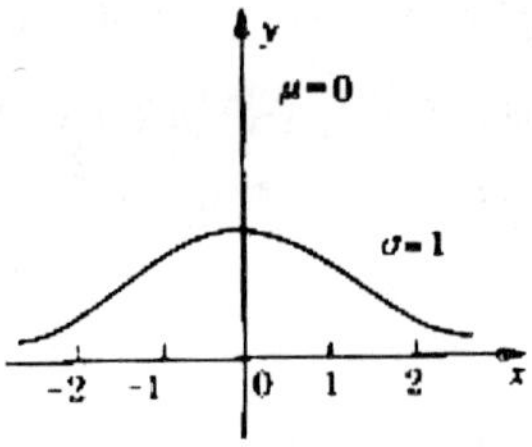

图 7-2 频率示意图

均值和标准差 $s=\sqrt{\frac{(x_i-\overline{x})^2+(x_2-\overline{x})^2+\cdots+(x_n-\overline{x})^2}{n}}$

$$=\sqrt{\frac{\sum(x-\overline{x})^2 f}{\sum f}}$$

(二)库存商品数量的确定

如已知某连锁企业某一商品的月销售量如表 7-2：

表 7-2 某连锁企业某一商品的月销售量统计表

月销售量(x_i)件	频数(f_i)
200	1
250	3
300	5
350	8
400	4
450	3
500	1
合计	25

根据表 7-2 提供的资料整理计算，如表 7-3 所示：

表 7-3 某连锁企业某一商品的月销售量频数统计表

月销售量(x_i)件	频数(f_i)	$x_i-\overline{x}$	$(x_i-\overline{x})^2 f_i$
200	1	−148	21904
250	3	−98	28812
300	5	−48	11520

续表

月销售量(x_i)件	频数(f_i)	$x_i-\bar{x}$	$(x_i-\bar{x})^2 f_i$
350	8	2	32
400	4	52	10816
450	3	102	31212
500	1	152	23104
合计	25		127400
$\bar{x}=348$		$Q=72.9$	

1.最低库存量的确定。

如果缺货概率为0.1%，

则：$\dfrac{x-\bar{x}}{6}\in N(0.1)$

$\dfrac{x-\bar{x}}{6}=3$

$\bar{x}=\dfrac{1}{n}(x_1+x_2+x_3+\cdots+x_n)$

最低库存量 $Q_{\min}=\bar{x}\pm3\sigma=348+3\times72.9=566$。

2.经济订购量的确定。

设某连锁企业对某类商品的年需要量为A，单位商品进价为C，每次订货量为Q，每次订货费用为P，平均库存量为Q/2，单位商品年度库存保管费用为H。则年度商品总费用为：

$TC=\dfrac{A}{Q}P+\dfrac{Q}{2}H+QC$。

求总费用 TC 对批量 Q 的一阶微分，并令其等于零。即

$\dfrac{dTC}{dQ}=-\dfrac{AP}{Q^2}+\dfrac{H}{2}$　并令 $\dfrac{dTC}{dQ}=0$　则：$EOQ=\sqrt{\dfrac{2AP}{H}}$。

3.最高库存量的确定。

最高库存量＝最低库存量＋经济存量，即 $Q_{\max}=Q_{\min}+EOQ$。

假设此商品年销量40000件，每件年度存储费用4元，每次进货费用200元。则：

$Q_{\max}=566+\sqrt{\dfrac{2\times40000\times200}{4}}=566+2000=2566$。

二、库存商品存储时间的确定

库存商品的存储时间，一般可以以商业企业要实现的一定利润目标为基准，允许商品存储的最长时间。其计算公式如下：

$$存储时间=\frac{毛利-销售税金-固定费用-目标利润}{日增长费用}$$

假设某商品毛利为20000元，固定费用为4000元，税金为3400元，日增长费用为100元，目标利润为5000元，则保利期为：

(20000－4000－3400－5000)/100＝76。

三、库存商品结构的确定

连锁企业有很多种商品，在管理中对不同种类、不同价值量的商品的重视程度和管理方法也不同。如对一台冰箱和一块香皂的重视程度和管理方法是不同的。企业通常采用ABC分类管理方法，A类是种类少且价值量大的商品，需严格管理、重点控制，通常要按每次确定的经济订购量进行采购进货；C类是种类繁多且价值量小的便宜商品，需集中采购，以节约采购费用，属于一般管理的商品；B类商品居于A类商品和C类商品中间，注意加强日常管理即可。

ABC分类管理方法又称ABC分析法，是将商品按品种数的多少和资金占用额的大小划分为A、B、C三大类，区别主次以进行管理的方法。分类标准如表7-4：

表7-4　商品按品种数的多少和资金占用额ABC分类表

商品类别	库存商品品种累计占全部品种数的百分比	资金累计占全部资金总额的百分比
A	5%～10%	70%～80%
B	20%～30%	10%～20%
C	60%～70%	5%～10%

第四节　后台人员组成及要求

所有的后台人员分成操作层和管理层两类。

管理层中应有一个总负责，即CIO。CIO不仅仅是计算机部或信息中心的负责人，更应是企业决策层中的重要成员。

操作层人员则要有相应的连锁经营管理的业务素质和计算机操作能力。信息中心是企业最核心的部门，它用信息指导企业的运作。所以，信息中心的工作人员应熟练掌握网络技术、信息技术及计算机技术，熟悉计算机的使用与维护技术，具有较强的计算机系统软件维护、使用和操作的能力。因此，后台人员应该以计算机专业人员为主，商业专业人员为辅。

第五节 重要数据报表

为了方便地查询数据，本系统汇集了一些重要数据报表。

前后台销售汇总：商品的批发零售汇总。

毛利分析报表：根据商品单价分析批发销售毛利与前台零售毛利。

销售排行榜：根据商品的销售数量来排行，排行方式有畅销(销售数量较多的)和滞销(销售数量很少的)两种。

营业日报表：反映每天仓库的进销存状况，处理前台销售、后台批发与退货的总额与毛利总额及前后台的占比、入库、返厂、调拨总额。

毛利对比表：每月毛利与上月毛利对比分析表。

客流量分析：每月卖场客流量与上月的客流量对比分析报表。

A库有存B库无商品：查询A库有库存、B库无库存的商品的名称、规格、单位、库存数量、库存均价与库存金额。

有入库无出库商品：查询有入库无出库商品，即呆滞商品。

有出库无入库商品：查询有出库无入库的商品，即商品可能到货但没有做入库就已经出库的商品，要查询出来并做库存充减。

未发生业务商品：查询未发生过任何业务的商品。

库存异常报警：即查询库存不足、库存积压、无库存、负库存与未动销库存的商品。

近效期商品报警：查询还有多少天到商品保质期的商品，早处理，避免过期作废，浪费成本。

货商账龄分析：分析与货商的应付账款。

客户账龄分析：分析与客户的应付账款。

应收账款提示：在指定查询时间段内查询与客户的业务单据未结清情况报表。

应付账款提示：在指定查询时间段内查询与供应商的业务单据未结清情况报表。

员工生日报表：在查询时间段内生日的员工汇总表。

员工考勤报表：查询员工在查询时间段内的考勤记录汇总，即迟到、早退、加班与上班天数的统计数量。

员工工资报表：即员工工资签名表。已领工资的员工必须签名。

客户信誉度报警：查询客户信誉额度，根据客户欠款与信誉额度向客户催款。

项目小结：本项目为实训操作项目，主要通过训练使学生正确认识和初步掌握系统管理，如局域网管理、前台操作记录查询、定义菜单结构等基本操作；理解和掌握后台决策定量分析技术，如库存商品数量、库存时间、库存结构等的确定；此外还要了解后台人员的组成及要求、后台重要的数据报表等。

思考题

后台决策支持系统管理实训

实训地点:学院仓储实训室。

实训准备:检查电源及各接口,启动计算机,运行商业分销系统教学软件。

实训安排:学生每4人一组,轮流上机操作,每组操作时间控制在10分钟左右。

实训内容:通过训练主要掌握系统管理,如局域网管理、前台操作记录查询、定义菜单结构等基本操作;理解和掌握后台决策定量分析技术,如库存商品数量、库存时间、库存结构等的确定;此外还要了解后台人员的组成及要求、后台重要的数据报表等。

项目八　商品编码技术

知识目标

1.了解商品编码、商品编码分类。

2.理解条形码的含义，掌握条形码的应用。

3.弄清二维码及其应用，理解RFID电子标签及其应用。

技能目标

1.能正确分辨各种条码，懂得商品编码与商品条码的不同，能够正确使用各种条码扫描仪。

2.具有条码识别、商品编码技术和条码技术的运用能力。

问题导入

在HDPOS系统中已存在的商品代码是什么码？它是以什么方式编制这种码的？连锁企业中运用了两种商品代码，一种是商品条形码，另一种是商品编码，它们有什么不同？

第一节　商品编码

商品编码是指用一组阿拉伯数字标识商品的过程，这组数字也称为代码。商品的编码没有绝对固定的格式或规定，由企业自己确定。

一、商品编码的原则

（一）唯一性原则

编码时必须保证每一商品都有编码，并且每一商品只有一个编码。

（二）规范化原则

商品编码虽有随意性，但必须有一定的编码规则。

商业企业通常使用的商品可能分类方法如图8-1所示：

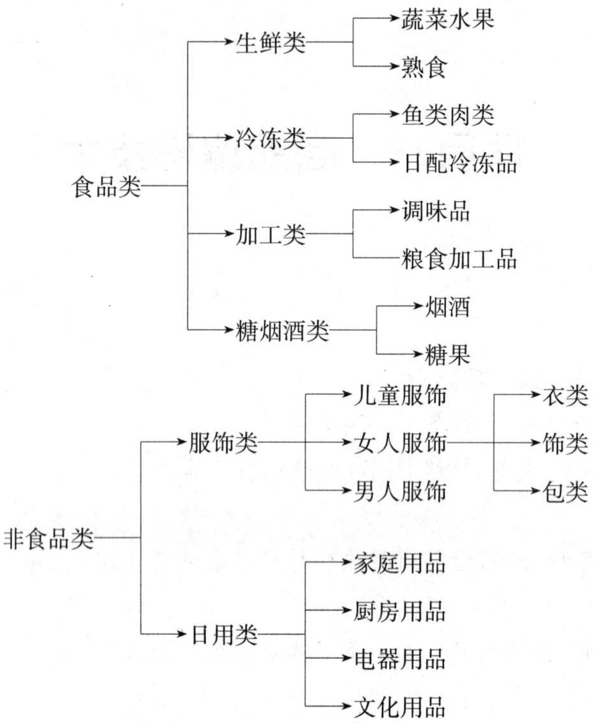

图 8-1 商业企业商品分类示意图

二、商品分类编码

商品的类别层次为三级：大类、种类、小类，如表 8-1 所示：

表 8-1 商品分类及编码表

大类	种类	小类
食品	冷冻生鲜	龙凤 QQ 小水饺
01	002	3458
服装	女式服装	女式印花毛衫(M)
02	002	5698

第二节 条形码技术

一、商品条形码的含义

商品的条形码技术是一种先进的物品编码技术，类似于莫尔斯电报码的点线组合。商品条形码是在商品外表借助不同宽度的亮、暗条组合来表示商品的编码，如图 8-2 所示。

图 8-2　商品条形码示意图

条形码进入电脑的程序为：扫描条码—光电转换—光电整形—译码—数字代码—输入电脑。

二、商品条形码的组成及优点

目前，世界上常用的码制有 ENA 条形码、UPC 条形码、25 条形码、交叉 25 条形码、库德巴条形码、39 条形码和 128 条形码等，商品上最常使用的就是 EAN 商品条形码。EAN 商品条形码亦称通用商品条形码，由国际物品编码协会制定，通用于世界各地，是目前国际上使用最广泛的一种商品条形码。我国目前在国内推行使用的也是这种商品条形码。EAN 商品条形码分为 EAN-13（标准版）和 EAN-8（缩短版）两种。

EAN-13 通用商品条形码一般由前缀部分、制造厂商代码、商品代码和校验码组成。商品条形码中的前缀码是用来标识国家或地区的代码，赋码权在国际物品编码协会，如 00—09 代表美国、加拿大，690—692 代表中国大陆。制造厂商代码的赋权在各个国家或地区的物品编码组织，我国由国家物品编码中心赋予制造厂商代码。商品代码是用来标识商品的代码，赋码权由产品生产企业自己行使。生产企业按照规定条件自己决定在自己的何种商品上使用哪些阿拉伯数字为商品条形码。商品条形码最后用 1 位校验码来校验商品条形码中左起第 1—12 位数字代码的正确性。

商品条形码（如图 8-3 所示）由两侧静区、起始字符、数据字符、校验字符和终止字符组成。

图 8-3　商品编码组成示意图

以 690、691、692 开头，4 位代表厂商，5 位代表商品，1 位校验位。

商品条形码的优点是：通用性好，全世界范围内通用；输入速度快，速度是键盘的 5 倍；可靠性高，出错率低于百万分之一；采集信息量大，一维条码一次可采集几十位字符信息，二维条码可携带数千个字符；灵活、实用。

商品条形码主要应用于零售业、图书馆、仓储管理与物流跟踪管理等。

三、商品条形码的分类

（一）39 条形码

39 条形码是第一种可以使用数字和英文的条形码，由数字、英文字母及“－”“.”“/”“＋”“%”“$”“空格”“*”等共 44 个符号组成。

39 条形码仅有两种元素，即宽元素和窄元素。宽元素的宽度是窄元素的 1—3 倍，宽元素二进制值为“1”，窄元素二进制值为“0”。39 条形码的每一个条码字符由 9 个元素组成，其中有 3 个宽元素，其余是窄元素。

（二）ENA 条形码

ENA 条形码由国际物品编码协会制定。标准版由 13 位数字组成，又称 EAN-13 码。缩短版由 8 位数字组成，又称 EAN-8 码。

（三）UPC 条形码

1973 年，美国制定了标准商品码（Universal Product Code），即 UPC 条形码。

（四）金额条形码

电子秤直接打印出来的码，如图 8-4 所示。

图 8-4　金额条形码示意图

（五）二维条形码

二维条形码是一种在水平方向和垂直方向均带有信息的条形码。

使用二维条码可以解决很多问题，如可表示包括汉字在内的小型数据文件；可在有限的面积上（如电子芯片上）表示大量信息；可对“物品”进行精确描述；可防止对各种数据、证件、卡片及单证的仿造；可在远离数据库和不便联网的地方实现数据采集。

国内最常见的二维条形码主要有 PDF417、Code 49 等，如图 8-5 所示。

图 8-5　二维条形码示意图

第三节　电子标签(无线射频识别技术)

RFID 是用来描述可以通过射频进行传感的任何器件的一个术语,通常指的是利用射频来阅读一个小器件(称作标记)上的信息。RFID 标记允许我们利用无线电波对多个标记成批阅读和进行远程阅读,其意义远远超过并取代了条形码。同一标记的电子标签除了包含防盗功能外,还可以用来证明物品的归属、提供隐藏的认证、加速购物、节省柜子和地板空间以及减少整个供应链各个环节上所需的时间。

项目小结:本项目主要通过介绍相关理论知识,使学生掌握商品编码、条形码的基本概念、基本内容和基本知识;训练学生使用扫描仪和 POS 系统销售商品,练习电子标签的操作,使其达到能够熟练运用自动分拣系统进行商品的入库、出库以及盘点等基本操作。

思考题

条码辨识与扫描操作实训

实训地点:学院仓储实训室。

实训准备:检查电源及各接口,启动计算机,运行商业分销系统教学软件。

实训安排:学生每 4 人一组,轮流上机操作,每组操作时间控制在 10 分钟左右。

实训内容:(1)“安宁物通超市”一次性购买了如下产品(供应商联系人一律填写自己,商品为虚构商品),请设置 POS 系统并使用 POS 系统销售该商品。(2)练习电子标签的操作,熟练运用自动分拣系统进行商品的入库、出库以及盘点的模拟练习。

项目九　连锁企业中的网络技术

知识目标

1.了解连锁企业的网络结构。

2.熟悉连锁企业常用的通信方式。

3.正确运用连锁企业常用的操作系统。

4.熟练运用连锁企业常用的数据库系统。

5.了解连锁信息管理系统的开发工具。

技能目标

1.能正确熟练地操作连锁企业常用的操作系统。

2.能够正确使用连锁企业常用的数据库系统。

案例导入

沃尔玛通过网络技术提高客户满意度

负责运营、网络工程和技术的副总裁 Dan Phillips 曾说:“技术必须能为客户带来回报,沃尔玛网络将全球范围内的 2400 多家分店和 100 个配送中心连接在一起,可以帮助沃尔玛保持很低的价格和库存量。同样重要的是,这个网络还能帮助 95 万名沃尔玛员工更加有效地工作,以满足客户的需要。”

作为沃尔玛低价战略的一个重要组成部分,成功的库存管理不但需要最新的销售信息,还需要与供应商之间进行通畅的交流。如果有数千家分店、数万名供应商和数十万种产品,这一点就更加重要。沃尔玛于 20 世纪 80 年代初开始采用新技术,首先将其用于收集和分析销售数据,然后用于借助电子数据互换(EDI)将订单传送给供应商。

到了 20 世纪 90 年代,沃尔玛开始与数千家供应商进行电子合作,一开始使用 EDI,后来它开发了自己的应用,这些应用统称为 Retail Link。供应商可以通过调制解调器拨入沃尔玛数据库,以获得其产品在每个分店中的最新销售和库存信息。这些信息和 Retail Link 的各种应用使沃尔玛的供应商们能够与公司的采购部门密切合作,根据需要管理分店中的库存,预测、计划、生产和供应产品。这样做的结果是,沃尔玛能够更快地补充缺货,根据当地客户的需要确定产品组合并降低沃尔玛的库存成本。

案例思考

1.零售商及其供应商怎样才能密切配合,增加销售额并降低价格?

2.网络将以何种方式改善与供应商的合作?

3.怎样才能提高供应链的效率？

4.一个可靠的网络基础设施具有什么价值？

5.网络能够提供哪些关键业务型服务？

第一节　网络结构

网络结构(Network Architecture)为设计、构建和管理一个通信网络提供了一个构架和技术基础的蓝图。网络结构定义了数据网络通信系统的每个方面，包括但不限于用户使用的接口类型、使用的网络协议和可能使用的网络布线的类型。网络结构有一个分层结构。分层是一种现代的网络设计原理，它将通信任务划分成很多更小的部分，每个部分完成一个特定的子任务，并用简洁且精确定义的方式与其他部分相结合。

到目前为止，很多超市的各个门店与总部的数据交换仍然采用传统的 Modem 拨号连接方式，每天定时传输数据，总部对各个连锁门店的数据并不能实时获取。而要在激烈的行业竞争中获得领先地位，管理人员需要能够随时随地及时准确地获取所需要的数据，并允许各供应商能够及时准确地获取其商品的具体销售数据，以便及时调整各项政策。这要求各连锁门店能和总部实时共享传输数据。近年来随着网络技术的不断发展，不少连锁企业利用 Internet 组成一个高效统一的虚拟专用网络。

一、配送中心网络系统结构

配送中心的主要职能是以商品的物流管理为对象，对商品的到货、验货、储存、流通加工、配货、配送等进行管理，使商品合理、经济、快速、准确地提供给下属各个连锁门店。为此，配送中心应建立网络结构，采用集线器连接服务器、各工作站及其他设备构成一个计算机局域网系统。其中，服务器是整个系统运行效率和性能的核心设备，应根据业务量的大小选配。为了与门店和总部的计算机系统进行连接，还需要设置通信服务器，同公共数据网或数据专线实现数据及时传送。此外，还应配置打印服务器及各种打印机，包括票据打印机、高速打印机及专用条码打印机等，共享打印各种数据信息，如图 9-1 所示。

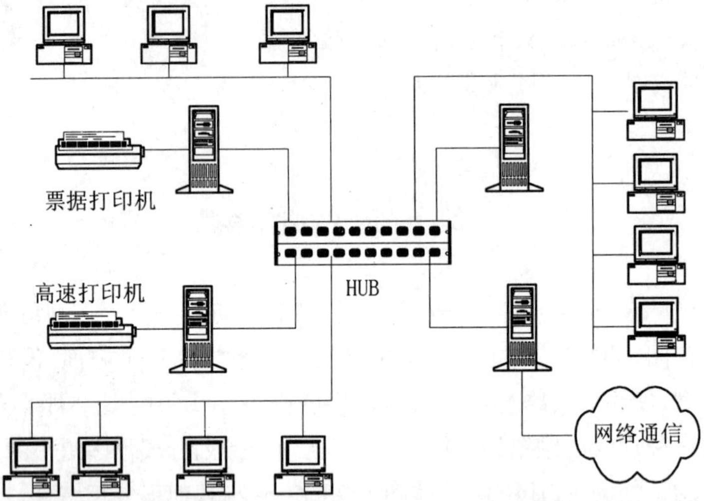

图 9-1 配送中心网络系统结构示意图

二、门店网络系统结构

门店是直接面向顾客进行销售的部门，门店网络系统根据门店规模大小可分为局域网系统和单 POS 系统。

(一)局域网系统

大多数门店有多台收银机同时工作，这时可将这些收银机和服务器及其他计算机连接起来构成计算机网络，即局域网系统，如图 9-2 所示。

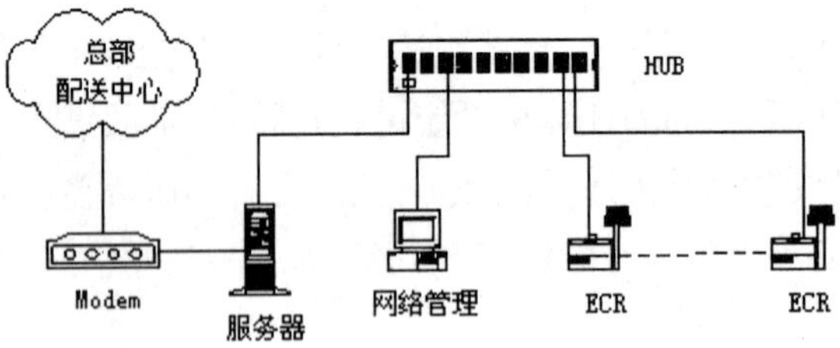

图 9-2 局域网系统示意图

(二)单 POS 系统

单 POS 系统是一种简单的门店系统，由一台电子收银机及相应外围设备、调制解调器和电话线路组成，如图 9-3 所示。

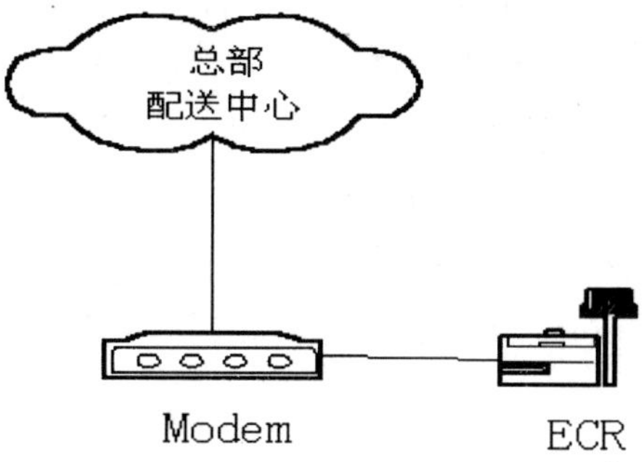

图 9-3　单 POS 系统示意图

三、网络设备

（一）网络服务器

网络服务器是为网络提供资源并对这些资源进行管理的计算机。

服务器作为硬件来说，通常是指那些具有较高计算能力、能够提供给多个用户使用的计算机。服务器与 PC 机的不同点很多，例如 PC 机在一个时刻通常只为一个用户服务。服务器与主机不同，主机是通过终端给用户使用的，服务器是通过网络给客户端用户使用的。

网络服务器必须具备一定的通信处理能力、快速访问能力、安全容错能力。

文件服务器的主要功能就是管理网络文件系统，处理网络通信并向工作站用户提供网络文件共享服务，如网上文件查询、运行传输和复制等。

（二）网络工作站

网络工作站是用户使用网络访问共享服务器资源的一个站点，实际上就是一台联网的计算机。

服务器是给工作站提供各种服务的，如网络通信服务、文件共享服务、硬件共享服务、各种资源服务等。

工作站在获取服务器各种资源的同时也可以帮服务器分流计算等任务。服务器和工作站都是高性能的计算机，只是相对而言服务器专注于数据吞吐能力，所以支持的外部设备（硬盘、I/O 插槽等）更多；而工作站则专注于图形处理能力，所以外部设备则相对少一些，但采用特别为图形处理设计的架构，采用高档显示卡，支持 3D 图像处理。工作站主要应用在各种设计、多媒体制作领域。

（三）集线器

集线器的英文名称为“Hub”，就是“中心”的意思，集线器的主要功能是对接收到的信号进行再生整形放大，以扩大网络的传输距离，同时把所有节点集中在以它为中心的节点上。它工作于 OSI 参考模型（开放系统互联参考模型）第一层，即“物理层”。集线器与网卡、网线等传输介质一样，属于局域网中的基础设备，采用 CSMA/CD(一种检测协议)介质访问控制机制。

集线器属于纯硬件网络底层设备，基本上不具有类似于交换机的“智能记忆”能力和“学习”能力。它也不具备交换机所具有的 MAC 地址表，所以它发送数据时都是没有针对性的，而是采用广播方式发送。也就是说当它要向某节点发送数据时，不是直接把数据发送到目的节点，而是把数据包发送到与集线器相连的所有节点，如图 9-4 所示。

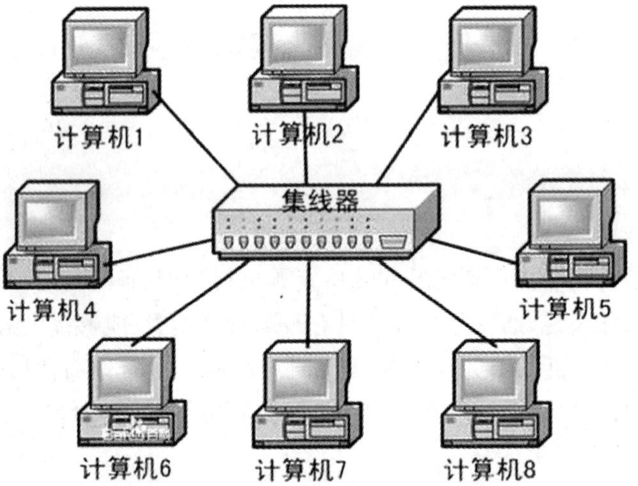

图 9-4　集线器示意图

(四)传输介质

网络传输介质是网络中发送方与接收方之间的物理通路，它对网络的数据通信具有一定的影响。常用的传输介质有双绞线、同轴电缆、光纤、无线传输媒介。

网络传输介质是指在网络中传输信息的载体，常用的传输介质分为有线传输介质和无线传输介质两大类。

有线传输介质是指在两个通信设备之间实现的物理连接部分，它能将信号从一方传输到另一方，有线传输介质主要有双绞线、同轴电缆和光纤。双绞线和同轴电缆传输电信号，光纤传输光信号。

无线传输介质指我们周围的自由空间。我们利用无线电波在自由空间的传播可以实现多种无线通信。在自由空间传输的电磁波根据频谱可将其分为无线电波、微波、红外线、激光等，信息被加载在电磁波上进行传输。

第二节 通信方式

目前，绝大多数连锁企业使用的信息系统采用的是“数据分散存储—复制集中”的模式，也就是所谓的C/S(客户机/服务器)构架。这种系统的特点是：每个店铺或配送中心都有一个机房，安装一个数据库服务器，以收集、存储和管理该店或配送中心的经营数据。为了实现统一管理，还需要在总部建一个中心机房，安装一个较大规模的中心服务器。

连锁门店为了保证可靠的通信，总部和门店之间一般租用电信的专用通信线路进行连接。另外，在应用软件方面，这种系统除了要在每个服务器前端安装后台系统外，在每个前端应用计算机上也要安装相同或不同的前台系统。这种信息系统比较适合店铺面积大但数量少的连锁企业。当连锁企业数量增加到数十家甚至更多，尤其是跨区域开店时，这种信息系统的不足与弊病就显得非常突出。

基于互联网的信息系统采用了数据完全集中的构架，其最大特点是整个系统中只有一个中心数据库。门店和配送中心等分支机构只配备供操作人员使用的个人计算机。应用软件全部安装在总部服务器上，门店一端不需安装任何前台系统。在通信方式上，分支机构采用廉价的互联网宽带接入，中心服务器系统通过宽带接入。借助互联网，总部和分支机构可实时进行数据交换。

一、PSTN

PSTN(Public Switched Telephone Network，公共交换电话网络)是一种常用的旧式电话系统，即我们日常生活中常用的电话网。公共交换电话网络是一种全球语音通信电路交换网络，包括商业的和政府拥有的。

PSTN提供的是一个模拟的专有通道，通道之间经由若干个电话交换机连接而成。当两个主机或路由器设备需要通过PSTN连接时，在两端的网络接入侧(即用户回路侧)必须使用调制解调器(Modem)实现信号的模/数、数/模转换。从模型的角度来说，PSTN可以看成是物理层的一个简单的延伸，没有向用户提供流量控制、差错控制等服务。而且，由于PSTN是一种电路交换方式，所以一条通路自建立直至释放，其全部带宽仅能被通路两端的设备使用，即使他们之间并没有任何数据需要传送。因此，这种电路交换的方式不能实现对网络带宽的充分利用。

PSTN的入网方式简便灵活，通常有以下三种：

第一种，通过普通拨号电话线入网。只要在通信双方原有的电话线上并接Modem，再将Modem与相应的上网设备PSTN相连即可。目前，大多数上网设备，如PC或者路由器，均提供有若干个串行端口，串行口和Modem之间采用RS-232等串行接口规范。这种连接方式比较经济实用，收费价格与普通电话的收费相同，可适用于通信不太频繁的场合。

第二种，通过租用电话专线入网。与普通拨号电话线方式相比，租用电话专线可以提供更高的通信速率和数据传输质量，但相应的费用也较前一种方式高。使用专线的接入方式与使用普通拨号线的接入方式没有太大的区别，但是省去了拨号连接的过程。通常，当决定使用专线方式时，用户必须向所在地的电信局提出申请，由电信局负责架设和开通。

第三种，经普通拨号或租用专用电话线方式由 PSTN 转接入公共数据交换网（X.25 或 Frame Relay 等）的入网方式。利用该方式实现与远地的连接是一种较好的选择，因为公共数据交换网为用户提供可靠的面向连接的虚电路服务，其可靠性与传输速率都比 PSTN 强得多。

二、DDN

DDN 的全称为 Digital Data Network，即数字数据网。它是利用光纤、微波、卫星等数字传输通道和数字交叉复用节点组成的数据传输网，具有传输质量好、速率高、网络时延小等特点，适用于计算机主机之间、局域网之间、计算机主机与远程终端之间的大容量、多媒体、中高速通信的需要，是我国的中高速信息国道。组成 DDN 的基本单位是节点，节点间通过光纤连接，构成网状的拓扑结构，用户的终端设备通过数据终端单元（DTI）与就近的节点机相连。

用户接入 DDN 的方式有三类：第一类，四线全双工基带传输方式，适用于距离较短或传输速率较高的情况；第二类，二线全双工基带传输方式，比第一种方式节省了一对用户线，较适用于距 DDN 节点较远的用户；第三类，模拟专线方式，因模拟传输固有的缺陷，建议仅作为接入方式的一种补充，应尽量避免采用。

三、ISDN

ISDN 是在电话综合业务数字网（Integrated Services Digital Network，简称 ISDN）的基础上发展而来的，俗称“一线通”。它除了可以用来打电话外，还可以提供诸如可视电话、数据通信、会议电视等多种业务，从而将电话、传真、数据、图像等多种业务综合在一个统一的数字网络中进行传输和处理，这也是“综合业务数字网”名字的来历。

由于 ISDN 的开通范围比 ADSL 和 LAN 接入都要广泛得多，所以对于那些没有宽带接入的用户，ISDN 似乎成了唯一可以选择的高速上网的办法，毕竟 128Kbps 的速度比拨号快多了；ISDN 和电话一样按时间收费，所以对于某些上网时间比较少的用户（比如每月 20 小时以下的用户）来说，还是要比使用 ADSL 便宜很多的。另外，由于 ISDN 线路属于数字线路，所以用它来打电话，包括网络电话，效果都比普通电话要好得多。

ISDN 有窄带和宽带两种。窄带 ISDN 有基本速率（2B+D，144Kbps）和一次群速率（30B+D，2Mbps）两种接口。基本速率接口包括两个能独立工作的 B 信道（64Kbps）和一个 D 信道（16Kbps），其中 B 信道一般用来传输话音、数据和图像，D 信道用来传输信令或分组信息。B代表承载，D代表控制。

宽带可以向用户提供155Mbps以上的通信能力。但是由于宽带综合业务数字网技术复杂，投资巨大，还不大可能大量投入使用，而窄带综合业务数字网已经非常成熟，完全具备了商用化推广的条件，因此各地开通的ISDN实际上是窄带ISDN。ISDN用途广泛，只是对于我们普通人来说，只有上网一项是最常用的了。

四、ADSL

ADSL（Asymmetric Digital Subscriber Line，非对称数字用户线）是一种通过现有普通电话线为家庭、办公室提供宽带数据传输服务的技术。ADSL即非对称数字信号传送，它能够在现有的铜双绞线（即普通电话线）上提供高达8Mbit/s的高速下行速率（由于ADSL对距离和线路情况十分敏感，随着距离的增加和线路的恶化，速率会受到影响），远高于ISDN速率；而上行速率有1Mbit/s，传输距离达3km—5km。ADSL技术的主要特点是可以充分利用现有的铜缆网络（电话线网络），在线路两端加装ADSL设备即可为用户提供高宽带服务。

ADSL的另外一个优点在于它可以与普通电话共存于一条电话线上，在一条普通电话线上接听、拨打电话的同时进行ADSL传输而又互不影响。用户通过ADSL接入宽带多媒体信息网与因特网，同时可以收看影视节目，举行一个视频会议，还可以以很高的速率下载数据文件，也可以在这同一条电话线上使用电话而又不影响以上所说的其他活动。ADSL安装也极其方便快捷。在现有的电话线上安装ADSL，除了在用户端安装ADSL通讯终端外，不用对现有线路做任何改动。使用ADSL可以通过一条电话线获得比普通Modem快100倍的网速浏览因特网，还可以通过网络学习、娱乐、购物等，享受先进的数据服务。

五、VPN

VPN（Virtual Private Network，虚拟专用网络）指的是在公用网络上建立专用网络的技术。其之所以称为虚拟网，主要是因为整个VPN网络的任意两个节点之间的连接并没有传统专网所需的端到端的物理链路，而是架构在公用网络服务商所提供的网络平台，如Internet、ATM（异步传输模式）、Frame Relay（帧中继）等之上的逻辑网络，用户数据在逻辑链路中传输。它涵盖了跨共享网络或公共网络的封装、加密和身份验证链接的专用网络的扩展。VPN有以下三种类型：

（1）Access VPN（远程接入VPN），客户端到网关，使用公网作为骨干网在设备之间传输VPN的数据流量；

（2）Intranet VPN（内联网VPN），网关到网关，通过公司的网络架构连接来自同公司的资源；

（3）Extranet VPN（外联网VPN），与合作伙伴企业网构成Extranet，将一个公司与另一个公司的资源进行连接。

VPN 的实现有很多种方法，常用的有以下四种：

(1)在大型局域网中，可以通过在网络中心搭建 VPN 服务器的方法来实现；

(2)通过专用的软件来实现；

(3)通过专用的硬件来实现；

(4)很多的硬件设备，如路由器、防火墙等都含有 VPN 功能，可以通过集成 VPN 来实现。

如果是大型局域网的话，购买路由器、交换机等设备时就不需要 VPN 这一功能，直接在服务器上安装相应的软件就可以了。

六、无线通信

无线通信(Wireless Communication)是利用电磁波信号可以在自由空间中传播的特性进行信息交换的一种通信方式。近些年，信息通信领域中发展最快、应用最广的就是无线通信技术。在移动中实现的无线通信又通称为移动通信，人们把二者合称为无线移动通信。

无线通信主要包括微波通信和卫星通信。微波是一种无线电波，它传送的距离一般只有几十千米。但微波的频带很宽，通信容量很大。微波通信每隔几十千米要建一个微波中继站。卫星通信是利用通信卫星作为中继站在地面上两个或多个地球站之间或移动体之间建立微波通信联系。

伴随着以太局域网的迅猛发展，无线通信以不用架线、灵活性强等优点补"有线"所短，赢得了特定市场的认可，但也正是因为当时的无线网是作为有线以太网的一种补充，遵循了 IEEE802.3 标准 ，使直接架构于 802.3 上的无线网产品存在着易受其他微波噪声干扰、性能不稳定、传输速率低且不易升级等弱点，不同厂商的产品相互也不兼容，这一切又限制了无线网的进一步应用。

七、IP 通信

IP 是当前的热门技术。IP 是英文 Internet Protocol 的缩写，意思是"网络之间互连协议"，也就是为计算机网络相互连接进行通信而设计的协议。在因特网中，它是能使连接到网上的所有计算机网络实现相互通信的一套规则，规定了计算机在因特网上进行通信时应当遵守的规则。任何厂家生产的计算机系统，只要遵守 IP 协议就可以与因特网互联互通。正是因为有了 IP 协议，因特网才得以迅速发展成世界上最大的、开放的计算机通信网络。因此，IP 协议也可以叫作"因特网协议"。

IP 通信的特点有五方面：

(1)支持多业务集成，可保证话音、数据、传真等业务的高度集成。实现 VOIP 与 PSTN 的无缝连接和自动路由，给用户提供一个完全透明的网络平台。

(2)提供访问列表、侵犯记录、授权、记账等多种网络安全功能,以及 RSVP、加权公平排队、WRED、IP 优先权等先进的 QOS 功能,可以提供强大的 QOS 保证,使 IP 电话获得可以与 PSTN 电话相媲美的效果。

(3)具有优秀的可配置性,可以根据实际需求灵活配置各种模块,从而大大降低网络建设成本。高度模块化的设计,也使得它们具有优异的可扩展性和升级能力,保证企业投资的长期有效性。

(4)使用简单易用的网络管理软件,可以大大提高网络管理的效率,可以对基于 VOIP 技术的 IP 电话和传真服务提供管理配置、实时监控、错误诊断、安全保证、记录报告等先进的管理功能;提供的端到端话音管理解决方案,可以有效地提高管理 VOIP 网络的工作效率,降低投资成本。

(5)享有全部的 IP 电话功能及服务,最多可节省近 70%的国际、国内长途话费。使用时操作简便,并可节省市话费用,可供多人同时使用。网络整体结构具有可扩展性、可升级性,便于项目的分期投资,并且在将来网络升级时保护已有的软、硬件设备的投资。

第三节　系统平台

网络操作系统(NOS)是网络的心脏和灵魂,是向网络计算机提供网络通信和网络资源共享功能的操作系统。它是负责管理整个网络资源和方便网络用户的软件的集合。目前,局域网中主要存在四类操作系统。

一、Windows 类

Windows 操作系统是一款由美国微软公司开发的窗口化操作系统,采用了 GUI 图形化操作模式,比起从前的指令操作系统(如 DOS)更为人性化。Windows 操作系统是目前世界上使用最广泛的操作系统,最新的版本是 Windows 8。

Microsoft 公司从 1983 年开始研制 Windows 系统,最初的研制目标是在 MS-DOS 的基础上提供一个多任务的图形用户界面。第一个版本 Windows 1.0 于 1985 年问世,它是一个具有图形用户界面的系统软件。1987 年推出了 Windows 2.0 版,最明显的变化是采用了相互叠盖的多窗口界面形式,但这一切都没有引起人们的关注。1990 年推出的 Windows 3.0 是一个重要的里程碑,它以压倒性的优势确定了 Windows 系统在 PC 领域的垄断地位。现今流行的 Windows 窗口界面的基本形式也是从 Windows 3.0 开始基本确定的。1992 年主要针对 Windows 3.0 的缺点推出了 Windows 3.1,为程序开发提供了功能强大的窗口控制能力,使 Windows 和在其环境下运行的应用程序具有了风格统一、操纵灵活、使用简便的用户界面。Windows3.1 在内存管理上也取得了突破性进展。它使应用程序可以超过常规内存空间限制,不仅支持 16MB 内存寻址,而且在 80386 及以上的硬件配置上通过虚拟存储方式可以支持几倍于实际物理存储器大小的地址空间。Windows 3.

1 还提供了一定程度的网络支持、多媒体管理、超文本形式的联机帮助设施等，对应用程序的开发有很大影响。

Windows 3.1 及以前版本均为 16 位系统，因而不能充分利用硬件迅速发展的强大功能。同时，它们只能在 MS-DOS 上运行，必须与 MS-DOS 共同管理系统资源，故它们还不是独立的、完整的操作系统。1995 年推出的 Windows 95 已摆脱 MS-DOS 的控制，它在提供强大功能和简化用户操作两方面都取得了突出成绩，因而一上市就震撼全球。Windows 95 提供了全新的桌面形式，使用户对系统各种资源的浏览及操作变得更合理、更容易。

Windows 95 提供硬件"即插即用"功能和允许使用长文件名，大大提高了系统的易用性。Windows 95 是一个完整的集成化的 32 位操作系统，采用抢占多任务的设计技术，对 MS-DOS 的应用程序和 Windows 应用程序提供了良好的兼容性。1998 年推出 Windows 98，全面增强了 Windows 95 功能，提高了稳定性，使运行速度更快，增强了管理能力，扩大了网络功能，具有高效的多媒体数据处理技术。

Windows 2000 是一个由微软公司发行于 1999 年 12 月 19 日的 32 位图形商业性质的操作系统，有 4 个版本：Professional、Server、Advanced Server 和 Datacenter Server。其中 Professional 也有 4 次更新，SP1、SP2、SP3、SP4，Professional 专业版的前一个版本是 Windows NT4.0 Works Tation 版本。适合移动家庭用户使用，可以用于升级 WIN9X 和 NT4。它以 NT4 的技术为核心，采用标准化的安全技术，稳定性高，最大的优点是不会再像 WIN9X 那样频繁地出现非法程序的提示而死机。

Windows XP 是基于 Windows 2000 代码的产品，如图 9-5 所示，同时拥有一个新的用户图形界面(月神 Luna)，它包括了一些细微的修改，其中一些看起来是从 Linux 的桌面环境中获得的灵感，带有用户图形的登录界面就是一个例子。此外，Windows XP 还引入了一个"基于人物"的用户界面，使得工具条可以访问任务的具体细节。

图 9-5 计算机启动实体示意图

二、Netware 类

Netware 是 NOVELL 公司推出的网络操作系统。Netware 最重要的特征是基于基本模块设计思想的开放式系统结构。Netware 是一个开放的网络服务器平台，可以方便地对其进行扩充。Netware 系统对不同的工作平台、不同的网络协议环境以及各种工作站操作系统提供了一致的服务。该系统内可以增加自选的扩充服务（如替补备份、数据库、电子邮件以及记账等），这些服务可以取自 Netware 本身，也可取自第三方开发者。

目前常用的版本有 3.11、3.12 和 4.10、V4.11、V5.0 等中英文版本，而主流的是 Netware 5 版本，支持所有的重要台式操作系统（DOS、Windows、OS/2、Unix 和 Macintosh）以及 IBM SAA 环境，为需要在多厂商产品环境下进行复杂的网络计算的企事业单位提供了高性能的综合平台。

Netware 是具有多任务、多用户的网络操作系统，它的较高版本提供系统容错能力（SFT）。使用开放协议技术（OPT），各种协议的结合使不同类型的工作站可与公共服务器通信。这种技术满足了广大用户在不同种类网络间实现互相通信的需要，实现了各种不同网络的无缝通信，即把各种网络协议紧密地连接起来，可以方便地与各种小型机、中大型机连接通信。Netware 可以不用专用服务器，任何一种 PC 机均可作为服务器。Netware 服务器对无盘站和游戏的支持较好，常用于教学网和游戏厅。

三、UNIX 系统

UNIX 是一个强大的多用户、多任务操作系统，支持多种处理器架构，按照操作系统的分类，属于分时操作系统，最早由 Ken Thompson、Dennis Ritchie 和 Douglas McIlroy 于 1969 年在 AT&T 的贝尔实验室开发。

1965 年时，贝尔实验室（Bell Labs）加入一项由通用电气（General Electric）和麻省理工学院（MIT）合作的计划；该计划要建立一套多使用者、多任务、多层次（multi-user、multi-processor、multi-level）的 MULTICS 操作系统。直到 1969 年，因 MULTICS 计划的工作进度太慢，该计划被停了下来。

当时，Ken Thompson（后被称为 UNIX 之父）已经有一个称为“星际旅行”的程序在 GE-635 的机器上跑，但是反应非常慢，正巧被他发现了一部被闲置的 PDP-7（Digital 的主机），Ken Thompson 和 Dernis Ritchie 就将“星际旅行”的程序移植到 PDP-7 上，而这部 PDP-7（如图 9-6 所示）就此在整个计算机历史上留下了芳名。

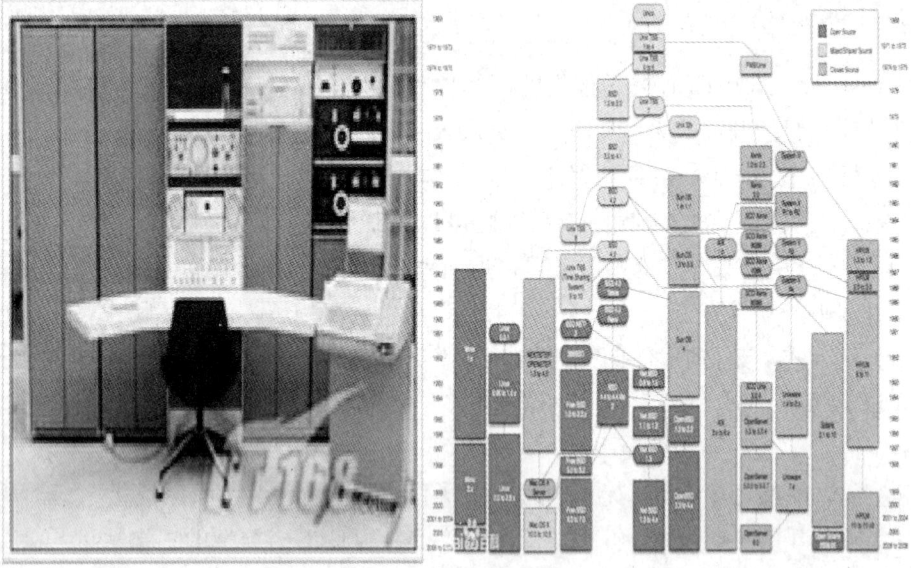

图 9-6 UNIX 系统

四、Linux

Linux 是一种自由和开放源代码的类 UNIX 操作系统。定义 Linux 的组件是 Linux 内核，该操作系统内核由林纳斯·托瓦兹在 1991 年 10 月 5 日首次发布。严格来讲，术语 Linux 只表示操作系统内核本身，但通常采用 Linux 内核来表达该意思，Linux 则常用来指基于 Linux 内核的完整操作系统，包括 GUI 组件和许多其他实用工具。由于这些系统工具和库主要由 GNU 计划提供，自由软件基金会提议将该组合系统命名为 GNU/Linux。

Linux 是一个领先的操作系统，可以运行在服务器和其他大型平台之上，如大型机和超级计算机。世界上 500 个最快的超级计算机 90%以上运行 Linux 发行版或变种，最快的前 10 名超级计算机运行的都是 Linux 操作系统。Linux 也广泛应用在嵌入式设备上，如手机、平板电脑、路由器、电视和电子游戏机等。在移动设备上广泛使用的 Android 操作系统就是在 Linux 内核之上创建的。

第四节 数据库系统

数据库管理系统是对数据库进行管理、为用户使用数据提供各种方便并要确保数据库中数据的安全性、完整性、并发性的软件系统。目前，在商业领域使用的数据库系统主要有：

一、Oracle

Oracle Database，又名 Oracle RDBMS，简称 Oracle，是甲骨文公司的一款关系数据库管理系统，目前仍在数据库市场上占有主要份额。劳伦斯·埃里森和他的朋友、之前的同事 Bob Miner 和 Ed Oates 在 1977 年建立了软件开发实验室咨询公司（SDL，Software Development Laboratories）。

Oracle 数据库系统是美国 ORACLE 公司（甲骨文）提供的以分布式数据库为核心的一组软件产品，是目前最流行的客户/服务器或 B/S 体系结构的数据库之一，是一种适用于各种类型（包括大型、中型和微型）计算机的使用广泛的关系数据库管理系统。作为一个通用的数据库系统，它具有完整的数据管理功能；作为一个关系数据库，它是一个完备关系的产品；作为分布式数据库，它实现了分布式处理功能。只要在一种机型上学习了 Oracle 知识，便能在各种类型的机器上使用它。

二、Sybase

1984 年，Mark B. Hiffman 和 Robert Epstern 创建了 Sybase 公司，并在 1987 年推出了 Sybase 数据库产品。Sybase 主要有三种版本：一是 UNIX 操作系统下运行的版本；二是 Novell Netware 环境下运行的版本；三是 Windows NT 环境下运行的版本。目前，对 UNIX 操作系统应用广泛的为 Sybase 10 及 Sybase 11 for SCO UNIX。

Sybase 数据库主要由三部分组成：

（1）进行数据库管理和维护的一个联机的关系数据库管理系统 Sybase SQL Server（服务器软件）。Sybase SQL Server 是个可编程的数据库管理系统，它是整个 Sybase 产品的核心软件，起着数据管理、高速缓冲管理、事务管理的作用。

（2）支持数据库应用系统的建立与开发的一组前端工具 Sybase SQL Toolset（客户端软件）。ISQL 是与 SQL Server 进行交互的一种 SQL 句法分析器。ISQL 接收用户发出的 SQL 语言，将其发送给 SQL Server，并将结果以形式化的方式显示在用户的标准输出上。

（3）可把异构环境下其他厂商的应用软件和任何类型的数据连接在一起的接口 Sybase Open Client/Open Server（接口软件）。通过 Open Client 的 DB-LIB 库，应用程序可以访问 SQL Server。而通过 Open Server 的 SERVER-LIB，应用程序可以访问其他的数据库管理系统。

Sybase 有如下特点：

（1）它是基于客户/服务器体系结构的数据库。

一般的关系数据库都是基于主/从式的模型的。在主/从式的结构中，所有的应用都运行在一台机器上。用户只是通过终端发命令或简单地查看应用运行的结果。

而在客户/服务器结构中，应用被分在了多台机器上运行。一台机器是另一个系统的客户，或是另外一些机器的服务器。这些机器通过局域网或广域网连接起来。

(2)它是真正开放的数据库。

由于采用了客户/服务器结构，应用被分在了多台机器上运行。更进一步，运行在客户端的应用不必是 Sybase 公司的产品。为了让其他语言编写的应用能够访问数据库，Sybase 数据库不仅提供了预编译，而且公开了应用程序接口 DB-LIB，鼓励第三方编写 DB-LIB 接口。由于开放的客户 DB-LIB 允许在不同的平台使用完全相同的调用，因而使得访问 DB-LIB 的应用程序很容易从一个平台向另一个平台移植。

(3)它是一种高性能的数据库。

①可编程数据库。Sybase 通过提供存储过程，创建了一个可编程数据库。存储过程允许用户编写自己的数据库子例程。这些子例程是经过预编译的，因此不必为每次调用都进行编译、优化、生成查询规划，因而查询速度要快得多。

②事件驱动的触发器。触发器是一种特殊的存储过程。通过触发器可以启动另一个存储过程，从而确保数据库的完整性。

③多线索化。Sybase 数据库的体系结构的另一个创新之处就是多线索化。一般的数据库都依靠操作系统来管理与数据库的连接。当有多个用户连接时，系统的性能会大幅度下降。Sybase 数据库不让操作系统来管理进程，而是把与数据库的连接当作自己的一部分来管理。此外，Sybase 的数据库引擎还代替操作系统来管理一部分硬件资源，如端口、内存、硬盘，提高了性能。

三、DB2

DB2 是 IBM 公司研制的一种关系型数据库管理系统，分别在不同的操作系统平台上服务。虽然 DB2 产品是基于 UNIX 的系统和个人计算机操作系统，在基于 UNIX 系统和微软在 windows 系统下的 Access 方面，DB2 追寻了 Oracle 的数据库产品。

DB2 主要应用于大型应用系统，具有较好的可伸缩性，可支持从大型机到单用户环境，应用于 OS/2、Windows 等平台下。DB2 提供了高层次的数据利用性、完整性、安全性、可恢复性，以及小规模到大规模应用程序的执行能力，具有与平台无关的基本功能和 SQL 命令。DB2 采用了数据分级技术，能够使大型机数据很方便地下载到 LAN 数据库服务器，使得客户机/服务器用户和基于 LAN 的应用程序可以访问大型机数据，并使数据库本地化及远程连接透明化。

它以拥有一个非常完备的查询优化器而著称，其外部连接改善了查询性能，并支持多任务并行查询。DB2 具有很好的网络支持能力，每个子系统可以连接十几万个分布式用户，可同时激活上千个活动线程，尤其适用于大型分布式应用系统。

四、SQL server

SQL Server 是微软公司开发的一个关系数据库管理系统。它最初是由 Microsoft、

Sybase 和 Ashton-Tate 三家公司共同开发的，于 1988 年推出了第一个 OS/2 版本。在 Windows NT 推出后，Microsoft 与 Sybase 在 SQL Server 的开发上就分道扬镳了，Microsoft 将 SQL Server 移植到 Windows NT 系统上，专注于开发推广 SQL Server 的 Windows NT 版本。Sybase 则较专注于 SQL Server 在 UNIX 操作系统上的应用。

SQL Server 2000 是 Microsoft 公司推出的 SQL Server 数据库管理系统，该版本继承了 SQL Server 7.0 版本的优点，同时又比它增加了许多更先进的功能，具有使用方便、可伸缩性好、与相关软件集成程度高等优点，可跨越从运行 Microsoft Windows 98 的电脑到运行 Microsoft Windows 2000 的大型多处理器的服务器等多种平台使用。

第五节 开发工具

一、Delphi

Delphi 是 Windows 平台下著名的快速应用程序开发工具(Rapid Application Development，简称 RAD)。它的前身是 DOS 时代盛行一时的"Borland Turbo Pascal"，最早的版本由美国 Borland(宝兰)公司于 1995 年开发，主创者为 Anders Hejlsberg。经过数年的发展，此产品也转移至 Embarcadero 公司旗下。

Delphi 是一个集成开发环境(IDE)，使用的核心是由传统 Pascal 语言发展而来的 Object Pascal，以图形用户界面为开发环境，透过 IDE、VCL 工具与编译器，配合联结数据库的功能，构成一个以面向对象程序设计为中心的应用程序开发工具。

Delphi 拥有一个可视化的集成开发环境(IDE)，采用面向对象的编程语言 Object Pascal 和基于部件的开发结构框架。Delphi 提供了 500 多个可供使用的部件，利用这些部件，开发人员可以快速地构造出应用系统。开发人员也可以根据自己的需要修改部件或用 Delphi 本身编写自己的部件。

"真正的程序员用 VC，聪明的程序员用 Delphi"，这句话是对 Delphi 最经典、最实在的描述。Delphi 被称为第四代编程语言，它具有简单、高效、功能强大的特点。和 VC 相比，Delphi 更简单、更易于掌握，而在功能上却丝毫不逊色；和 VB 相比，Delphi 则功能更强大、更实用。可以说 Delphi 同时兼备了 VC 功能强大和 VB 简单易学的特点。它一直是程序员至爱的编程工具。

在 Delphi 众多的优势当中，数据库方面的特长显得尤为突出：适应于多种数据库结构，从客户机/服务机模式到多层数据结构模式；高效率的数据库管理系统和新一代更先进的数据库引擎；最新的数据分析手段和提供大量的企业组件。

二、Power Builder

Power Builder 是美国 Sybase 公司研制的一种新型、快速开发工具，是客户机/服务器结构下基于 Windows 3.x、Windows 95 和 Windows NT 的一个集成化开发工具。它包含一个直观的图形界面和可扩展的面向对象的编程语言 Power Script，提供与当前流行的大型数据库的接口，并通过 ODBC 与单机数据库相连。

Power Builder 的主要特点包括以下五个方面：

(1)可视化、多特性的开发工具。全面支持 Windows 或 Windows NT 所提供的控制、事件和函数。Power Script 语言提供了几百个内部函数，并且具有一个面向对象的编译器和调试器，可以随时编译新增加的代码，带有完整的在线帮助和编程实例。

(2)功能强大的面向对象技术。支持通过对类的定义来建立可视或不可视对象模型，同时支持所有面向对象编程技术，如继承、数据封装和函数多态性等。这些特性确保了应用程序的可靠性，提高了软件的可维护性。

(3)支持高效的复杂应用程序。对基于 Windows 环境的应用程序提供了完备的支持，这些环境包括 Windows 和 Windows NT。开发人员可以使用 Power Builder 内置的 Watcom C/C++来定义、编译和调试一个类。

(4)企业数据库的连接能力。Power Builder 的主要特色是 Data Window(数据窗口)，通过 Data Window 可以方便地对数据库进行各种操作，也可以处理各种报表，而无须编写 SQL 语句，可以直接与 Sybase、SQL Server、Informix、Oracle 等大型数据库连接。

(5)强大的查询、报表和图形功能。Power Builder 提供的可视化查询生成器和多个表的快速选择器可以建立查询对象，并把查询结果作为各种报表的数据来源。

Power Builder 主要适用于管理信息系统的开发，特别是客户机/服务器(C/S)结构。

数据库应用是当前计算机应用的一个非常重要的方面，而在数据库应用技术中普遍采用的就是客户机/服务器体系结构。在这种体系结构中，所有的数据和数据库管理系统都在服务器上，客户机通过采用标准的 SQL 语句等方式来访问服务器上数据库中的数据。由于这种体系结构把数据和对数据的管理都统一放在了服务器上，这就保证了数据的安全性和完整性，同时也可以充分利用服务器高性能的特点。正因为客户机/服务器体系结构的这些优点，Power Builder 得到了非常广泛的应用。

三、Visual Studio 2005 .NET

Visual Studio 2005 .NET 是用于创建数字网络时代应用程序的一套完整开发工具，用于生成 ASP Web 应用程序、XML Web services、桌面应用程序和移动应用程序。Visual Basic.NET、Visual C++.NET、Visual C#.NET 和 Visual J#.NET 全都使用相同的集成开发环境 IDE，该环境允许它们共享工具并有助于创建混合语言解决方案。另外，这些语言利用了.NET Framework 的功能，此框架提供对简化 ASP Web 应用程序和 XML Web services 开发的关键技术的访问。

四、组件式 GIS

GIS 技术的发展，在软件模式上经历了功能模块、包式软件、核心式软件，从而发展到组件式 GIS 和 Web GIS 的过程。传统 GIS 虽然在功能上已经比较成熟,但由于这些系统多是基于十多年前的软件技术开发的,属于独立封闭的系统。同时,GIS 软件变得日益庞大,用户难以掌握,费用昂贵,这阻碍了 GIS 的普及和应用。组件式 GIS 的出现为传统 GIS 面临的多种问题提供了全新的解决思路。

组件式 GIS 的基本思想是把 GIS 的各大功能模块划分为几个控件,每个控件完成不同的功能。各个 GIS 控件之间以及 GIS 控件与其他非 GIS 控件之间,可以方便地通过可视化的软件开发工具集成起来,形成最终的 GIS 应用。控件如同一堆各式各样的积木,他们分别实现不同的功能(包括 GIS 和非 GIS 功能),根据需要把实现各种功能的"积木"搭建起来构成应用系统。

GIS 软件的模型包含若干功能单元,诸如空间数据获取、坐标转换、图形编辑、数据存储、数据查询、数据分析、制图表示等。可以想象,要把这些所有的功能放在一个控件中几乎是不可能的,即使实现也会带来系统效率上的低下。一般认为,GIS 构件的设计主要遵循应用领域的需求。

五、信息系统开发平台

天纵 B/S 开发平台采用 ASP.NET＋Ajax 技术,页面免刷新,操作简单方便,具有桌面系统一样的良好操作体验。该平台包括开发套件、报表套件、工作流套件、系统管理套件、工具箱、智能手机平台、门户网站套件、企业信息化应用套件等,用户无须编写一行代码便可快速开发出大型 WEB 应用系统和电子商务网站。

天纵 B/S、C/S 两用开发平台是一款运用.NET 技术开发而成的平台软件,提供统一的界面方案和丰富的数据管理分析功能。所有界面信息、数据结构、功能模块及数据处理算法均可随意修改,用户可根据自身实际情况自行组装、修改模块,甚至可开发新的应用系统,用户几乎无须编写一行代码就可快速开发出大型企业级应用系统,而且同时拥有 B/S、C/S 两个版本,是目前市场上少见的一款务实、经济、高效、灵活的企业管理系统快速生成工具。

项目小结:本项目主要介绍了连锁企业中网络结构、网络通信方法、数据库技术以及常用开发平台等几个方面。连锁企业不仅要采用计算机等高新设备替代传统手工操作,而且需要将分布在不同地点的计算机连接起来形成网络,以实现各种数据的及时传输、信息的相互沟通和资源共享。因此,现代商业企业的管理信息系统必然离不开计算机网络、数据库技术、操作系统及系统开发工具等一系列技术的支持。

思考题

网络技术实训

实训地点：学院微机室

实训准备：与专业教师联系，由专业教师进行讲解和指导。

实训安排：上机操作至少 4 课时。

实训内容：通过训练主要掌握连锁企业中网络结构、网络通信方法、数据库技术以及常用开发平台等，了解和熟悉计算机网络、数据库技术、操作系统及系统开发工具等基本理论知识和操作技能。

项目十　连锁企业信息管理系统软件简介

知识目标

1.了解启网连锁软件的优点。

2.掌握安仕达连锁便利店管理系统的特点。

3.了解“易捷通”软件的性能、适用范围和特点。

4.了解爱宝软件系统的性能、适用范围和特点。

技能目标

1.能够针对当地环境和企业特性正确选择连锁企业所需信息管理系统软件。

2.提高学生对连锁企业信息管理软件的分析判断能力，为企业决策者提供可行的信息管理系统软件选择方案。

案例导入

亿学软件——3D仿真技能实训平台

亿学软件系统是一个连锁企业综合业务技能训练的模拟平台，后台系统管理员为老师，分配管理权限并查看所有学生信息；老师可通过后台管理设置实验流程及实验情景，分配任务及实验角色，并对实验进行评定，导出实验报告；在实验过程中，教师可设置多项实验任务和管理多人进行综合实验，即多个学生分别扮演不同的角色，共同完成整个实验。通过实验让学生充分了解连锁经营的核心业务及其操作流程。老师可对学生的实验情况进行随时随地的查看，并对其进行评分。同时，可将学生的实验报告导出，存盘或打印保存，以方便老师对学生实验进行考核和评估。

连锁企业信息系统适用于统一管理、集中采购配送、连锁经营的企业，包括总部管理系统、配送中心管理系统、连锁分店管理系统。整个系统基于广域网架构，并充分考虑到国内的通信状况，提供多种方案。

第一节　启网连锁软件

启网连锁软件率先支持64位服务器，突破4G内存限制，性能大幅提升，更支持服务器集群技术，服务器端能承载千家连锁门店以上工作站；启网连锁软件提供强大的连锁会员管理功能，覆盖会员卡制作、发放、储值、消费、积分、打折、挂失等一系列操作和会员统计报表的生成及 IC 卡、磁卡、条码卡等支付功能。启网连锁软件是唯一自带集成财务软件的连锁店 POS 系统，集成符合最新会计制度的启网公司自主开发财务软件，业务数据可以生成记账凭证，财务核算更加准确合理。启网连锁软件还支持移动销售终端。先进的跨平台技术，支持智能手机、PDA 等移动终端，配合蓝牙打印、网络打印等技术，不仅增大了连锁零售业务的工作空间，提升了效率，同时也让没宽带、没电脑的连锁店面纳入启网连锁管理系统。除了提供移动销售开单、移动 POS、移动查询货品、移动盘点等功能外，启网连锁软件还提供了网络商城、在线购物、在线销售订单、在线分销开单、在线会员查询等业务。连锁软件与网站数据共享，基本资料共用，单据业务线上线下互动。连锁软件是网站的后台管理器，网站是连锁软件的线上扩展。

启网连锁软件可实现如下管理：

(1)采用.NET 远程技术，可以安装到互联网所遍及的每一个地方，所有连锁店和总部的数据实时共享、集中存放，更加安全、可靠，并且为企业的经营决策者提供及时、准确的数据支持。

(2)提供强大的连锁零售后台管理，其中包括采购、库存、连锁配送、代销业务、零售、财务、出纳收支、OA 等一系列功能。

(3)以总部和分店为基本管理单元，全新设计软件的所有功能，区别于传统软件以单一公司整体为基本管理单元的设计思想，可以使连锁分店核算清晰。

(4)分店可以手动或自动生成补货申请。总部配送可处理“总部采购、总部进货、总部结算、配送分店”或“总部采购、分店进货、总部结算”等多种分销模式。自动补货、自动配货、自动订货一气呵成，分部自动生成补货单，总部自动配送并把不能满足的配货自动生成采购订单，采购入库后再自动配送，连贯操作。

第二节　安仕达连锁便利店管理系统

安仕达连锁便利店管理系统是一套全面管理连锁便利店资金、物流、财务的专业信息化管理系统，对门店库存管理、门店 POS 收银、门店预定、总部采购、配送、批发分销等各类业务进行一体化综合管理的系统。该系统针对便利店、社区店、连锁店＋批发等多种业态，对连锁进、销、存等核心流程进行全过程管理，重点关注和解决了连锁店远程异地经营管理的难题，帮助连锁店实现一体化进、销、存物流管理，侧重加盟店的综合管理、精确收银监控，支持零售 POS 业务和批发销售业务、支持会员管理和多种促销策略，管理供应商和客户结算等功能，实现对连锁便利店经营的资金流、物流、信息流的动态实时监控，提升了连锁便利店企业的经营效率和竞争能力。

安仕达连锁便利店管理系统软件以 POS 零售和进、销、存管理为核心，将连锁店管理、往来结算、商场进销存和 POS 管理等各个领域全面集成，结合安仕达软件多年来服务于连锁店信息化的经验，整合优化连锁店的运作流程，帮助连锁店提高营运效率，突破门店众多、异地沟通困难的瓶颈，为自营门店、加盟店、收银部、财务部、采购部、仓管部、销售部、配送中心等部门提供统一的管理应用平台，保证各个部门的工作全面信息化，消除信息孤岛的存在，使得各个部门真正做到信息共享、业务协同，最终整体提高企业的工作效率和经营竞争力。

通过使用本软件，可以帮助连锁企业：实现胖总部、瘦门店的管理模式，总部、配送中心、分支机构之间一体化管理，统一控制管理各门店的营运，支持加盟店管理，帮助客户快速复制门店，快速扩大连锁店规模；准确了解连锁店的进销存情况、往来账情况，各配送中心和门店实时库存情况，及时得到各门店准确的营运分析报表、库存分析报表；及时、准确地获取每一天、每一单品的经营利润和销售分析数据，以指导采购行为和门店的销售行为；支持会员管理，支持会员积分、储值、折扣、促销等业务，支持各类促销业务；系统结合行业经验，实现软件辅助采购补货、辅助配货、辅助结算等功能，降低人为操作的出错概率；系统实现实时在线联网技术，随时随地了解各地门店发生的最新业务情况，通过内置协同软件，提高企业内部协同沟通能力。

安仕达连锁便利店管理系统有如下特点：

支持集团化管理。支持制造、批发、零售混合体系；支持多配送中心；支持单一配送、上下级配送等各种灵活的配送模式。实现集团级统一采购、统一配送、统一调拨、统一价格控制、统一核算等，降低各个环节的成本。解决复杂的物流体系和各个独立核算单位之间的结算关系，支持加盟的业务模式。实时的集中式系统，基于互联网运行、门店、配送中心应用系统简单安装，支持快速大量异地开店，实现门店各种数据实时在总部集中共享，真正实现对跨区域分散经营的集中统一管理。支持大规模连锁，优异的性能和可伸缩性，可满足从几十到数千家终端门店、一个到数百个配送中心的不同规模的连锁企业的管理需要。全面管理配送环节各相关业务，统一配送资源，向企业领导者提供有价值的决策支持数据。

以零售 POS 管理为基础。通过统一计算机 POS 收银，杜绝管理漏洞。收款管理准确化是其他领域管理的前提，需要 POS 功能强大全面、稳定可靠、支持单机操作。

进销存物流管理为核心。零售行业处于商品流通体系中最靠近终端消费者的位置，物流品种多、流动性大，一品多码、一码多品，存在多种配送模式，库存状态复杂(如采购在途、配送在途、可用库存、预留库存、预订库存等状态)，必须使用计算机技术参与管理，才能实现精确的物流进销存管理。

重点管理加盟店。通过加盟店的方式进行快速扩张是便利店业态的主要发展方向，该软件实现了针对加盟店的自动结算管理，并随时控制门店的库存情况，自动根据库存缺货情况给予加盟店采购提醒，帮助财务人员提高加盟店结算管理能力。

侧重会员管理和促销管理。随着现代商业业态的发展，会员卡储值、打折、积分、会员制等营销手段越来越重要，该软件提供会员卡的发行、回收、挂失、延期、换卡、作废等操作，例如：买送、量贩、特价、促销、赠品、礼品券、会员特价等。

个性化管理程度高。连锁便利店行业管理差异程度高，不同的企业有自己独特的管理需求，完全产品化的软件应用方案不能完全适合客户的管理需求，安仕达解决方案通过标准流程＋自定义功能，大大提高了客户对软件的满意度。安仕达软件对各种单据的录入和打印格式可重新定义，从而满足用户的个性化需要；系统提供完整的数据字典，并附有应用实例，支持用户二次开发。

第三节　易捷通软件系统

深圳市易捷通科技有限公司是一家集商用收款机及其专用外围设备的研发、制造、销售、服务为一体的高科技企业。产品广泛应用于百货、超市、卖场、便利连锁店、精品店、餐厅、酒店等服务行业。

易捷通软件系统是基于移动收银概念而生的i700Pad Pos，透析了零售、餐饮等行业未来的发展趋势，而后把这些信息汇总，加以讨论，分析，最终形成了基于移动互联、只有iPad大小的移动收款机。这一创举使得易捷通在该产品领域迅速占据了优势，主要表现为：

让收银台跟着顾客走，减少订单丢失。i700Pad Pos可以通过Wi-Fi或者3/4G网络连接互联网，并且可以通过银联及其他端口发起交易。无论是从收银台或是顾客的桌上，还是从货架到橱窗，i700Pad Pos都可以随心所欲地移动收银，减少因收银等待而丢失的订单。

收银、扫描、盘点一机搞定。i700Pad Pos模糊了平板电脑与PC之间的界限，32G电子硬盘、工业级主板，高品质内存支持市面上各种收银软件；颠覆性的将盘点枪与收银机合二为一，并支持一、二维码扫描，提供进、销、存软件必需的硬件支持。人性化的可调节屏幕，能实现水平视角360度、垂直视角180度的调节。广告展示、消费确认、刷卡签字确认，一屏搞定。

Bay-Trail方案，软硬件完美兼容。这款设备使用的是基于Win8设计的POS系统，采用领先的Intel第四代Bay Trail方案。可以和现存的票据打印机及其他外部设备完美兼容，已集成显卡的CPU在提高图形显示性能的同时，大大降低了功耗水平，更支持高分辨率双屏显示和广告宣传。

易捷通把握零售、餐饮等行业发展趋势的同时，贴近客户的个性化需求，把自身领先的移动收银技术与金融POS有机结合起来，为零售、餐饮注入新的吸引力，大大丰富了支付方式。

第四节　爱宝软件系统

爱宝软件系统是针对中小型超市、商场、便利店、饰品店、烟酒店、特产店等专卖店和零售行业所发出的一款实用POS软件，产品功能齐全、简单易用。具体体现在：

(1)功能一体化。爱宝软件系统集进货、销售、仓库、零售、财务、会员管理等功能于一身，业务与账务实现一体化的链接，界面操作简单；

(2)支持多种硬件设备。爱宝软件系统支持红外线、激光条码扫描器输入，钱箱连接，票据打印机逐行高速打印，顾客显示屏连接，电子秤条码输入等；

(3)全面灵活的前台功能。爱宝软件系统支持全键盘操作，简单易用。自动识别商品编码和条形码输入，同时支持模糊查询，支持一品多码和多计量单位，即一种商品有多个条码，可设定多个计量单位及辅助单价。前台销售时，随意扫入其中一个条形码即可自动调出此商品，并调出相应计量单位的辅助单价。如一条香烟内有10包，即可按每包5元销售，也可按每条45元销售，一条香烟和一包香烟的条形码不相同；

(4)强大稳定的后台功能。爱宝软件系统的后台提供采购管理、库存管理功能；支持多仓库、多计量单位、多种结算方式；提供全面的零售统计报表，零售可按货品、收款员、供应商、结算方式、经办人、客户、客流量等统计汇总；提供零售每日销售金额统计表、每月销售金额统计表、零售毛利表等；

(5)会员卡管理。爱宝软件系统支持会员卡管理，融合会员卡、积分卡于一体，支持批量发卡，可以设置会员类别、会员资料、积分规则、积分明细表、会员销售明细报表、会员销售汇总报表；

(6)大容量数据库。爱宝软件系统具备超大容量、大型数据库支撑，数据安全、稳定、可靠，性能稳定，支持各种硬件设备稳定运行。

项目小结：本项目通过对启网连锁软件、安仕达连锁便利店管理系统、易捷通软件系统、爱宝软件系统的介绍，使学生对以前所学内容进行消化和吸收，加深理解。同时也让学生拓展视野，以便在今后的工作中能够针对当地环境和企业特性正确选择连锁企业所需的信息管理系统软件；培养和提高对连锁企业信息管理软件的分析判断能力，为连锁企业决策者提供可行的信息管理系统软件选择方案。

思考题

连锁企业经营现状调查

实训组织安排：全班可以自由组合，三五人一组，要求必须是本地范围内的真实连锁企业、真实的资料。

实训任务：各组自选一家连锁企业，如便利店、超市、购物中心、大型商场，进行调研，了解和搜集有关信息管理的系统特点、系统功能及其特色经营方面的资料，配以照片、图片、表格等，编写调查报告，并制作成PPT。

实训要求：为证明调查的真实性，可用手机、简易相机拍照作为材料，照片要有典型的标志特征及符合报告的需要性；每组制作一个PPT，由组长在课堂上演讲介绍，组与组之间进行对比，全班人员进行打分、综合评价，最后选出优胜者。

参考文献

1.宋文官.连锁企业信息管理教程[M].北京:高等教育出版社,2008 年版.

2.商业分销物流教学软件用户手册.深圳:深圳中诺斯资讯科技有限公司.

3.方名山.连锁经营原理[M].北京:高等教育出版社,2008 年版.

4.杨涛.收银实务[M].北京:机械工业出版社,2011 年版.

5.刘一民,刘宪利.Objective-C 程序设计入门与实践[M].北京:中国铁道出版社,2013 年版.

6.宋文官.网络技术与应用[M].北京:高等教育出版社,2005 年版.

7.柳青.计算机网络技术基础[M].北京:人民邮电出版社,2010 年版.

8.王微怡.物流信息技术[M].上海:上海交通大学出版社,2009 年版.